Coleção

Direito Penal e Criminologia

Direção

Íñigo Ortiz de Urbina
Ramon Ragués
Luis Greco

JUSTIÇA CRIMINAL: DIFERENCIAÇÃO FUNCIONAL, INTERAÇÕES ORGANIZACIONAIS E DECISÕES

BRUNO AMARAL MACHADO

JUSTIÇA CRIMINAL:

DIFERENCIAÇÃO FUNCIONAL, INTERAÇÕES ORGANIZACIONAIS E DECISÕES

Marcial Pons

MADRI | BARCELONA | BUENOS AIRES | SÃO PAULO

Coleção
Direito Penal e Criminologia

Direção
Íñigo Ortiz de Urbina / Ramon Ragués / Luis Greco

Justiça criminal: diferenciação funcional, interações organizacionais e decisões
Bruno Amaral Machado

Capa
Nacho Pons

Preparação e Editoração eletrônica
Ida Gouveia / Oficina das Letras®

CIP-Brasil. Catalogação na Publicação
Sindicato Nacional dos Editores de Livros, RJ

M129j

Machado, Bruno Amaral.
Justiça criminal : diferenciação funcional, interações organizacionais e decisões / Bruno Amaral Machado. - 1. ed. - São Paulo: Marcial Pons, 2014.

Inclui bibliografia
ISBN 978-85-66722-20-8

1. Direito penal - Brasil. 2. Processo penal - Brasil. I. Título. II. Série.

14-12616 CDU: 343.3(81)

Av. Brigadeiro Faria Lima, 1461, conj. 64/5, Torre Sul
Jardim Paulistano CEP 01452-002 São Paulo-SP
☎ (11) 3192.3733
www.marcialpons.com.br

Impresso no Brasil [07-2014]

«Lembro-me de ter lido sem desagrado – respondeu – dois contos fantásticos. As viagens do capitão Lemuel Gulliver, *que muitos consideram verídicas, e a* Suma Teológica. *Mas não falemos de fatos. Os fatos já não têm importância para ninguém. São meros pontos de partida para o pensamento e a invenção. Nas escolas nos ensinam a dúvida e a arte do esquecimento. Antes de tudo o esquecimento de coisas pessoais e locais. Vivemos no tempo, que é sucessivo, mas procuramos viver* sub specie aeternitatis. *Do passado nos ficam alguns nomes, que a linguagem tende a esquecer. Evitamos as precisões inúteis. Não há cronologia nem história. Tampouco há estatísticas. Você me disse que se chama Eudoro; eu não posso lhe dizer como me chamo, porque me chamam alguém.»* (Borges, 2012: 71)

SUMÁRIO

PRÓLOGO

«Empiece por romper los espejos de su casa, deje caer los brazos, mire vagamente la pared, olvídese. Cante una sola nota, escuche por dentro. Si oye (pero esto ocurrirá mucho después) algo como un paisaje sumido en el miedo, con hogueras entre las piedras, con siluetas semi-desnudas en cuclillas, creo que estará bien encaminado, y lo mismo si oye un río por donde bajan barcas pintadas de amarillo y negro, si oye un sabor de pan, un tacto de dedos, una sombra de caballo.

Después compre solfeos y un frac, y por favor no cante por la nariz y deje en paz a Schumann.» (Cortázar, 2008: 17).

O livro que apresento ao leitor é resultado de pesquisa pós-doutoral pelo Departamento de Sociologia da Universidade de Brasília, entre 2011 e 2013. O período de investigação nas universidades de Fordham e John Jay foi determinante no produto final.

Agradeço especialmente a Maria Stela Grossi, interlocutora no departamento de Sociologia, pela receptividade e possibilidade de expor e compartilhar o tema de minha pesquisa. Nesse período, tive oportunidade de participar da avaliação de dissertações e teses sobre o sistema de justiça, o que foi decisivo na discussão de temas de interesse comum. O departamento conta com acervo de pesquisas importantes e reconhecidas nacionalmente na área. Compartilhar desse processo de produção intelectual ajudou nas conclusões que apresento.

A Toni Fine e a Yue Ma agradeço o espaço disponibilizado para apresentação do projeto de pesquisa e a discussão de alguns dos temas aqui abordados na fase de investigação em Nova Iorque, nas Universidades de Fordham e John Jay. O período designado para atuação como membro auxiliar do CNMP (Conselho Nacional do Ministério Público), entre 2010 e 2011, também foi muito importante como experiência profissional e para a reflexão acadêmica. As duas primeiras revistas editadas pelo CNMP, organizadas em parceria com o Conselheiro Luiz Moreira, ajudaram a definir os caminhos a serem trilhados.

As primeiras impressões sobre o tema foram apresentadas em reuniões do grupo de pesquisa em Política Criminal, liderado por mim e por Cristina Zackseski (Uniceub/UnB). Agradeço especialmente a Cris, parceira de pesquisas e amiga, e aos demais pesquisadores e estudantes que leram e debateram as propostas e soluções sugeridas. Os tradicionais encontros mensais com a discussão de obras clássicas, a realização de pesquisas empíricas e o debate de textos produzidos pelo grupo são um estímulo intelectual e uma experiência acadêmica extremamente enriquecedora.

A Rogerio Schietti e Antonio Suxberger, interlocutores e amigos, agradeço os longos, variados e infindáveis colóquios e discussões... sempre inspiradores.

A Ana Luisa Rivera, companheira, sempre ao meu lado.

O lugar comum ainda não pode ser dispensado: os equívocos são unicamente meus!

Bruno Amaral Machado

INTRODUÇÃO

Nos últimos anos houve crescente interesse, não apenas acadêmico mas também político e social, pelas organizações do sistema de justiça, e particularmente por aquelas que integram o subsistema jurídico-penal.[1] As acusações de desorganização e pouca efetividade ocupam espaço nos meios de comunicação. Multiplicam-se as narrativas de ineficiência, descontrole e conflitos entre os atores que integram organizações como a Polícia, o Ministério Público e o Judiciário.[2] As críticas às políticas de segurança pública não se resumem às dinâmicas organizacionais. A ausência e a deficiência de instrumentos de avaliação e enfrentamento da violência urbana são alvo de críticas das pesquisas recentes na área (Sapori, 2007).

Argumenta-se que o descompasso ou ausência de sintonia entre a Polícia, o Ministério Público (MP) e o Judiciário explicaria parte da ineficiência sistêmica. Por outro lado, reconhece-se a necessidade de aprofundar os estudos sobre as inter-relações entre tais organizações (Beato, 1999). O distanciamento sugerido por parte da literatura é retratado sob diferentes interpretações. Sugere-se que as organizações não compartilham da mesma pauta de atuação, possuem dinâmicas e objetivos próprios e interpretam diretrizes de segurança pública segundo lógicas muitas vezes contraditórias, pouco inspiradas em princípios de cooperação (Souza, 2003: 295).

Uma corrente importante dos estudos fundamenta-se na cultura jurídica nacional. Aponta-se que as diferentes lógicas de produção da verdade na tradição jurídica brasileira seriam determinantes da falta de coordenação

---

[1] Utilizo aqui o conceito no sentido *luhmanniano*, conforme análise no Capítulo 2 (Luhmann, 1990, 1997, 2005, 2007 e 2010).

[2] Pesquisas evidenciam também que a investigação e a persecução penal dos delitos exercem efeito discutível sobre a taxa de criminalidade (Costa, 2004: 47-49).

entre as organizações, e explicaria também a inferioridade da polícia na lógica processual (Lima, 2003: 241-256). Os estudos organizacionais, ainda em pequeno número, comparado ao enfoque cultural, não são irrelevantes. Para o formulador de políticas de segurança pública, conhecer as relações entre as distintas organizações que integram o sistema de justiça criminal é fundamental para a compreensão das dinâmicas internas no fluxo do sistema de justiça criminal (Beato, 1999). De fato as organizações do subsistema jurídico-penal atuam a partir de lógicas distintas? Se assim ocorre, que pautas orientam as suas dinâmicas internas?

Entre as organizações do subsistema jurídico-penal, a Polícia e o MP são responsáveis pela movimentação do Judiciário. Aquela, normalmente a primeira a tomar conhecimento do fato, responsabiliza-se pela formalização do procedimento de investigação que será encaminhado à Justiça. O MP, que no Brasil detém o monopólio da ação penal, possui atribuições para iniciar a persecução penal. Constituem-se em dois filtros do subsistema jurídico-penal. A Polícia é responsável pelo levantamento inicial dos indícios probatórios e pela investigação prévia que permite a ação do MP. O investimento policial na elaboração deste procedimento preliminar inspira-se em determinada concepção sobre a verdade. Nesse sentido, fala-se na verdade policial. A tradição jurídica revela que esta verdade é recebida com reservas pelo mundo do direito, o que leva a conflitos entre a esfera policial e a judicial, pois a primeira valoriza a rápida formação da culpa para o envio à justiça, ao passo que a segunda valoriza as garantias processuais e a presunção de inocência, devendo controlar a atividade policial (Souza, 2003: 295).

Os estudos sobre a reforma da polícia na América Latina apontam que a redemocratização não significou uma mudança significativa das práticas institucionalizadas, o que levou a déficits de eficácia e profissionalização (Choukr e Ambos, 2004; Dammert, 2005: 53-64).[3] Uma das propostas sobre

---

[3] A violência da polícia na América Latina é tema recorrente nas análises contemporâneas das organizações do Estado. A superação dos regimes ditatoriais, longe de significar uma ruptura definitiva com o contexto anterior, convive com violações a direitos fundamentais, mostrando práticas institucionalizadas de excesso e abuso dos instrumentos de coerção estatal. Na Argentina, pesquisa recente mostra as relações dos meios de comunicação, polícia e justiça diante das mortes violentas em enfrentamentos com a polícia. Critica-se a atuação dos juízes de instrução, que tenderiam a convalidar as versões relatadas pela polícia. O Ministério Público também não dedicaria especial atenção ao tema, legitimando-se o uso da violência letal (Daroqui, Calzado e Maggio, 2007: 480). Na Venezuela, as diversas violações dos direitos fundamentais por parte da polícia não são satisfatoriamente investigadas e julgadas pelo sistema de justiça penal venezuelano. Sugere-se, inclusive, que haveria certa cumplicidade ou solidariedade institucional, o que, em grande medida, agravaria a impunidade em razão do controle do Executivo sobre a Polícia, ou seja, sobre o primeiro filtro do sistema de justiça criminal (Nuñez, 2007: 530-531). Investigação etnográfica realizada na cidade do México revela que distintas práticas policiais abusivas são moldadas por cultura de abusos no interior do corpo

a redefinição do campo de estudos da Polícia[4] sugere três dimensões de análise: institucional, organizacional e profissional (Monjardet, 2003). A institucional refere-se tanto aos processos de socialização e internalização de práticas quanto a um certo organismo social que busca satisfazer interesses e valores coletivos. Nesta última acepção, a polícia corresponde exatamente a esta instituição detentora do monopólio do uso da força nas relações sociais no interior do Estado a fim de garantir o poder estabelecido (Monjardet, 2003: 27). Assim, vincula-se à funcionalidade que a Polícia desempenha para a comunicação política, o que se traduz na responsabilidade final da direção da força pública confiada à autoridade política. Em contrapartida, as dimensões organizacionais e profissionais flexibilizam a subordinação idealizada pela cadeia hierárquica e conexões com o poder político, pois o domínio de saberes pela organização policial não raramente coloca em xeque as conjunturais orientações políticas. Não são raras as alianças entre políticos e policiais em determinadas ações no campo da segurança pública (Monjardet, 2003: 38-40).[5]

Pesquisas também apontam a grande discricionariedade da Polícia na sua atuação diária.[6] Este primeiro filtro da divisão interna do trabalho jurídico--penal afeta grande parte do funcionamento sistêmico. A discricionariedade

---

policial, o que leva à internalização de códigos morais próprios e à reprodução de lógicas e práticas abusivas contra a sociedade civil. O uso da violência é interpretado como parte do trabalho policial, marcado por uma divisão maniqueísta, entre amigos e inimigos (Azaola Garrido e Ruiz Torres, 2009: 323-345).

4 Bayley sustenta que o único aspecto peculiar da polícia é o fato de que ela tem o poder de fazer uso da coerção a fim de intervir nas relações sociais. Apesar de leis e regulamentos semelhantes, as atividades desempenhadas pela polícia variam bastante. Para compreendê-las é necessário, assim, examinar o comportamento, não se limitando às regras jurídicas (Bayley, 2006: 117).

5 Uma das metáforas recorrentes da polícia compara a sua existência e funcionalidade ao martelo. Assim, é útil tanto aos regimes ditatoriais para opressão da sociedade civil quanto aos regimes democráticos, na medida em que pode ser utilizada para a proteção das liberdades públicas. A visão instrumental da polícia encontra-se em duas teorizações distintas. A primeira, inspirada pelo marxismo, associa as forças policiais aos aparatos repressivos das classes dominantes (Althusser). A segunda, associa a polícia a um instrumento dirigido ao *law enforcement* para a repressão dos desvios à ordem jurídica. Contudo, a polícia, como organização complexa, integrada por atores com interesses específicos e marcada pela diversidade de grupos profissionais, leva ao distanciamento da visão instrumental e inerte, sugerida acima (Monjardet, 2003: 21-23). Os policiais também atuam segundo interesses próprios da profissão no campo jurídico-penal. Tais interesses referem-se não apenas aos de natureza material e corporativo, consistentes nas condições de trabalho, remuneração e às modalidades de exercício do trabalho. Por outro lado, há que se considerar também que os interesses policiais referem-se à própria situação de trabalho e ao sistema de sanções e prêmios dentro da estrutura profissional (Monjardet, 2003: 151-162).

6 Pesquisas evidenciam que historicamente a polícia brasileira sempre contou com amplo poder discricionário. Nos limites ou à margem da legislação, a polícia desenvolveu estratégias próprias de contenção das populações (Souza, 2010: 271; Souza, 2003: 295).

pode ser identificada na autonomia dos atores da organização policial, investidos em habilidades específicas do campo policial (saberes-poderes) para atuar em casos concretos, e orientar pessoalmente as estratégias de trabalho. A discricionariedade refere-se, também, à potestade seletiva de atuar conforme orientações deste específico campo de saber, mediadas pela estrutura hierárquica que regula as relações internas. Assim, a Polícia, como organização hierarquizada, atua segundo atividades prescritas por escala normativa e de autoridades internas e externas. Há que se considerar tanto o organograma interno de cada organização policial até comandos de autoridades políticas ou de outras instituições como o Judiciário e o Ministério Público. As estratégias internas permitem aprofundar a dimensão discricionária da atividade policial. A possível manipulação das ocorrências é exemplo disso. A escolha pode orientar-se pelo menor grau de controle da atuação, e a maximização da autonomia em casos concretos (Monjardet, 2003: 55).

Não menos importante é o filtro realizado pelo MP, na medida em que muitos fatos investigados não são denunciados. De fato, nos últimos anos proliferaram os estudos sobre a Polícia e o MP. O processo de reconstrução institucional iniciado pela Constituição de 1988 acentuou o interesse acadêmico pelas organizações do sistema de justiça no Brasil. Os estudos sobre a polícia, iniciados na década de 1970 e dirigidos à atividade repressora dos movimentos políticos ganhou novos enfoques, inclusive no campo das ciências sociais: organizacional, profissional, seletividade, relação com a formação dos Estados nacionais, violência policial, representações sociais sobre a violência urbana e relacionamento da Polícia com a sociedade (Bayley, 2006; Beato, 1999; Costa, 2004; Monet, 2006, Monjardet, 2003; Porto, 2004, 2006 e 2009; Skolnick, 1966; Souza, 2003).[7] As pesquisas sobre o MP, ainda mais recentes que os estudos sobre a Polícia no Brasil, datam da década de 1990.[8] A conquista de novos papéis, o leque de funções conquistadas e as novas formas de atuação atraíram a atenção de especialistas em diversas áreas das ciências sociais. Os enfoques também variaram bastante: organizacionais, profissionais, relacionamento com a sociedade e com a política, a atuação na defesa de interesses difusos (Bonelli, 1998, 1999 e 2002; Sadek, 1997 e 2000; Sadek e Castilho, 1998; Cavalcanti, 1999; Debert, 2000; Sanchez Filho, 2000; Silva, 2001; Arantes, 2002; Machado, 2007a e 2007b).

---

[7] Especialistas também apontam a deficiência dos estudos que desconsideram a tripla dimensão da polícia e da atividade policial: instituição, organização e profissão (Monjardet, 2003: 16).

[8] Em pesquisa anterior tivemos oportunidade de mapear a literatura sobre o MP nas décadas anteriores. Conforme constatamos, basicamente, além de análises processuais (campo processual penal), os estudos sobre o MP eram elaborados pelos próprios membros, e difundidos em suas revistas de associações profissionais (Machado, 2007a e 2007b).

O papel das organizações policiais e do Ministério Público na engenharia institucional do Estado de Direito também gera debate na comunidade jurídica. Inspirado pela experiência da reforma europeia do processo penal no final do século XX, questiona-se a posição ocupada pela polícia incumbida da investigação criminal em relação aos demais atores do processo penal (Armenta Deu, 1995; Gómez Colomer, 1997; Machado, 2007b; Moreno Catena, 1997 e 2002). Discute-se se há competência autônoma, competência por delegação ou por coadjuvação. Na primeira hipótese, uma organização exerce atividade por sua própria conta e risco. E esta diz respeito apenas a ela. Na segunda situação, uma organização recebe de outra a competência de órgão inicialmente competente. Na última hipótese, uma determinada organização tem competência para o desempenho da função, a qual não é autônoma, mas um meio para o exercício de outra competência por outra organização (Cunha, 1993). O debate sobre a posição da Polícia Civil em relação às demais organizações, especialmente o Ministério Público, ajusta-se à posição que as organizações ocupam na divisão do trabalho jurídico-penal. O encadeamento das decisões de distintas organizações remete à metáfora da corrida de bastão e sugere a existência de mecanismos de articulação interna na forma como as organizações comunicam. Sustenta-se que a atividade de investigação criminal desempenhada pela polícia não pode ser autônoma, pois a razão de sua existência relaciona-se ao exercício da persecução penal. Por outro lado, as decisões das organizações judiciárias supõem a comunicação de outras organizações. Assim, a persecução penal também não pode ser vista como atividade autônoma, pois não é um fim em si mesma.

Nos últimos anos houve um crescimento do interesse pelas relações entre a Polícia e o MP na Europa e nos Estados Unidos. Os estudos já realizados apontam relações de cooperação e conflitos em distintos países. Diversos fatores parecem ser relevantes: as tradições jurídicas, as trajetórias organizacionais (cultura organizacional) e profissionais (*ethos* do profissionalismo); o grau de insulamento da política convencional; a divisão de atribuições (filtros) historicamente conferidas a cada organização (Cartuyvels, 2004; Machado e Moreira, 2011b; Mouhanna, 2004; Jackson, 2011; Verhage e Ponsaers, 2011; Vogliotti, 2004). No Brasil, as pesquisas já realizadas sugerem uma relação conflituosa entre as organizações (Sanches Filho, 2000; Sadek, 2003; Machado, 2007a; Machado, 2007b; Machado, 2011; Hagen, 2005; Misse, 2010).

Os estudos realizados no Brasil indicam que as interações entre as distintas organizações estão marcadas por tensões e disputas no campo jurídico penal (Hagen, 2005; Machado, 2007a, 2007b e 2011; Sadek, 2003). A conflituosidade apontada pelos estudos não é suficiente para compreender as dinâmicas organizacionais. As organizações originam-se de processos históricos específicos e pela diferenciação funcional; especialmente as organizações que participam da divisão do trabalho jurídico-penal, pela diferenciação entre a política e o direito (Luhmann, 2005).[9] Por outro lado, a diferenciação funcional não é linear e pode conviver em determinados contextos com a corrupção de códigos (Neves, 1999: 121-145). A diferença exclusão-inclusão pode explicar as razões da não utilização da codificação jurídica (Luhmann, 2005: 663). A complexidade dos processos de diferenciação e *desdiferenciação* funcionais não são irrelevantes para a análise organizacional.

Não se ignoram as numerosas pesquisas sobre a atuação da Polícia, do Ministério Público e do Judiciário sob o enfoque da Criminologia Crítica. O ponto comum dos estudos inspirados por esta perspectiva teórica é o caráter fragmentário do direito penal e a seletividade das organizações. Parte dos estudos, sob forte inspiração marxista, indica os interesses capitalistas subjacentes às rotinas e às dinâmicas organizacionais. Sob o manto da igualdade formal, as referidas organizações assumiriam, de forma manifesta ou latente, os interesses dos grupos sociais dominantes. Enquanto determinados sujeitos seriam selecionados, outros seriam excluídos das malhas do direito penal (Andrade, 2002; Castilho, 1998; Bergalli, 1996, 1999 e 2003).[10] O enfoque não é irrelevante e nem merece ser descartado. As premissas decisórias também podem ser corrompidas pela destruição dos códigos que deveriam orientar a tomada de decisão. A visão instrumental, contudo, acaba deixando em segundo plano a autonomia das operações organizacionais na sua atuação diária e corriqueira. Sob o enfoque sistêmico, a seletividade deve ser repensada; e não descartada. A seletividade relaciona-se à forma como comunicam as organizações. As balizas dos processos decisórios vão além da concepção de meros aparatos de poder. Mas as organizações não são indiferentes aos ruídos do entorno. Os sistemas sociais constituem parte do entorno das organizações (e estas também são sistemas sociais). Identificar a ressonância que as comunicações jurídicas, econômicas e políticas produzem no interior das organizações é uma questão empírica. As decisões de organizações do subsistema jurídico-penal que aparentam (observação de segunda ordem) dissonância da comunicação jurídica (programação condicional) nem sempre supõem a corrupção de códigos.

---

[9] No Brasil, a diferenciação funcional entre a atividade policial e a jurisdição permitiu a construção de novos espaços para o exercício do poder e novas dinâmicas organizacionais (Souza, 2010). Se a militarização pode ser encontrada em diversas forças policiais dirigidas à polícia ostensiva, a «advogadização» da polícia civil é um dos processos importantes para compreender as dinâmicas da carreira policial no Brasil e sua interação com o mundo do direito (Beato, 1999). Análises históricas sugerem que o inquérito policial sempre esteve marcado por procedimentos inquisitoriais que acabam enfatizando a ilegalidade e a informalidade, o que conformaria a racionalidade policial (Souza, 2003: 295).

[10] No Brasil, vale registrar as diversas e relevantes pesquisas realizadas na Universidade de Santa Catarina, sob a orientação da professora Vera Andrade (Andrade, 2002).

A divisão estanque entre enfoques culturais e organizacionais não parece adequada. Nas complexas sociedades contemporâneas, as organizações tornam-se indispensáveis no processo de diferenciação funcional. Sob a perspectiva sistêmica, as organizações configuram sistemas sociais distintos, e comunicam por meio de decisões. E não se trata de mera transposição da codificação sistêmica, pois os programas condicionais, na forma do direito positivado, constituem-se apenas parte das premissas decisórias (Luhmann, 2010). O conhecimento da forma como decidem as organizações pressupõe um extenso rol de temas de pesquisa. As premissas decisórias surgem como objeto privilegiado a ser investigado.

O campo de estudos organizacionais há bastante tempo tem direcionado o interesse para a identidade e cultura organizacionais. As diversas abordagens, reflexões teóricas e pesquisas empíricas sugerem que a cultura organizacional é fundamental para compreender as dinâmicas organizacionais, a modificação estrutural e a evolução das formas existentes (Bos, 2004: 7-24; Chan e Clegg, 2002: 259-273; Jones e Munro, 2005: 1-15; Hsu, 2005: 474-490; Holzinger e Dhalla, 2007: 43-50, Huisman, 2001: 69-90; Kolarska, 1983: 144-163; Kornberger, 2003: 75-91). A abordagem sistêmica retoma a importância da cultura organizacional como premissa das decisões (comunicação) (Luhmann, 2010: 291; Nassehi, 2005: 187). De outro ângulo, as interações organizacionais são igualmente relevantes, pois muitas decisões são tomadas por meio de interações sociais (Seidl, 2005: 145-170).

Para a construção do objeto de pesquisa, selecionei o inquérito policial e o controle externo da atividade policial para a fase qualitativa do trabalho de campo. Na divisão do trabalho jurídico-penal, o inquérito policial, fase de investigação conduzida pela Polícia, tornou-se alvo de críticas. O procedimento é descrito como ineficiente e burocrático. Por outro lado, conforma imagens e significados distintos para as organizações que integram o subsistema jurídico-penal (Costa, 2010; Misse, 2010; Ratton, 2010; Vargas, 2010). O controle externo da atividade policial, função constitucional do Ministério Público, revela-se, da mesma forma, como um dos âmbitos mais adequados para avaliar as dinâmicas organizacionais, pois sugere distintas representações sobre a sua implementação, eficiência, etc. Além disso, nos últimos anos foi definido como prioridade institucional do Conselho Nacional do Ministério Público, o que acabou acirrando disputas, críticas e autocríticas entre os atores envolvidos (Machado, 2011). Sob o enfoque proposto as perguntas iniciais devem ser reformuladas. As organizações do subsistema jurídico-penal comunicam segundo diferentes premissas? Que premissas orientam os processos decisórios?

Como ferramenta metodológica, utilizo as representações sociais obtidas a partir de diferentes técnicas de pesquisa, conforme explico e busco justificar nos capítulos 3 e 4. Pretendo, sob um enfoque organizacional-sistêmico, analisar as representações sociais de membros de distintas organizações do subsistema jurídico-penal em relação ao inquérito policial e ao controle externo da atividade policial. Assim, considero a existência de diferentes procedimentos interpretativos na construção social da realidade (Berger e Luckmann, 1999: 51-52; Bruner, 1990: 96; Schütz, 1993: 112-115). As representações podem ser definidas como imagens e símbolos construídos socialmente a partir das interações entre os atores que integram as referidas organizações do sistema de justiça, condicionadas pelas experiências compartilhadas e expectativas em relação ao desempenho das atividades, pela cultura profissional e pautas organizacionais.[11]

Não se ignoram as críticas quanto à limitação da teoria sistêmica *luhmanniana* para a pesquisa empírica, as quais já foram suficientemente respondidas pelas evidências de sua utilidade como ferramenta teórica (Teubner e Paterson, 1998: 451-486). A teoria organizacional consolida-se como o campo mais promissor e aberto à pesquisa empírica (Nassehi, 2005: 190). As técnicas de pesquisa qualitativas, como o estudo de caso e a análise do discurso mostram-se úteis à abordagem autopoiética (Teubner e Paterson, 2008: 454). O enfoque tem também um sentido relevante para as pesquisas no campo da sociologia jurídico-penal pois, ao discutir os significantes jurídicos, atualiza o debate entre o direito nos livros e o direito em ação (Nelken, 1996: 107-127).[12]

Algumas considerações teóricas são imprescindíveis para evitar equívocos. O caminho óbvio seria construir o objeto de pesquisa a partir das comunicações e não das representações sociais dos membros sobre a organização. A proposta sistêmica, ao privilegiar a comunicação, sinaliza nesta direção pois a identidade organizacional relaciona-se aos processos de autodescrição e auto-observação organizacionais (Seidl, 2003: 146). A observação do campo recomenda, contudo, cuidado na limitação das ferramentas, metodologias e técnicas de pesquisa.

Os sistemas psíquicos não são parte, mas entorno dos sistemas sociais, nestes incluídas as organizações. Porém, não há dúvida de que o ambiente é tão relevante para a comunicação sistêmica quanto o próprio sistema (Luhmann,

---

[11] Certamente, é vasta a literatura sobre o tema. Uma definição mais ampla das representações: imagens, símbolos e expressões decorrentes das interações que ocorrem entre o indivíduo e a sociedade, com capacidade criadora de uma dada realidade, dirigindo práticas sociais para uma correspondente realidade (Jovchelovitch, 2004; Moscovici, 1994: 4). A categoria deriva das representações coletivas, idealizada por Durkheim, foi retomada pela psicologia social (Moscovici) e encontrou terreno fértil, revelando-se útil e pertinente, em pesquisas no campo de estudos da violência e da segurança pública (Porto, 2004, 2006 e 2009; Porto e Costa, 2009).

[12] Conferir reflexões sobre as possibilidades empíricas do modelo (Cotterrell, 2001: 80-103). Confrontar com análises críticas da proposta sistêmica (Lempert, 1988; Ost, 1988).

1990). Uma das utilidades do modelo é exatamente distinguir entre processos psíquicos e sociais, e identificar influências recíprocas (Seidl, 2003: 127). Dada a relevância das interações organizacionais – interpenetração[13] entre os sistemas de interação e os sistemas organizacionais – na forma de comunicação das organizações modernas (Seidl, 2005), razoável considerar que as seleções realizadas pelos membros justificam a pesquisa direcionada para as representações sociais no interior das organizações, conforme sugere Luhmann (Mingers, 2002: 117). Além disso, se a linguagem acopla os sistemas sociais aos sistemas psíquicos (Luhmann, 2007), os discursos dos membros também são relevantes para a compreensão das premissas decisórias, ao relacionar-se à cultura organizacional.

Uma última questão teórica e epistemológica é fundamental para a compreensão do itinerário da pesquisa: as representações sociais (discursos) apenas podem ser compreendidas como observações de segunda ordem. Apenas os sistemas definem o que é parte do sistema (Machado, 2012: 77-78). As representações sociais identificadas nos discursos selecionados para análise não deixam, igualmente, de configurar observações de segunda ordem. Os membros das organizações observam as comunicações organizacionais (decisões) e podem orientar-se a partir de expectativas compartilhadas sobre as comunicações de outros sistemas sociais.

No primeiro capítulo descrevo e analiso as categorias úteis para esta pesquisa. O campo de estudos organizacionais é um dos mais prolíficos na área das ciências sociais. O esforço de síntese supõe a seleção de determinadas abordagens e omissões importantes. Opto pela abordagem sistêmica, o que não implica total incompatibilidade com outros referenciais teóricos.

No segundo capítulo investigo, sob enfoque sistêmico e perspectiva histórica, a diferenciação interna do subsistema jurídico-penal. Busco mapear, especialmente a partir dos casos francês e inglês, a diferenciação entre direito e política e posterior diferenciação do sistema jurídico. Na diferenciação interna do subsistema jurídico-penal, os casos analisados sugerem diferentes trajetórias na divisão do trabalho jurídico-penal. Analiso, também, a diferenciação entre administração pública e sistema de justiça e a distinção entre organizações incumbidas da persecução penal e as diferentes atribuições assumidas. Apresento breve abordagem da diferenciação interna do subsistema jurídico-penal no Brasil, focalizando especialmente a Polícia Civil e o Ministério Público.

---

13 A interpenetração entre sistemas autopoiéticos ocorre quando os sistemas reciprocamente se valem das complexidades recíprocas em suas operações. Os sistemas sociais são estimulados pelos sistemas psíquicos ao considerar as percepções sociais e possibilitam novas comunicações; os sistemas psíquicos também se valem da complexidade dos sistemas sociais sem que haja uma compreensão sobre o funcionamento dos sistemas sociais (Seidl, 2005: 156).

No terceiro capítulo, sob o enfoque organizacional-sistêmico e com base nas representações sociais de membros de distintas organizações do subsistema jurídico-penal em relação ao inquérito policial, abordo os significados do inquérito policial para os atores que integram diferentes organizações do subsistema jurídico-penal. Para a análise e discussão utilizo o material empírico produzido a partir dos grupos focais (GF) realizados no Distrito Federal com magistrados, promotores de justiça, delegados de Polícia e agentes de Polícia em pesquisa sobre o inquérito policial no Brasil.

No quarto capítulo, também sob o enfoque organizacional-sistêmico e com base nas representações sociais obtidas por meio de pesquisa exploratória com atores de diferentes organizações do subsistema jurídico-penal e no estudo de caso sobre a atuação do Núcleo de Controle Externo da Atividade Policial (NCAP), analiso as imagens e significados do controle externo para os atores envolvidos. Descrevo, ainda, a trajetória do NCAP, a partir da análise documental e entrevistas em profundidade.

CAPÍTULO 1

DIFERENCIAÇÃO FUNCIONAL, ORGANIZAÇÃO E CULTURA ORGANIZACIONAL

1. A ORGANIZAÇÃO COMO RESPOSTA E A ORGANIZAÇÃO COMO CONSTRUÇÃO

Uma das características das sociedades contemporâneas com elevado nível de complexidade é a sua estruturação em organizações, fenômeno que afeta diretamente as relações sociais. As organizações surgem como resposta a determinadas necessidades individuais e sociais, gerando duas realidades. Por um lado, é a maneira por meio da qual se concretizam as ações coletivas; por outro lado, as ações organizadas constituem-se na forma como as ações individuais se conformam como coletivas.[1]

As organizações que integram o sistema de justiça (Judiciário, Ministério Público, Polícia etc.) constituem-se como «resposta» a necessidades específicas, na medida em que agregam pessoas cujos comportamentos decorrem de regras por meio das quais se pretende orientar a ação individual a um objetivo comum. Existe também outra realidade: as organizações são construções sociais. Os indivíduos que exercem suas atividades no interior das

---

[1] O surgimento das primeiras organizações na sociedade industrial foi objeto de análise de autores clássicos como Marx, Weber e Durkheim. A obra de Frederick Winslow Taylor, influente sobretudo durante a chamada segunda revolução industrial (1910/1920), tornou-se um marco da teoria organizacional (Bernoux, 1985: 37-68). A sociologia das organizações consolida-se a partir de raízes weberianas (Weber, 1993: 701-706) e é responsável pelo impulso dado à sociologia do direito após o final da década de 50. As categorias dessa disciplina foram posteriormente incorporadas para análise dos tribunais (Santos, 2000: 164).

organizações interpretam determinadas regras e «criam» outras para regular suas ações.

As organizações são construções engendradas por interações entre os atores que a integram, os quais conjugam objetivos organizacionais e particulares, gerando dinâmicas resultantes da tensão entre dois tipos de objetivos. Esse espaço não regulamentado gera zonas de incerteza que produzem esquemas organizativos não oficiais, configurando-se uma organização real (Croizier e Friedberg, 1992: 41-42). As duas formas de organização ensejam ações coletivas a partir de uma dada estrutura social, definida genericamente como forma em que um grupo regula as relações entre seus membros. Para implementar a regulação são definidas posições sociais (*status*) com base nas quais se estabelecem pautas de interação social, ensejando-se certa previsibilidade quanto às ações de outros indivíduos. Às diferentes posições ocupadas em dada estrutura social correspondem papéis determinados, compreendidos como comportamentos esperados em razão das respectivas posições. Instituições e papéis são razoavelmente independentes de especificidades individuais e exercem influência relevante sobre os comportamentos (Berger e Luckmann, 1999: 97; Friedberg, 1993: 16).

Opera-se um jogo de interdependências entre diferentes estratégias e atores que se relacionam entre si (Croizier e Friedberg, 1992: 55). A ação dos diversos atores está condicionada pelos interesses e pelas estratégias de outros integrantes da organização. Estabelece-se um jogo em que as estratégias estruturam as relações de poder entre os atores. A organização-construção ou SAC (Sistema de Ação Concreto) pode ser definida como as formas estabelecidas pelos atores para colocar a organização em movimento, configurando-se maneira peculiar de interpretar normas e objetivos oficiais da organização. Além disso, corresponde a uma rede de indivíduos que atuam como aliados e que buscam orientar suas ações por pautas específicas de interpretação das regras a serem aplicadas (Berger & Luckmann, 1999: 51-52; Bernoux, 1985: 137-149; Bruner, 1990: 96; Croizier e Friedberg, 1992: 278-302; Schütz, 1993: 112). No processo de interação, tanto as instituições quanto as posições sofrem alterações e são reformuladas. Muitas das novas formulações são institucionalizadas, produzindo-se, assim, mudança social e cultural. Tal processo de institucionalização possibilita variações no modelo oficial. Em outras palavras, a ação social dos atores envolvidos modifica o modelo legal, instaurando-se os SACs a partir de práticas efetivas e alianças consolidadas (Croizier e Friedberg, 1992: 292).

Os indivíduos, na busca da satisfação de interesses, devem atuar de forma estratégica, relacionando-se com as pessoas com as quais podem conseguir determinada cooperação, seja pela coincidência de interesses, seja pela interpretação semelhante das normas reguladoras da situação organizacional que os vincula. Em sistemas humanos denominados SACs a regulação das relações não é fruto da imposição de um órgão regulador. Também não decorre de «mecanismos automáticos de ajustes mútuos» (Croizier e Friedberg, 1992: 284). Atuam de forma determinante mecanismos pelos quais os cálculos racionais dos atores estão integrados em um modelo estruturado. Em outras palavras, um SAC constitui-se em um conjunto de jogos estruturados e pode ser definido como um conjunto humano estruturado que coordena as ações dos participantes por meio de mecanismos de jogo relativamente estáveis (Croizier e Friedberg, 1992: 286).

Ao longo dos anos, grande parte desse campo de estudo concentrou-se nas patologias das organizações. A organização formal é constantemente confrontada pela organização informal. A descrição oficial de metas contrasta com os comportamentos e atitudes. Os enfoques que se sucederam ao longo dos anos permitiram ampliar as possibilidades de pesquisa. Mas o ponto de partida parece não ter sido substituído (Luhmann, 1997: 5-6; Luhmann, 2010: 41-42). As pesquisas e análises sugerem que o conceito de organização informal e o conceito de grupo devem ser repensados pela teoria dos sistemas de interação. A proposta reformula questão fundamental. Nos sistemas organizacionais formam-se sistemas de outros tipos, os quais tendem a influir na tomada de decisões (Luhmann, 2010: 45).[2]

2. TEORIA ORGANIZACIONAL E O MODELO PRINCIPAL-AGENTE

Inspirado pela necessidade de discutir a influência dos poderes democráticos constituídos sobre as modernas burocracias, o modelo principal-agente permite redirecionar a análise para as relações de poder entre distintas organizações. O foco volta-se para as influências sobre as burocracias. Se a discricionariedade é característica comum a diversas organizações, permitindo-se um amplo leque de ações, o objetivo é estabelecer vínculos a fim de que o *agente* atenda às expectativas do *principal*.

Neste esquema, uma determinada pessoa ou grupo, denominada principal, estabelece acordos com outra parte, denominada agente, com a expectativa de que este deve atuar de forma a atingir os resultados desejados pelo primeiro. Para uma melhor compreensão do modelo, cumpre distinguir a abdicação da delegação. Naquela, o *agente* (nesse caso, o burocrata) tem total discrição sobre as escolhas políticas e o *principal* (nesse caso, o político) não exerce qualquer controle. A abdicação total apenas ocorre quando, na relação entre

---

[2] Sob forte influência do modelo sociológico clássico, observa Mary Douglas: «*No cabe afirmar que un grupo se "comporte", ni mucho menos que piense o sienta, por el mero hecho de que halle legalmente constituído*» (Douglas, 1996: 27). Obviamente, nada mais distante da proposta sistêmica. Os sistemas sociais, incluídas as organizações, observam e distinguem.

políticos e burocratas, não houver qualquer possibilidade de se modificarem as medidas adotadas pelos funcionários que integram as burocracias (Moe, 1984: 756).[3]

O modelo pode ser útil para análise das organizações do sistema de justiça, pois focaliza a autonomia das organizações e os possíveis canais de influência política no direcionamento das ações organizacionais. As pesquisas realizadas apontam enorme discricionariedade na atuação dessas organizações. Se as organizações foram criadas historicamente para atender a fins políticos, os contextos locais, as trajetórias de cada uma das organizações, permeadas pelo profissionalismo e pela cultura policial e jurídica, levaram a dinâmicas específicas e razoável distanciamento das imposições diretas do mundo da política (Bonneli, 2003; Machado, 2007a; Machado, 2007b).

O uso do modelo para análise da polícia no Brasil pode levar à compreensão que tradicionalmente as forças policiais estiveram vinculadas aos governos (federal e estadual). O direcionamento da atuação policial estaria, assim, em razão da hierarquia, a cargo das lideranças políticas e chefias das respectivas organizações. Porém, a discricionariedade de fato da Polícia coloca em xeque a interpretação simplista que pode apontar controles facilmente implementáveis sobre a Polícia.

Em exercício de aplicação dessas ferramentas para análise do modelo de MP no Brasil, Kerche sustenta que, na hipótese de controle orçamentário ou político em relação à burocracia, não é possível falar em abdicação (Kerche, 2002: 62). Assim, no modelo de MP adotado pela CF/1988, houve uma *quase-abdicação*. Em outras palavras, foram criados mecanismos que dificultam a intervenção do governo nas ações organizacionais. Nesse sentido: «(...) entre a abdicação e a delegação, surge um fenômeno intermediário: alto grau de autonomia, embora com alguns poucos instrumentos de controle e *accountability*» (Kerche, 2002: 64). Em sua pesquisa, Kerche procura identificar os instrumentos institucionais que poderiam, em tese, influenciar sobre a

---

[3] Uma interpretação sistêmica do modelo permite outra análise (Luhmann, 2005; Luhmann, 2010). A organização e a profissionalização permitiriam às organizações que integram o subsistema jurídico-penal isolar-se das pressões (irritações) do ambiente, na medida em que as operações ocorreriam de acordo com os códigos do sistema jurídico. Porém, tais organizações, criadas pelo sistema político teriam funções análogas aos mecanismos de acoplamento estrutural entre a política e o direito. Nesse sentido, promoveriam a abertura cognitiva ao entorno, e especialmente ao sistema político (entorno). Esta interpretação parece não divergir da análise que fazem alguns estudiosos do MP na Espanha. Nesta leitura, o MP teria autonomia funcional, mas não independência, pois o Estado Social de Direito implicaria uma nova interpretação das instituições do Estado. O MP, como organização de promoção da política penal, não poderia estar totalmente desvinculado do sistema político (Flores Prada, 2011). Mas esta interpretação não levaria à dependência do governo, pois os critérios de operação do MP (forma de subsistema) seriam por meio dos códigos do sistema jurídico. Mas as condições do fechamento operacional estariam exatamente na abertura cognitiva.

forma de atuação dos membros do MP (Kerche, 2002). Comenta o autor que a existência de múltiplos *agentes* responsáveis pelo desempenho da mesma atividade permitiria aos políticos punir a organização que estivesse atuando de forma incorreta e premiar outras.

No modelo organizacional do Ministério Público brasileiro esta seria uma ferramenta de difícil implementação, não apenas pela limitação estabelecida para cortes orçamentários, mas especialmente em razão dos instrumentos de atuação de que dispõe com exclusividade o MP em relação a outros órgãos, como o inquérito civil público. Outro mecanismo seria a previsão de outras agências que poderiam bloquear as ações de determinados órgãos, garantindo uma fiscalização institucional. O Judiciário seria uma dessas instituições, já que a decisão final (julgamento) compete aos juízes.[4] O poder para nomear e destituir os procuradores-gerais é outro instrumento mencionado por Kerche. O receio de que possa vir a perder o cargo seria um mecanismo importante para incentivar o *agente* a atender o que deseja o *principal* (Calvert, McCubbins & Weingast, 1989: 604-605).

3. ORGANIZAÇÃO E INSTITUCIONALIZAÇÃO

Outra interpretação sobre as relações organizacionais privilegia o ambiente em que elas estão inseridas: o ambiente técnico e o institucional. No primeiro, prevalece ou tende a prevalecer a racionalidade da eficiência no desempenho das tarefas divididas segundo o organograma interno. No segundo, a legitimidade é conferida pela conformidade das práticas e ações ao ideário hegemônico no interior da organização.

As organizações podem estar inseridas ou ter suas pautas de atuação dirigidas por um ambiente predominantemente técnico ou institucional. As organizações com forte institucionalização tendem a incorporar determinadas categorias do que deve ser a estrutura organizacional. Os produtos, serviços e programas disponibilizados pelas organizações com predomínio institucional incorporam lógicas ritualísticas e cerimoniais, isolando ou procurando isolar a racionalidade estritamente técnica (Rowan e Meyer, 1977: 340-363).

O principal instrumento de isolamento é o mito institucional, o qual se refere a determinadas representações sociais relacionadas à estrutura e às funções da organização, com elevado grau de impessoalidade, atuando como mecanismo que atribui natureza técnica às práticas, meios e fins da organização. Os mitos organizacionais estão relacionados a três processos: o conjunto de relações sociais compartilhadas entre organizações em um mesmo ambiente, cuja socialização consolida estruturas e práticas; o processo de normalização

---

[4] Contudo, várias questões são resolvidas pelo MP sem utilização do Judiciário (Sadek, 2000: 28).

das práticas por meio do direito positivo, que define de forma clara o exercício de uma determinada ocupação; finalmente, o papel das lideranças organizacionais na construção social dos mitos e na atribuição de novos significados aos já existentes.[5]

Ao analisar o ambiente institucional, estudos no campo da teoria organizacional associam-no a uma forma de campo institucional. Este seria marcado por processos de isomorfismo entre as organizações que compartilham determinadas pautas de atuação, fonte de legitimidade e mitos institucionais. Aponta-se a tendência de homogeneização de instituições entre as organizações que ocupam um mesmo campo. Segundo Powell e DiMaggio (1983: 63-82), este processo manifesta-se na tendência de aproximação das unidades ao restante do grupo.

O processo de isomorfismo atuaria segundo diferentes forças. A incerteza quanto às estruturas organizacionais induziria às soluções encontradas por organizações similares do campo. Este processo é definido como mimetismo. A homogeneização pode também operar a partir de processos normativos, impulsionados pela profissionalização. O aprimoramento de técnicas, práticas e valores nas organizações, assim como a pressão do movimento associacionista. Finalmente, a homogeneização pode manifestar-se por meio de processos coercitivos. Assim, determinadas organizações influenciariam outras, conformando-se hierarquia organizacional (Powell e DiMaggio, 1983).

Exemplos concretos destes processos podem ser identificados em relação à Polícia e ao MP. No caso da Polícia, há suficientes evidências de que haveria mimetismo entre as polícias militares e as forças armadas (Costa, 2004). Em relação ao MP, as trajetórias nos mais diversos contextos revelam a aproximação da estrutura organizacional do MP à do Judiciário (Machado, 2007a; Machado, 2007b).

4. ORGANIZAÇÃO, PROFISSÃO E PROFISSIONALISMO

As profissões e o profissionalismo são relevantes para a compreensão das organizações modernas. Tanto as dinâmicas intraorganizacionais quanto as interações interorganizacionais são mediadas pelo conhecimento especializado das tarefas designadas e pelo controle do exercício das atividades.[6]

---

[5] As organizações do sistema de justiça estão fortemente influenciadas pelo ambiente institucional. Pesquisas sobre a Polícia também sugerem que a legitimidade conferida às práticas policiais é inspirada pelo ideário hegemônico e seus mitos institucionais (Medeiros, 2004).

[6] A sociologia das profissões recebeu contribuições importantes de sociólogos norte-americanos, especialmente de Everett Hughes e Talcott Parsons. O legado de Hughes foi deixado especialmente por seus alunos, destacando-se Howard Becker, Friedson e Erving

Historicamente, a organização do trabalho seguiu pautas diferenciadas. Tanto o paradigma do mercado quanto o burocrático e o profissionalismo propiciaram racionalidades próprias para o exercício de uma ocupação. A livre concorrência inspirou a lógica do mercado ao passo que a racionalidade burocrática vincula-se à gestão racional-legal. O profissionalismo vincula-se à *expertise*, conhecimento adquirido por meio do conhecimento especializado, em regra oferecido por cursos superiores, propiciando o controle do acesso à profissão por determinado grupo e autonomia para a prestação do serviço, independentemente dos interesses de outros atores (Bonelli, 2002: 16-17).

A racionalidade do mercado aposta na livre iniciativa e na proteção ao destinatário do serviço prestado, razão pela qual identifica no monopólio que se pretende exercer no acesso e desempenho de uma determinada ocupação um fator negativo. Na lógica do mercado privilegia-se o saber prático, havendo grande mobilidade para aceder às ocupações. A lógica burocrática confere primazia à ação do Estado e valoriza os aspectos administrativos e a eficiência do serviço oferecido ao consumidor. Inspira-se no controle hierárquico na divisão do trabalho, estimulando-se o treinamento e o conhecimento técnico. Algumas características marcariam o profissionalismo: competência exclusiva sobre uma determinada ocupação, cujo acesso é controlado por um determinado grupo (reserva de mercado); desempenho de uma atividade específica, normalmente baseada na acumulação de um determinado conhecimento teórico e técnico, reproduzido em universidades, que conferem titulações para o exercício profissional; metodologias de treinamento para a qualificação do trabalho e preocupação com o destinatário do serviço prestado e não exclusivamente com o retorno econômico (Freidson, 1996 e 1998).[7]

Mas a discussão sobre o profissionalismo esbarra em outras dificuldades. A partir de interpretação de Dubar e Becker, sugere Hagen (2005) que a complexidade da discussão sobre o tema aparece no uso do termo profissão em distintos idiomas. Além disso, deve ser considerado o processo social de reconhecimento de uma dada ocupação como profissão bem como os interesses dos integrantes do grupo profissional. Na França, profissão corresponde ao conjunto dos empregos (*occupation*) bem como às profissões liberais (*learned*

Goffman (Dingwall e Lewis, 1983: 1). O ponto de partida de Parsons foi sua obra *The Structure of Social Action*, na qual critica a análise econômica fundada na maximização da satisfação de interesses. A partir de Marshall, Paretto, Durkheim e Weber, Parsons propõe explicação alternativa, fundada nas bases sociais da ordem normativa (Dingwall e Lewis, 1983: 2).

[7] Um dos problemas centrais é a definição das profissões. Friedson identifica duas aproximações. A que focaliza a profissão como status (definição estática) e a que distingue o processo pelo qual uma ocupação é profissionalizada. Mas não se afasta a necessidade de uma definição do que seja uma profissão. Friedson prefere o conceito que parte da ocupação que compartilha traços institucionais e ideológicos, o que possibilita pensar no conceito de profissionalismo, como forma de organização de uma certa ocupação (Friedson, 1983: 23).

professions), especialmente a medicina e as profissões jurídicas. Nos Estados Unidos, a previsão legal da profissão possibilita a formação de associações profissionais, ao passo que ocupações limitam-se à associação sindical.

De qualquer forma, a previsão legal da profissão corresponde necessariamente ao reconhecimento social. O rótulo profissão sugere, a princípio, conotação positiva de uma ocupação, indicando que haveria alcançado patamar que serviria como modelo às demais ocupações.[8] A definição como profissão implicaria, assim, o domínio e o monopólio de um conhecimento socialmente útil, o qual deveria ser controlado com exclusividade pelo respectivo grupo profissional. O reconhecimento social como profissão é o aspecto distintivo da prática. O fato de que ela é reconhecida e valorizada positivamente na sociedade.[9]

Certamente, a influência do profissionalismo redefiniu a importância da cultura profissional para análise das organizações do sistema de justiça criminal. No campo de estudos da polícia, define-se como sistema de valores e interesses dos atores que integram a organização polícia com impacto nas práticas policiais. Refere-se às peculiaridades da atividade policial e a maneira como institucionalizam percepções e atitudes em relação ao trabalho e ao entorno organizacional: os policiam enfrentam diretamente o perigo (de forma análoga às forças armadas); os policiais devem construir relação de autoridade com o público (tais quais os professores); preocupação com a eficácia no desempenho de suas funções. Tais características combinam-se segundo situações e condições específicas. Assim, um conjunto de fatores levaria a determinadas pautas de atuação, marcadas pela suspeita em relação ao outro,

---

8 O mandato e a licença são importantes na compreensão do profissionalismo. Todas as ocupações detêm uma licença para desempenhar certas atividades que diferem de outras, mediante contraprestação em dinheiro, serviço ou bens. Se os indivíduos que desempenham uma ocupação compartilham sentimento de comunidade por experiências comuns, tendem a reclamar um mandato que defina para os membros da comunidade e demais, regras em relação ao trabalho, estilo e padrões de demanda do público e respostas. O caso específico das profissões é visto como ilustração por excelência de possíveis situações legais, morais e intelectuais propícias para configuração de um mandato. Os profissionais não apenas assumem a autoridade de dizer à sociedade o que é bom ou certo, mas também podem estabelecer os limites para se pensar os problemas a que são submetidos (Hughes, *apud* Dingwall e Lewis,1983: 5).

9 Parte da literatura questiona o status profissional da polícia: Menke, White e Carey (*apud* Hagen, 2005: 45-46) estabelecem requisitos para que seja reconhecida uma ocupação como profissão, destacando que o grupo profissional busca, como objetivo inicial, os interesses da sociedade ou necessidades do cliente, de forma que, quando os destinatários do serviço se sentem suficientemente protegidos, delegam o controle da atividade ao respectivo grupo profissional. Obviamente que, reconhecer a profissionalização do trabalho policial sugere grau de autonomia em relação ao poder político, na medida em que um grupo profissional (burocrático, no sentido *weberiano*) conduz sua atuação por procedimentos racionais-legais pré-estabelecidos, a partir de pautas reconhecidas internamente e da institucionalização de práticas dentro de um determinado grupo (Hagen, 2005: 45-50).

certo isolamento social compensado por fortes mecanismos de solidariedade interna e valorização de ações pragmáticas. Porém, pesquisas posteriores colocaram em questão tais padrões, sugerindo uma diversidade nas formas de atuação e dimensões do trabalho policial; o perigo nem sempre é um referente necessário e onipresente (Monjardet, 2003: 161-194).[10]

Na proposta sobre as dimensões de análise da organização policial – instituição, organização e profissionalização –, há espaço para a reflexão sobre a amplitude das ferramentas para a pesquisa de outras organizações do subsistema jurídico-penal, e não apenas em relação à Polícia. A inter-relação entre essas dimensões produz um universo de práticas possíveis, orientadas por critérios e valores específicos. Assim, entre a profissão e a organização há espaço importante de incerteza. Além disso, entre os usos instrumentais (pela política ou interesses econômicos) e os valores do profissionalismo produz-se *ethos* de tensão que pode levar à involução dos objetivos inicialmente estabelecidos (Monjardet, 2003: 208-219).

5. IDENTIDADE E CULTURA ORGANIZACIONAL

Nas últimas décadas nota-se interesse pelas histórias de vida de organizações em populações específicas, descritas como organizações com formato comum (Hsu e Hanna, 2005: 474). O campo de estudos em Ecologia Organizacional tem dedicado especial atenção à mudança no mundo das organizações, tanto no conjunto de organizações que compõem um formato organizacional quanto na diversidade das formas observadas. Argumenta-se que a composição e a diversidade variam no tempo, de acordo os sistemas sociais observados (Hsu e Hanna, 2005: 474).

---

[10] Na França, pesquisa conduzida por Monjardet destaca algumas questões pertinentes para análise: a relação do policial com a lei e a relação do policial com o outro. Em um esboço de tipologia, concebe três modalidades no que tange à relação com a lei: parte dos policiais refere-se à lei como mera coerção, muitas vezes identificada como óbice à ação eficaz. Assim, é razoável a proposta de contornar os limites da lei, evitando-se a aplicação de sanções. Outros policiais vêem a lei como um «enquadramento necessário» e imperativo para a sociedade. Entre os policiais, alguns identificam na lei uma forma de contrato, que legitima a vida social, de forma que respeitar a lei significa atender aos valores nela condensados. Quanto à relação do policial com o outro (seja o «outro» um cidadão, o representante de um determinado poder etc.), a pesquisa sugere tipologias que se enquadram entre a abertura e o recuo às parcerias com terceiros (políticos, Justiça, serviços sociais, etc.), bem como entre a transparência e a opacidade da atividade da polícia. A pesquisa propõe ainda duas interpretações sobre a missão da polícia. O discurso legalista, ao atribuir autoridade ao poder político legítimo, contrapõe-se a esta visão, sustentando que a polícia não deveria ser comandada pelo Estado, mas pelos destinatários do serviço policial (cidadãos), o que justificaria, na leitura de sindicatos policiais, a possibilidade de recusa às ordens ilegais. Neste sentido, sugere-se a criação de instância independente para aferir a legalidade das ordens emanadas de autoridades políticas (Monjardet, 2003: 169-172).

Um dos achados do campo de pesquisa é que a identidade organizacional é variável fundamental para a compreensão das mudanças organizacionais. O conceito de identidade é definido como o conjunto de códigos sociais (cultura) e regras que orientam as expectativas sobre o desempenho das organizações. As percepções de satisfação ou violação de tais códigos pela audiência, definida como o conjunto de agentes com interesse e controle sobre os recursos materiais e simbólicos, são determinantes nas mudanças e evolução das organizações. Este conceito não é unânime. Outra corrente sustenta que a identidade é definida pelas características centrais e confere distinção a uma determinada organização em relação às demais. Em que pese a relevância das percepções internas, as pesquisas empíricas apontam que os agente externos (audiência) exercem influência muitas vezes maior sobre as organizações (Hsu e Hanna, 2005: 476-477).

Estudos no campo das identidades organizacionais discutem os efeitos das múltiplas identidades em determinadas organizações. A diversidade de interesses e formações pode levar a múltiplas identidades no interior das organizações, com a formação de grupos. A diversidade interna pode gerar mudanças na forma como os membros entendem o formato e papel a ser desempenhado pela organização, e gerar mudanças na identidade organizacional ao longo do tempo. Embora percebida como ameaça, discutem-se os aspectos positivos e negativos no funcionamento das organizações (Holzinger e Dhalla, 2007: 43-48). Argumenta-se que apenas as organizações cuja cultura contemple e inclua a diversidade podem se beneficiar das múltiplas identidades. Ao considerar a cultura como conjunto de valores e códigos sociais compartilhados pelos membros das organizações, argumenta-se que uma cultura organizacional inclusiva deve ser construída em bases éticas de entendimento recíproco (Holzinger e Dhalla, 2007: 47).

O campo de estudos da aprendizagem organizacional também tem recebido diversas contribuições nos últimos anos. A literatura aponta que o processo de aprendizagem relaciona-se a rotinas estabelecidas e depende de processos históricos e de objetivos estabelecidos. Assim, discute-se como as organizações aprendem de experiências externas e como estas desenvolvem paradigmas e molduras para a compreensão das experiências (Levitt e March, 1988: 319-340). As rotinas estabelecidas incluem formas, regras, procedimentos, convenções, estratégias e tecnologias a partir das quais as organizações operam. Estas contemplam também o conjunto de crenças, valores e códigos sociais que sustentam ou não as rotinas organizacionais (Levitt e March, 1988: 320). Embora a aprendizagem organizacional dependa das individualidades psíquicas, a memória organizacional contempla situações em que as concepções sobre as rotinas de aprendizagem remetem às experiências acumuladas apesar das mudanças no quadro de membros. As regras, os procedimentos, as tecnologias, as crenças e culturas são preservadas por meio de sistemas de socialização e controle (LEVITT e MARCH, 1988: 326-327).

As pesquisas centradas no ambiente organizacional, conforme descrito, investigam a conformidade das ações ao ideário técnico ou institucional. Nesta abordagem, a cultura organizacional também surge como variável relevante, na medida em que os códigos internos e os valores compartilhados sugerem que a eficiência pode ser a característica privilegiada internamente. No caso do predomínio da racionalidade institucional, demonstram os estudos no campo, valorizam-se lógicas ritualísticas e cerimoniais, em detrimento da técnica (ROWAN e MEYER, 1977: 340-363).

O interesse pela identidade organizacional e pelo processo de aprendizagem das organizações remetem a um campo trilhado a mais tempo e com uma história consolidada; o campo de estudos da cultura organizacional. O conceito de cultura[11] já contava com longa história quando é delimitado como objeto de pesquisa da teoria organizacional. Uma das conclusões já dos primeiros estudos é que a cultura molda subjetividades e orienta as ações organizacionais (CHAN e CLEGG, 2002: 263-264). Os mitos, assim como as rotinas e práticas institucionalizadas, vinculam-se aos valores, crenças e códigos sociais compartilhados nas organizações. Conformam um universo de questões relacionadas à cultura organizacional.

As pesquisas no campo da sociologia das profissões jurídicas não podem ser evidentemente desprezadas ao se analisar a cultura organizacional. O profissionalismo orienta as pautas de atuação organizacionais e podem influenciar o formato e a evolução das estruturas e organogramas das organizações (BONELLI, 2002; BONELLI, 2003a; BONELLI, 2003b). A mudança no modelo institucional do Ministério Público brasileiro ocorreu em contexto de intensa movimentação e pressão das associações de classe e busca pelo insulamento profissional em relação ao mundo da política. A pesquisa de outras organizações do subsistema jurídico-penal sugere que o profissionalismo também conforma valores e códigos sociais relevantes na atuação das organizações (MACHADO, 2007a; MACHADO, 2007b).

Quando a pesquisa dirige o foco para os estudos do sistema de justiça, a análise da cultura organizacional ganha em densidade, considerando-se a especificidade do campo jurídico. As representações práticas e relações estabelecidas entre os atores que integram as organizações do subsistema jurídico-

---

[11] Raymond Willians, na obra *Key Words*, sustenta que o termo cultura surge no século XVI, em inglês e outras línguas europeias, para designar o cultivo de plantas e a criação de animais. No século XVIII o conceito é modificado, abarcando também a mente humana e a personalidade. O conceito incorpora o processo de desenvolvimento humano. Ao longo dos anos o vocábulo cultura acumulou significados, e tornou-se sinônimo de civilização nas línguas inglesa e francesa (CHAN e CLEGG, 2002: 265).

-penal são condicionadas pelos *habitus* jurídicos em sua dupla dimensão: estruturantes e estruturados pela lógica do campo jurídico. A divisão de «competências» jurídicas confere poder à comunidade dos juristas para distinguir o que corresponde ou não ao direito. A racionalidade do direito impõe determinadas práticas a serem adotadas e os cânones jurídicos são reservas de autoridade e devem ser seguidos na operação que traslada os conflitos sociais ao espaço que busca a neutralidade na interpretação do direito. A estrutura do discurso jurídico favorece a autonomia do texto legal e torna possível uma forma particular de conhecimento especializado, com regras e lógica próprias (Bourdieu, 2001: 211).

As soluções encontradas na engenharia institucional dos Estados de Direito e a distribuição de atribuições entre as organizações que integram o sistema de justiça e a profissionalização das carreiras jurídicas geram disputas na distribuição do «poder de nomear» o direito. Mas a questão não se limita às relações de poder interorganizacional. As rotinas internas, processos de aprendizagem e identidade das organizações relacionam-se às pautas de atuação, aos valores compartilhados e códigos sociais, mediados pelas constrições e regras do jogo jurídico (Bonelli, 1998: 185-214; Bonelli, 2002; Bonelli, 2003a: 169-183; Machado, 2007a; Machado, 2007b; Machado, 2011; Sadek, 1995; Sadek, 2003).

A complexidade do campo de estudos das organizações sugere diferentes perspectivas e ferramentas teóricas. Entre as diferentes tradições, a teoria sistêmica promove as mudanças mais importantes, na medida em que se vincula a um complexo modelo teórico, cuja amplitude e complexidade excede, e muito, a estrita análise das organizações.

6. TEORIA ORGANIZACIONAL SISTÊMICA: COMUNICAÇÃO, DIFERENCIAÇÃO FUNCIONAL E ORGANIZAÇÕES.

A teoria organizacional sempre esteve no centro das preocupações teóricas de Luhmann (Luhmann, 1997, 2007, 2010). Assim como o neoinstitucionalismo, o foco dirige-se às interações entre as organizações e a sociedade. O enfoque institucionalista surge, como ponto de partida para análise da teoria sistêmica, exatamente pela conexão entre as formas organizacionais e o contexto social bem como para análise dos processos organizacionais internos, aspecto negligenciado pelo neoinstitucionalismo (Hasse, 2005: 253; Luhmann, 2010: 56 e ss.; Rowan e Meyer, 1977: 41). Porém, as organizações são unidades com racionalidade e dinâmica próprias na ótica *luhmanniana*.

Diferentemente de parte da tradição sociológica clássica, centrada na ação social, o ponto de partida da teoria sistêmica são as comunicações, as quais não são definidas sob viés psicológico, mas como processo de produção de sentido a partir de um emissor, de um transmissor e de um receptor de determinada mensagem. A compreensão como processo que possibilita a comunicação não se vincula a um sujeito cognoscente, mas à produção de sentido que enseja novas comunicações (Luhmann, 2007: 49).

O ponto central na teoria sistêmica é a diferenciação dos sistemas sociais autopoiéticos na sociedade contemporânea. A política, a economia, o direito, a religião e a moral funcionam a partir de códigos e programas próprios. O processo de diferenciação funcional está associado à criação de organizações especializadas, tais como as universidades, os tribunais, bancos e igrejas (Luhmann, 2007: 666-672). Assim, as organizações acabam assumindo códigos e programas dos sistemas funcionais, conformando certa identidade organizacional. O sistema jurídico, por exemplo, diferencia-se, internamente, na forma de tribunais (Luhmann, 2005: 359-367).

A abordagem permite novos enfoques sobre temas relevantes do ponto de vista sociológico, tais como a integração e a mudança, pois as organizações são definidas teoricamente como os únicos sistemas sociais que podem se comunicar entre si, o que decorreria da duplicidade de papéis. As organizações são sistemas sociais que internalizam códigos e programas dos sistemas sociais. Por outro lado, podem ser definidos como atores, que se comunicam em situação análoga às pessoas (Luhmann, 2007: 668; Hasse, 2005: 256).[12]

6.1 As organizações como sistemas sociais distintos

O ponto de partida da teoria organizacional sistêmica foi a crítica ao modelo *weberiano* – a burocracia como modelo de organização racional. A teoria organizacional clássica concentrou-se em aspecto fundamental: a redução de complexidade. A redução da incerteza foi construída como aspecto preponderante para a proteção da organização do risco e do excesso de informação (Luhmann, 2010: 29 e ss.).

Com a definição das organizações como sistemas sociais compostos de decisões e que produzem as próprias decisões – entidades autorreferentes –, deve-se repensar a concepção que considera a organização como mero subsistema diferenciado internamente a partir dos diversos sistemas funcionais (Seidl, 2005: 39). Mais recentemente, com a difusão de organizações formais e maior complexidade social, a atenção dirige-se às relações entre organiza-

---

[12] O enfoque sistêmico distancia-se do neoinstitucionalismo por diversas premissas teóricas e concepções sobre a sociedade. Para este, a sociedade é formada por normas e expectativas que afetam a organização. A mudança em direção ao isomorfismo é, assim, esperada (Powell e DiMaggio, 1983: 147-160). A teoria sistêmica enfatiza a diferenciação da sociedade em sistemas funcionais e como as organizações são inseridas nesses processos (Hasse, 2005: 257).

ções e sistemas funcionais, na medida em que as organizações aparecem como pressuposto para a diferenciação funcional.

As organizações são definidas como sistemas sociais autopoiéticos que produzem decisões por meio de rede de decisões autoproduzidas – máquinas não triviais (Von Foerster) (Luhmann, 2010: 99; Luhmann, 1997: 9). Diferente da teoria organizacional clássica, que define decisões como escolha entre alternativas, a decisão apresenta-se como comunicação, não se constituindo exatamente em produto humano. As decisões comunicam que alternativas poderiam ter sido escolhidas (Luhmann, 2010: 89-91).[13]

No modelo sistêmico as decisões surgem como comunicações paradoxais: decidir significa converter incerteza em risco (Luhmann, 1997: 10). O sentido autorreferente na organização tem outras consequências, pois a modificação das decisões deve ser comunicada como decisão. Do contrário deixa de ser parte da autopoiese organizacional. A fim de absorver incerteza, as comunicações decisórias devem ser integradas em processo de conexão entre decisões (Luhmann, 1997: 14-15; Luhmann, 2010: 200).

Na medida em que as organizações atuam em sistemas funcionais, vinculam-se aos respectivos códigos. Mas estes não são suficientes para demarcar os limites organizacionais. Assim, as premissas decisórias, conjunto de distinções binárias – esta competência e não outra, esta pessoa e não aquela –, conformam o equivalente funcional da codificação dos sistemas funcionais (Luhmann, 2010: 279).

A partir das informações disponíveis, e apesar da incerteza ainda existente, possibilita-se a decisão. Na conexão que se estabelece com decisões posteriores, a incerteza da primeira decisão é absorvida (Luhmann, 2010: 220-223). Em outras palavras, a redução de incerteza ocorre quando a decisão é usada por decisão subsequente como premissa decisória (Luhmann, 1997: 38).[14]

Entre as premissas decisórias, destacam-se: programas, pessoal e canais de comunicação. Os programas, responsáveis pela estruturação da memória do sistema, distinguem-se entre programas condicionais (orientados pelo *input*) e finalísticos (orientados pelo *output*) (Luhmann, 2010: 261 e ss.). O pessoal refere-se à necessidade prévia de recrutamento e organização do pessoal

---

[13] Luhmann critica a visão predominante sobre a organização e decisões na década de 1970. No modelo criticado as decisões surgem como escolha entre alternativas. Critica-se também o objeto de pesquisa, centrado na disjunção entre o modelo formal e o modelo informal (patologias da organização) (Luhmann, 1997: 3-4).

[14] A concepção clássica de complexidade equivalia a «dificuldade para decidir». Para Luhmann a complexidade nos sistemas organizacionais surge como relação entre decisões, as quais atuam como premissas decisórias para outras decisões (Luhmann, 1997: 21).

(Luhmann, 1997: 71; Luhmann, 2010: 304-311). Os canais de comunicação constituem-se na organização interna, com organograma pré-estabelecido com competências e vias de comunicação, coordenados por meio de posições referentes à execução de programas específicos (Luhmann, 2010: 378-379).

Luhmann introduz outras premissas em obra póstuma: premissas de decisão que não são passíveis de decisão. A cultura organizacional (ou culturas organizacionais), forma como a organização lida com os processos decisórios. As rotinas cognitivas, premissas heterorreferentes, referem-se a como o entorno é definido pela organização. Por rotinas cognitivas entende-se não o que percebem todos os indivíduos envolvidos na organização, mas as identificações registradas pelo uso reiterado nas comunicações, e que podem ser recuperadas segundo a necessidade (Luhmann, 2010: 219).

Outro aspecto importante na análise da autopoiese organizacional são as formas e mecanismos de fechamento em relação ao entorno. O fechamento organizacional manifesta-se operacionalmente, na medida em que as organizações se reproduzem por meio de decisões (Luhmann, 1997 e 2010). Por outro lado, a decisão é paradoxal, pois apenas as questões a princípio não passíveis de decisão podem ser decididas (Von Foerster) (Luhmann, 2010: 162). Em suma, em situação real de decisão, as alternativas são equivalentes, ou não haveria alternativas. Para evitar a paralisação o paradoxo deve ser *desparadoxizado*, na medida em que sai do campo visual (Luhmann, 2010: 162-163). Cada decisão é uma distinção entre o que é um elemento da organização (espaço delimitado, Spencer Brown) e o que não pertence à organização.

A abordagem organizacional-sistêmica permite distintos níveis de análise. Inicialmente, surge como possibilidade empírica pesquisar os processos de diferenciação interna do subsistema jurídico-penal e suas formas de comunicação a partir da codificação jurídica. Outra perspectiva, mais especificamente organizacional, focaliza as decisões organizacionais da Polícia, do MP e do Judiciário. Em que medida tais decisões reduzem complexidade e permitem sucessivas decisões? Para isso, a pesquisa pode ser reorientada para as interações organizacionais entre os membros das distintas organizações. Finalmente, cumpre indagar sobre as premissas decisórias, especialmente a cultura organizacional, razão pela qual revela-se útil investigar representações sociais dos membros das distintas organizações pesquisadas.

6.2 Processos decisórios, mitos, cultura e identidade organizacional

O modelo organizacional sistêmico propicia ferramentas alternativas para análise organizacional. A abordagem não parece, contudo, totalmente incompatível com parte da contribuição do neoinstitucionalismo. A compreensão das rotinas cognitivas e a definição do entorno pelas organizações permitem adensar a compreensão sobre os processos decisórios. A análise da autopoiese da comunicação organizacional pressupõe o conhecimento dos mecanismos de insulamento das organizações.

No enfoque institucionalista, o principal instrumento de isolamento constitui-se o mito institucional, definido como representações sociais relacionadas às estruturas e funções da organização, com elevado grau de impessoalidade, atuando como mecanismo que atribui natureza técnica às práticas, meios e fins da organização (Rowan e Meyer, 1977: 343-345).

Os mitos organizacionais relacionam-se a três processos: o conjunto de relações sociais compartilhadas entre organizações em um mesmo ambiente, cuja socialização leva à consolidação de estruturas e práticas; o processo de normalização das práticas por meio do direito positivo, que define de forma clara o exercício de uma determinada ocupação; finalmente, o papel das lideranças organizacionais na construção social dos mitos e na atribuição de novos significados aos já existentes (Rowan e Meyer, 1977: 343-352).

As organizações do sistema de justiça estão fortemente influenciadas pelo ambiente institucional. Pesquisas realizadas sugerem que a legitimidade conferida às práticas policiais é inspirada pelo ideário hegemônico e seus mitos institucionais (Medeiros, 2004; Costa, 2004). Há evidências empíricas de que a legitimidade das práticas de outras organizações do subsistema jurídico-penal também pode estar associada à cultura e aos mitos organizacionais (Machado, 2007a, 2007b e 2011).

Ao analisar o ambiente institucional, estudos no campo da teoria organizacional associam-no a uma forma de campo institucional. Este seria marcado por processos de isomorfismo entre as organizações que compartilham determinadas pautas de atuação, fonte de legitimidade e mitos institucionais. Aponta-se a tendência de homogeneização de instituições entre as organizações que ocupam um mesmo campo. O processo manifesta-se na tendência de aproximação das unidades ao restante do grupo (Powell e DiMaggio, 1983: 147-160).

A fim de ganhar legitimidade, as organizações atuam e se estruturam de acordo com as expectativas do entorno. Por isso, os papéis são assumidos e representados ritualmente, a fim de revelar conformidade. Nesse processo ritualístico, em busca da legitimidade, há separação das práticas organizadas das estruturas formais. A seletividade surge no interior das organizações, entre práticas e rotinas, por um lado, e estruturas formais e processos, por outro (Powell e DiMaggio, 1983: 147-150; Rowan e Meyer, 1977: 344-346).

Outro mecanismo de seletividade parte dos campos organizacionais, constituídos por profissões e agências reguladoras. As organizações são, assim, afetadas diretamente pelas mesmas profissões e regras. No processo denominado como isomorfismo, as organizações buscam adaptar suas estruturas a fim de obter mais legitimidade (Powell e DiMaggio, 1983: 152-153).

Os processos descritos pelo neoinstitucionalismo não são incompatíveis com a abordagem sistêmica. Existem diferenças muito importantes. Na tradição institucionalista a pesquisa concentra-se na manutenção ou transformação das estruturas organizacionais como resposta ao entorno. Por outro lado, a proposta sistêmica parte da autopoiese das organizações. Como sistemas operativamente fechados, o entorno pode suscitar irritações e estimular processos organizacionais internos. Uma releitura sistêmica do isomorfismo deve considerar que não se trata da ação do entorno, mas da autoprodução das organizações, operativamente fechadas e cognitivamente abertas. Os processos de diferenciação interna do sistema jurídico ocorrem também pela criação de organizações que assumem a codificação e programas deste sistema funcional (Luhmann, 2005; Luhmann, 2010).[15] Porém, existem sistemas concorrentes com o sistema jurídico; além disso, no processo de diferenciação funcional as organizações muitas vezes assumem a codificação de mais de um sistema social, configurando organizações polifônicas (Andersen, 2003: 151-182; Nobles e Schiff, 2001: 197-201).

De outro ângulo, os mitos organizacionais também são úteis para a análise organizacional–sistêmica, pois se aproximam do que Luhmann define como valores. Estes atuam como mecanismos de apoio nas comunicações, ainda que não comunicados diretamente. Em geral, a validade dos valores é pressuposta nas comunicações (Luhmann, 2010: 285). Os valores podem se manifestar na forma de mitos, atuando como premissa decisória; ou seja, relacionam-se à cultura organizacional e à forma de comunicação das organizações. A peculiaridade da cultura (ou culturas) organizacional de uma dada organização remete à sua história. Assim, repreendem-se eventuais desvios da cultura organizacional (Luhmann, 2010: 285-286). Finalmente, uma última questão conexa refere-se à identidade organizacional, tema importante para a compreensão das premissas decisórias.

As pesquisas tradicionais no campo da identidade organizacional, conectadas aos códigos sociais e valores compartilhados (cultura organizacional) preocupam-se tanto com as características que conferem unidade e distinção à organização (identidade substantiva) quanto à forma como elas são percebidas pelas organizações (identidade reflexiva). O modelo *luhmanniano* muda o foco das pesquisas sobre a identidade organizacional, pois esta não é mais conceituada psicologicamente, mas única e estritamente em termos comunicativos (Seidl, 2003: 123 e ss.).

A unidade vincula-se, então, aos mecanismos de fechamento operacional. No caso das organizações, vincula-se ao encadeamento de decisões. Apenas

---

[15] As premissas decisórias conformam equivalente funcional da codificação nos sistemas sociais (Luhmann, 2010: 279).

os sistemas sociais determinam se e como a comunicação se torna parte do sistema. Nesse sentido a organização é operativamente fechada; fechada a operações que não sejam exclusivamente por ela determinadas. Mesmo as organizações integradas em redes devem ser compreendidas como distintas unidades operacionais. A autopoiese da organização distingue não apenas entre decisões e não decisões, mas também entre decisões de distintas organizações. Apenas suas próprias decisões são parte do sistema. Outras decisões são entorno (Seidl, 2003: 130).

A individualidade de cada organização é dada pela reprodução autopoiética. Cada operação deve conectar-se a operações anteriores. A reprodução do sistema depende das operações passadas; a história da organização. A remissão a decisões anteriores remete a estruturas concretas, tais como os programas, perfil do pessoal recrutado, os canais de comunicação (hierárquicos ou não) e o número de posições e divisão interna (organograma) ou ainda a valores específicos (cultura organizacional).

Outro aspecto refere-se às relações entre organizações e entorno. As auto-observações e a observação da unidade ocorrem no interior das organizações. A distinção sistema/entorno é comunicada nas organizações. Eventualmente pode ocorrer uma reentrada da distinção em operação subsequente. Mas as organizações podem também produzir autodescrições, originadas pelo uso repetido; e podem assumir formas variadas, escritas ou orais. As autodescrições funcionam como estruturas, premissas decisórias, ao propiciar um guia para operações concretas. A função integradora das autodescrições relaciona-se à metáfora do mapa (autodescrições) como representação do território (organização). Os membros das organizações podem usar autodescrições como guia para a tomada de decisão, o que também se relaciona à função operacional das organizações (Seidl, 2003: 124-134).

Por outro lado, as autodescrições são contingentes, na medida em que poderiam ser diferentes daquilo que são. Toda e qualquer observação, incluídas as auto-observações, são contingentes, pois poderiam ser observadas distintamente. Empiricamente podem ser identificadas múltiplas autodescrições, sucessivas ou coexistentes. A situação remete à existência de mais de um mapa para um mesmo território (organização), o que pode se justificar pela utilização em diferentes contextos comunicativos. As organizações podem possuir autodescrições para comunicações formais e outra para a informalidade; no sentido referido por Luhmann, podem coexistir autodescrições oficiais e cínicas. A coexistência de múltiplas semânticas pode levar a uma meta-semântica para organizar a unidade da diversidade interna. Porém, autodescrições conflitantes podem levar a premissas decisórias contraditórias em situações concretas. Eventualmente as organizações podem restringir o uso de autodescrições conflitantes, como a estratégia do «deletar», legitimando uma semântica e declarando a outra inválida (Seidl, 2003: 134-144).

6.3 Sociedade, interações sociais e interações organizacionais

A análise sistêmica distingue os seguintes tipos de sistemas sociais: sociedade, interação e organizações, que se reproduzem por meio de diferentes tipos de comunicação. Nesta análise, a sociedade, cujas fronteiras são comunicativas, engloba organizações, interações e suas respectivas comunicações (Luhmann, 1990, 2007).[16] Cada sistema comunica a partir de códigos próprios, constituindo-se em entorno para os demais (Luhmann, 2007: 66-89).

As interações constituem-se em sistemas que se reproduzem por meio da comunicação e pela presença física dos participantes. Em outras palavras, presença e ausência constituem-se em códigos, que dependem das estruturas de comunicação (Luhmann, 2007: 643).

De fato, no modelo sistêmico, dedicou-se pouca atenção às relações entre os sistemas, especialmente às relações entre organizações e interações (Seidl, 2005: 145). Embora Luhmann não tenha abordado as decisões tomadas por interações, parece razoável, a partir dos conceitos de *reentrada* e de interpenetração, falar-se em interações organizacionais. Se, por um lado, as organizações se reproduzem unicamente por meio de decisões, as interações, por outro lado, se reproduzem pela comunicação entre pessoas. Exatamente por isso, a comunicação funda-se na presença física dos participantes. Em outras palavras, a comunicação é estabelecida por meio do código presença/ausência (entorno) (Seidl, 2005: 147; Luhmann, 2007: 643 e ss.).

No sistema interação a pessoa assume um papel fundamental; enquanto nas organizações as decisões são justificadas com base em premissas decisórias – decisões são apresentadas como consequências de decisões anteriores –, na interação as comunicações são atribuídas às pessoas (Luhmann, 2007; Seidl, 2005: 148).

As interações podem produzir decisões para as organizações, pois assumem um papel relevante na reprodução organizacional. Aceitamos, assim, a seguinte distinção: se é possível falar-se em comunicação decisória e comunicação interativa, não é descabida a possibilidade de comunicações interativas decisórias (Seidl, 2005: 148).

Neste sentido, útil e esclarecedora a seguinte tipologia: interações decisórias; interações preparatórias; interações informais com alguma relevância para a tomada de decisões; interações sem qualquer relação com o processo decisório (Seidl, 2005: 148-150). As três primeiras formas de interação são organizacionais, pois orientadas não apenas por estruturas interativas mas também organizacionais (entorno das interações). A interação observa sua

---

[16] Distinguem-se quatro formas de diferenciação: segmentação, centro/periferia, estratificação e diferenciação funcional (século XVIII) (Luhmann, 1990; Luhmann, 2007).

comunicação de acordo com o significado para a interação e para a organização (*reentrada*). Reconstrói-se a distinção pelos papéis assumidos na organização e na interação.[17]

A *reentrada* da organização na interação é acompanhada pela referência às pessoas que participam da organização na sua tripla dimensão: dimensão social – experiência pessoal dos participantes como membros da organização; fática – a interação estrutura a comunicação segundo temas organizacionais; temporal – comunicação interativa pode coincidir com eventos organizacionais.[18] As interações surgem como respostas para a dupla contingência e podem contribuir para a reprodução organizacional.

O logro organizacional depende, contudo, de processos de interpenetração, quando os sistemas sociais disponibilizam mutuamente sua complexidade para a construção de outros sistemas. Assim, quando a interação apresenta sua comunicação como processo decisório, ela é reproduzida de forma distinta. A interação estiliza sua comunicação como decisão a fim de integrá-la no processo de decisão organizacional (Seidl, 2005: 159-160).

6.4 Organização, profissionalização e autopoiese do sistema jurídico

A sociedade diferenciada funcionalmente depende cada vez mais de organizações para sua evolução, o que sugere a produção de estruturas cada vez mais complexas e acoplamentos estruturais entre os diversos sistemas sociais. O sistema político conforma parte do entorno do sistema jurídico e suas comunicações não são reciprocamente indiferentes. Porém não há uma relação direta, sugerida pelo *modelo principal-agente*. O sistema jurídico abre-se cognitivamente ao entorno a partir de sua codificação e programação próprias (Luhmann, 2005). A organização e a profissionalização constituem-se em processos sociais importantes para análise da evolução do direito e dos processos que levaram à autopoiese do sistema jurídico.

A organização do trabalho implica constrições pela distribuição de tarefas e regras para o desempenho. Os erros são interpretados no interior da organização segundo critérios de aceitabilidade jurídica. As resistências à hierarquia organizacional supõem o uso de argumentos aceitáveis internamente. Além disso, a organização supõe um organograma, com cargos e remuneração diferenciados, conformando uma carreira. A organização filtra, assim, as pressões do entorno. Luhmann sugere possibilidades de combinação para análise: 1. independência; 2. dependência do texto jurídico; 3. impossi-

---

[17] A interação usa a distinção interação/ entorno na forma de papéis, como programas (Von Foerster) (Seidl, 2005: 151).

[18] Organização fornece moldura (Goffman) para interação. Normalmente os participantes da interação só se reconhecem como membros da organização (Seidl, 2005).

bilidade de não decidir. Assim, organização e profissão são descritas como equivalentes funcionais. Sugere-se que, com o lapso temporal, a importância da lealdade organizacional possa se deslocar para a solidariedade profissional (Luhmann, 2005: 391-393). Em relação às investigações que questionam a possibilidade da tarefa jurisdicional, há que se considerar o prestígio do experto, característica que possibilita ao jurista atuar em um campo seletivo do juridicamente relevante. Por outro lado, a organização e a profissionalização possibilitam que os tribunais apresentem suas decisões como resultado de processos interpretativos e argumentativos (aplicação do direito vigente) (Luhmann, 2005: 393-395).

Esta leitura aproxima-se da interpretação de Bourdieu na análise do campo jurídico. Ao romper com a tradição instrumentalista (*althusseriana*), na qual o direito é instrumento de dominação classista, e com a tradição formalista (*kelseniana*), marcada pela total autonomia em relação à sociedade, a proposta teórica do autor francês sugere que o campo jurídico, palco das disputas por um peculiar capital simbólico (capital jurídico), rege-se por regras próprias, que conferem ao campo uma peculiar autonomia relativa, em permanente tensão com os demais campos de poder (especialmente o político e o econômico). Assim, as relações de poder não se resumem à metáfora da superestrutura, pois estão marcadas por lógicas próprias que conferem contornos especiais ao mundo do direito (Bourdieu, 2001).[19] Embora os processos de organização e profissionalização não tenham sido aprofundados por Bourdieu ao analisar as variáveis que conferem autonomia relativa ao campo, intui-se que o jogo do direito não pode estar dissociado de processos organizacionais e do movimento de profissionalização, elementos importantes na compreensão da autopoiese do direito, conforme sugerido por Luhmann (2005: 393). O tema foi objeto de atenção de Weber, quem analisa o papel que cumpre a organização das burocracias modernas no modelo de dominação racional-burocrático (Weber, 1993). A constituição de lógicas próprias permite um insulamento às organizações do Estado, com interesses específicos que rompem o mito das análises instrumentais, como a da «correia transmissora» ou o do «martelo».

Conforme anunciado na introdução, o debate jurídico sobre a posição das organizações do subsistema jurídico-penal remete à discussão sobre a posição ocupada pela polícia incumbida da investigação criminal em relação aos demais atores do processo penal (Armenta Deu, 1995; Moreno Catena,

---

[19] A conformação do campo jurídico penal gera espaço de disputas, no qual uma cultura de direitos humanos permite uma releitura emancipatória sobre o papel das instituições, especialmente o desempenhado pelo MP (Suxberger, 2010: 14-88). Esta interpretação sugere novas possibilidades de pesquisa sócio-jurídica, pois coloca em discussão os ideários que orientam as ações organizacionais, mediadas por interesses profissionais e formas de legitimação discursiva.

1997 e 2002). Indaga-se se há competência autônoma, competência por delegação ou por coadjuvação. Fala-se em autonomia quando a organização exerce atividade por sua própria conta e risco. E esta diz respeito apenas a ela. Obviamente, a investigação criminal não pode ser considerada uma atividade autorreferente, pois se relaciona a outros programas disciplinados pelo código de processo penal. Destina-se a subsidiar a persecução penal. Na segunda situação, uma organização recebe de outra a competência de órgão inicialmente competente. Na última hipótese, uma determinada organização tem competência para o desempenho da função, mas esta não é autônoma, mas um meio para o exercício de outra competência por outra organização (Cunha, 1993). O debate sobre a posição da Polícia Civil em relação às demais organizações, especialmente o Ministério Público, ajusta-se à posição que as organizações ocupam na divisão do trabalho jurídico-penal. As diferentes experiências no processo de diferenciação interna do subsistema jurídico-penal remetem a soluções díspares. Assim, a tomada de decisões da Polícia pode ser juridicamente observada como delegação direta de outras organizações, especialmente o Ministério Público ou o Juiz Instrutor, conforme demonstra a experiência europeia continental, ou competência por coadjuvação, modelo que mais se aproxima do exercício da investigação criminal pela Polícia Civil brasileira.

O encadeamento das decisões de distintas organizações remete à metáfora da corrida de bastão e sugere a existência de mecanismos de articulação interna na forma como as organizações comunicam. Sustenta-se que a atividade de investigação criminal desempenhada pela polícia não pode ser autônoma, pois a razão de sua existência relaciona-se ao exercício da persecução penal. Por outro lado, as decisões das organizações judiciárias supõem a comunicação de outras organizações. Assim, a atividade de persecução penal também não pode ser vista como autônoma. Ela não tem um fim em si mesma. Ainda assim, é possível falar-se em autopoiese em relação às organizações do subsistema jurídico-penal? Sim, se a questão é teoricamente contextualizada: no caso específico das organizações analisadas, a tomada de decisões supõe premissas condicionais, programas jurídicos. A articulação supõe a existência de programas comuns que orientam a comunicação das organizações. Mas uma questão fundamental muitas vezes escapa do horizonte cognitivo do jurista. Existem outras premissas decisórias, e não apenas as condicionais (jurídicas). E as organizações são observadoras de segunda ordem da comunicação jurídica.

Parte da literatura sugere que o sistema de justiça criminal pode ser mais bem descrito como sistema frouxamente articulado, pois os mecanismos de integração são débeis, e sugerem dinâmicas próprias (Hagan *et alii*, 1979). Sob o enfoque sistêmico, cada uma das organizações é um sistema social distinto. Não se nega que a codificação jurídica sugere alguma articulação nos processos decisórios dos diferentes sistemas sociais (organizações, neste caso). Mas esta não é suficiente para a compreensão da forma como as organizações comunicam. Em síntese, a premissa condicional, na forma da comunicação jurídica, indica a existência de pautas parcialmente comuns nas autodescrições das organizações. O desafio, contudo, é ir além. Deve-se indagar sobre outras premissas decisórias nas organizações pesquisadas, o que remete à necessidade de pesquisar os diferentes processos de organização e profissionalização.

A análise das trajetórias da polícia e do MP aponta caminhos distintos e processos peculiares de profissionalização e insulamento em relação ao Estado e à política. Trata-se, enfim, de questão empírica. Os processos de diferenciação funcional não são lineares e nem se dirigem a um fim específico.

CAPÍTULO 2

A DIFERENCIAÇÃO INTERNA DO SUBSISTEMA JURÍDICO-PENAL: DIFERENCIAÇÃO FUNCIONAL, ORGANIZAÇÕES E TRAJETÓRIAS

> *«Eis portanto o historiador chamado a prestar contas. Só se arriscará a isso com certo estremecimento interior: que artesão envelhecido no ofício não se perguntou algum dia, com um aperto no coração, se fez da sua vida um uso sensato? Mas o debate supera em muito os [pequenos] escrúpulos de uma moral corporativa. Nossa civilização ocidental inteira está interessada nele.»* (Bloch, 2001: 41-42)

A divisão do trabalho jurídico-penal gera controvérsias e disputas entre organizações que integram o subsistema jurídico-penal. As mudanças normativas experimentadas em diversos países suscitam o debate sobre a engenharia institucional idealizada para a investigação e a persecução penal dos delitos. As diferentes trajetórias e arranjos organizacionais constituem importante objeto de pesquisa para a compreensão dos modelos contemporâneos (Bonnelli, 2002; Di Federico, 1998; Fionda, 1995; Gershmann, 1992; Guarnieri, 1997; Jacoby, 1980; MacDonald, 1975; Machado, 2007a, 2007b e 2011; McIntyre, 1977; Misse, 2010; Mouhanna, 2004; Sanders, 1996; Walker, 1993; Vennard, 1996; Van Caenegem, 1987; Vogliotti, 2004; Zacharias, 2001).

No Brasil, a diferenciação interna do sistema jurídico em subsistemas propiciou a interação entre organizações historicamente vinculadas ao sistema político (Polícia, MP) com organizações típicas do sistema jurídico (Machado, 2011: 277-282; Luhmann, 2005: 359-367). A redefinição dos papéis propiciada pela idealização de um novo modelo leva a novas dinâmicas organizacionais e experiências na divisão do trabalho jurídico-penal. As premissas decisórias, tais como a cultura organizacional, são fundamentais para a compreensão da forma de comunicação das organizações contemporâneas (Luhmann, 2010). Com a proliferação das organizações, a atenção reorienta-se para as relações entre organizações e sistemas funcionais, pois aquelas surgem como pressuposto para a diferenciação funcional.

No processo de diferenciação entre direito e política, cada vez mais as organizações se tornam necessárias para o desempenho de funções em sociedades complexas. Assim, cada sistema social supõe a reestabilização de soluções distintas, resultantes de processos de diferenciação interna (Luhmann, 2005; Luhmann, 2010). Como o subsistema jurídico-penal se diferenciou internamente, na forma de organizações que participam da divisão do trabalho jurídico-penal?

Orientado por essa perspectiva, o objetivo deste capítulo é descrever o processo de diferenciação interna do subsistema jurídico-penal por meio de organizações com funções específicas. Para essa estratégia descritiva, analiso, inicialmente, dois casos paradigmáticos, o francês e o inglês, pois são representativos de duas opções jurídicas que inspiraram – e inspiram –, as reformas processuais no decorrer do século XX. E sugerem novas interpretações sobre os papéis assumidos pelos atores que integram o subsistema jurídico-penal. Na segunda parte deste capítulo o foco é reorientado para as trajetórias da Polícia Civil e do Ministério Público no Brasil. Existem inúmeras peculiaridades e matizes, deve-se advertir o leitor. Para os limites da proposta algumas simplificações são inevitáveis.

As disputas em torno das atribuições exercidas pelos atores incumbidos do poder punitivo apenas podem ser compreendidas quando se levam em conta os processos históricos e trajetórias na diferenciação interna do subsistema jurídico-penal. As diferentes tradições jurídico-penais permitem mapear um panorama amplo das possibilidades vivenciadas e a complexidade das aquisições evolutivas do sistema jurídico. Na aventura pela reconstrução histórica, estabelece-se via dupla: a compreensão do presente pelo passado e vice-versa. O presente e o passado estão imbricados, na feliz solução encontrada no léxico do historiador (Bloch, 2001: 63-66). A reconstrução é parcial, inacabada. Nos intervalos do não-dito, nos silêncios, propositais ou não, podemos entrever diferentes prismas. Outros não são percebidos, ou são ignorados. A realidade restaurada é fragmentada, *policontextual*... reconstruída por observações de segunda ordem (Luhmann, 2005: 436; Machado, 2012: 78).

1. DIREITO E POLÍTICA: ESTADO, ORGANIZAÇÃO E PODER

A estratégia metodológica adotada nesta pesquisa privilegia as aquisições evolutivas em sociedades diferenciadas funcionalmente (Luhmann, 2007: 399-408; Luhmann, 2005: 301 e ss.).[1] Certamente, não optamos pela via do evolucionismo ingênuo, que associa as sociedades segmentarias ao primitivismo selvagem, supostamente marcado pela irracionalidade da vingança privada e pela anarquia.[2] A antropologia cultural da segunda metade do século XX desmentiu tal descrição estereotipada e simplificadora, modelo predominante também na filosofia política iluminista (contrato social) dos séculos XVIII e XIX (Boas, 1964; Clastres, 1974; Lévi-Strauss, 2006; Lévi-Strauss, 2011). Esse modelo constitui-se, ainda hoje, em premissa de parte da teoria jurídico-penal, que identifica na sanção penal pública um dos pilares que teriam possibilitado a vida social (Alagia, 2013: 19 e ss.).[3] As pesquisas etnográficas sugerem que as sociedades segmentárias, em grande parte, estruturavam-se a partir do intercâmbio e da reparação dos danos. O surgimento da estratificação social impõe uma nova simbologia à infração das regras sociais. A violação das normas do grupo é transformada em ato contrário ao soberano (Alagia, 2013: 301-302). A desapropriação do conflito supõe, em sociedades mais complexas, a distribuição de papéis a diferentes atores e instituições que participam do processo de aplicação do castigo institucional.

Parte da literatura sobre a Polícia e o MP sugere que os antecedentes históricos das referidas organizações foram instituídos com o objetivo de cumprir funções políticas, em sociedades pré-modernas, ainda não diferenciadas funcionalmente (Crabb, 1987; Critchley, 1972; Devlin, 1958; Esmein, 1913; Langbein, 1974; Jacoby, 1980; Manning, 1997; Monet, 2006; Vellani, 1965). Assim, razoável argumentar que o direito e a política ainda não haviam

---

[1] Sobre a teoria da evolução na abordagem sistêmica, conferir (Luhmann, 2007: 325 e ss.). Contrastar com a análise detalhada da evolução do sistema jurídico (Luhmann, 2005: 301-358).

[2] A partir de extensa pesquisa antropológica, conferir: «*Con la entrada en la sociedad estratificada el hombre penetra en una vida social completamente nueva, signada por un umbral de malestar desconocido por los salvajes. Si se trata de una sociedad con autoridad punitiva de policías, jueces, fiscales, cárceles, instrumentos de tormento, en fin, con instituciones profesionales destinadas al sufrimiento por cualquier tipo de infracciones, ella es resultado de un conflicto interno estructural y permanente que colorea todas las relaciones sociales. Estratificación, Estado, explotación y pena sustituyen al sistema de intercambio recíproco, igualdad y reparación. Lo que resulta asombroso es que la humanidad parece haberse deslizado, sin saberlo o eligiéndolo, siempre por un mal menor ante otro mayor inmediato que la acecha*» (Alagia, 2013: 107).

[3] Conferir análise detalhada desses pressupostos na dogmática penal, especialmente na Argentina, no decorrer do século XX (Alagia, 2013: 19-37).

se diferenciado, razão pela qual os laços de sangue, família (sociedades segmentarias) ou as clivagens marcadas pelas posições sociais legitimadas pelo domínio da terra ou outros símbolos de riqueza (sociedades estratificadas) eram determinantes na redução da complexidade e possibilitavam a ordem social (dilema *hobbesiano*) (Luhmann, 1990, 2005, 2007 e 2010).[4]

As sociedades diferenciadas funcionalmente pressupõem processos evolutivos e complexas relações sociais que ocorreram na modernidade. A distinção entre os sistemas político e jurídico é um dos aspectos mais significativos deste processo. A experiência europeia revela que o direito precede a formação do Estado moderno.[5] A convivência entre jurisdições e institutos jurídicos medievais (feudais) cede lugar à unificação do direito, propiciada pela organização da justiça, o que possibilita o controle central e a consolidação da unidade do Estado.[6] Este se torna pressuposto básico da soberania, na sua dimensão de controle político centralizado da jurisdição, eliminando a concorrência de jurisdições feudais e eclesiásticas (Luhmann, 2005: 343 e ss.).

As modernas burocracias fazem parte desse processo e tiveram um papel relevante. As forças policiais tornam-se cada vez mais requisitadas pelas cidades em diversas regiões da Europa ocidental. A vigilância contra ameaças de violência impulsiona as organizações policiais pré-profissionais (Monet, 2006: 42-45; Weber, 1993: 695).[7]

O movimento das codificações, a partir do século XVII, culmina o que Luhmann descreve como «processo semântico», integrador da política e do direito, estabilizando a concepção funcional do Estado como garantidor da liberdade segundo as regras estabelecidas pelo direito.[8] Em outras palavras, emerge a dupla dimensão do Estado na expressão que se consolida na moder-

---

4 As sociedades segmentárias caracterizam-se pela articulação de sistemas parciais que formam entornos recíprocos. Pressupõe famílias e a horda (sociedade). Com o crescimento populacional o sistema reproduz-se com secessões ou migrações (Luhmann, 2007: 503). A transição à hierarquia como forma de diferenciação pressupõe a existência de um estrato superior na forma de sistema parcial (Luhmann, 2007: 523). Com a estratificação há a centralização política. A passagem à estratificação prepara o terreno para a diferenciação funcional (Luhmann, 2007: 540).

5 As diferenças regionais levaram a distintos processos históricos.

6 Da mesma forma, há extensa literatura que aponta distintos processos que marcam o surgimento do Estado moderno no século XIII e diferentes processos históricos até o século XIX, com matizes regionais e peculiaridades locais (Weber, 1993; Bourdieu, 1994).

7 No processo de diferenciação funcional há comunicações que ultrapassam os limites internos dos sistemas, o que explica a necessidade crescente de organizações. As burocracias surgem, assim, como condição da sociedade moderna (Luhmann, 2007: 481).

8 O Código Civil francês (Código de Napoleão) exemplifica parte desse processo e teve funções instrumentais e simbólicas fundamentais na unificação jurídica do Estado francês, até então fortemente dividido pela tradição romana (sul) e pelo direito consuetudinário (norte) (Baudouin, 1958: 22).

nidade: o Estado como instituição jurídica e como ente político (Luhmann, 2005: 343 e ss.).

Antes disso, clássicos do pensamento social se interessaram pelo movimento de consolidação do Estado, e sua centralidade na sociedade moderna. Em análise do surgimento do Estado, Weber analisa a origem do Estado, cotejando três tipos ideais de dominação: carismática, patrimonial e burocrática. Segundo Weber, a racionalidade da administração burocrática teria favorecido a consolidação do Estado Moderno. A própria definição do Estado como território com organização política, onde a ordem é mantida pelo exercício legítimo da coerção, remete à conformação das diferentes organizações (burocracias) para o desempenho de diferentes funções (Weber, 1993: 695 e ss.).

Outra interpretação contemporânea desse processo enfatiza que o Estado resultou do processo de concentração de diferentes formas de capital: instrumentos de coerção (Polícia, Exército etc.), capital econômico, capital cultural. A construção do Estado é concomitante à estruturação do campo de poder, entendido como espaço de jogo no interior do qual os detentores do capital lutam pelo poder sobre o Estado, o que pressupõe a consolidação de um sistema fiscal eficiente, a unificação dos mercados e a criação de um mercado nacional. O Estado contribui ainda para unificação do capital cultural, reunindo os códigos linguístico, métrico e jurídico, além de homogeneizar as formas de comunicação, especialmente as burocráticas (unificação de formulários, impressos) e as formas de classificação segundo sexo, idade, grau escolar. Tais formas de agir consolidam rituais que condicionam estruturas mentais e visões do mundo. Nesta leitura, o Estado é o espaço por excelência para exercício do poder simbólico (Bourdieu, 1994: 110-120).

O enfoque sistêmico investe em outra dimensão da formação do Estado: a diferenciação funcional. A partir do século XIX o conceito de política aproxima-se do Estado; de outro lado, o direito enseja múltiplas possibilidades de conformação da política. O direito assume, assim, o papel de instrumento para realização de fins políticos, com um forte incremento do processo de produção legislativa, mediada pela concepção hierárquica entre legislação e jurisdição (Luhmann, 2005: 473-477).

Esse processo leva, também, à configuração de instituições que promovem o acoplamento estrutural entre os diversos sistemas sociais. Em relação à política e ao direito, a constituição e o direito positivado são exemplos significativos. Para o sistema jurídico constituem-se em programas que permitem a operação a partir dos códigos direito/ não direito. Já para o sistema político, o direito e a constituição relacionam-se aos códigos da política (governo/ oposição); em outras palavras, política em ação. Assim, podem assumir para o sistema político uma dimensão instrumental ou simbólica.

O Estado de Direito sugere, assim, na concepção *luhmanniana*, uma relação parasitária entre o direito e a política. Se a política ganha com o fato de que a decisão sobre a conformidade ou não com o direito será decidida em outro sistema social (jurídico), o sistema jurídico beneficia-se com o fato de que a coação (o uso da força) é assegurada pelo sistema político. Em síntese, a diferença externa permite, simultaneamente, redução de complexidade e crescimento das possibilidades de ação (Luhmann, 2005: 492). Sob esse enfoque, a análise da Polícia, do MP e dos tribunais ganha contornos distintos. Os antecedentes históricos dessas organizações encontram-se em períodos pré-modernos, quando o direito e a política, assim como outros sistemas sociais, como a religião, a moral e a ciência não haviam se diferenciado funcionalmente.

2. SISTEMA JURÍDICO, DIFERENCIAÇÃO INTERNA E TRIBUNAIS

A diferenciação da sociedade – e sua constituição em comunicação –, parte da distinção entre interação e sociedade. Nesse sentido, a diferenciação do direito como sistema autopoiético ocorre a partir da diferenciação interna, em sua dupla dimensão: a hierarquia e a concepção de que, para o sistema parcial, tudo o que não pertence ao sistema será entorno.[9] A ordem do sistema unitário opera-se pela diferenciação entre sistema e entorno. Historicamente, foram constituídas formas de diferenciação a partir da desigualdade, tais como tribunais/ advogados, tribunais/ legisladores, o que permite mais diferenciação e mais liberdade ao sistema (Luhmann, 2005: 359).[10]

Razoável avançar este argumento e identificar outros processos de diferenciação interna do subsistema jurídico-penal a partir da desigualdade: polícia/tribunais, polícia/MP, tribunais/MP, MP/advogados. A relação poderia ser bastante extensa, mas é suficiente para situar a pesquisa sobre

---

[9] A diferenciação interna do sistema refere-se à construção recursiva do sistema. A diferenciação interna gera entornos no interior dos sistemas sociais. Reaplica-se, assim, a reentrada da distinção sistema-entorno (Luhmann, 2007: 473).

[10] Por volta do ano 1150 um pequeno número de juristas ensinava direito romano ou canônico e exercia a advocacia em tribunais religiosos em poucas cidades europeias. Um século após, advogados profissionais proliferaram por quase toda cidade na Europa. Há divergência sobre o que constitui de fato uma profissão e em que esta se diferencia da mera ocupação. Profissão vai além de um mero grupo de trabalhadores que desempenham um tipo específico de trabalho. Refere-se não apenas à utilidade para toda a comunidade. Requer, também, conhecimentos específicos (*expertise*) que envolve períodos de estudo e de treinamento, com prestígio social. Conforme sugere Brundage, os advogados profissionais aparecem inicialmente nos tribunais da Igreja medieval (Brundage, 2008: 2-3). Os oradores romanos e juristas dos dois últimos séculos da República romana são as figuras mais claramente identificáveis como profissionais do direito na antiguidade (Brundage, 2008: 12). A jurisdição na Idade Média era exercida pelo Papa, bispos e outros representantes da Igreja Católica, não se exigindo credenciais profissionais específicas para o desempenho (Brundage, 2008: 372-373).

as organizações do subsistema jurídico-penal sob a premissa sistêmica. Os «pares opostos» referem-se também às distintas funções ou papéis assumidos: investigar/acusar, acusar/julgar, acusar/defender.[11]

Os mecanismos de diferenciação interna do sistema jurídico permitem pensar diferentes campos jurídicos. O passo inicial sugerido pela diferenciação, sob um enfoque teórico, implica considerar a posição dos tribunais como subsistemas do direito. Assim, é possível avançar e indagar sobre as formas de diferenciação do sistema jurídico no momento em que este deve se diferenciar em tribunais. A primeira diferenciação entre legislação e jurisprudência é fundamental para autodescrição do sistema.

A distinção entre legislação e jurisprudência fundamenta-se na especificidade da atividade dos tribunais. A aplicação do direito ocorre por meio de decisões aplicadas caso a caso, diferentemente da legislação. Algumas questões são fundamentais em relação à forma como opera o sistema jurídico. Inicialmente, os tribunais devem ser provocados para conhecer uma determinada questão. Neste sentido, outros atores e organizações cumprem a função de fazer com que os casos cheguem aos tribunais. Internamente, ao sistema não é dada a possibilidade de não decidir por eventual dúvida quanto ao direito vigente (*non liquet*) (proibição de denegar justiça) (Luhmann, 2005: 367-381).

No modelo sistêmico, a jurisdição surge como subsistema que ocupa o centro do sistema jurídico. O processo de tomada de decisão do Judiciário implica reconhecer que o magistrado subordina-se a restrições de comportamento. Por meio da organização garante-se a universalidade da competência de decidir questões jurídicas. Nesse esquema, os demais âmbitos do sistema jurídico (extrajudiciais) corresponderiam à periferia, onde não há a necessidade premente da decisão. Assim, os interesses (p. ex., a celebração de contratos) são apresentados sem a imposição da distinção legal/ilegal.

A periferia surge como ponto de contato com outras funções sociais (política, economia etc.). Na periferia, o sistema garante a sua autonomia ao não ter que decidir, circunstância necessária para a proteção em razão de sua distinta forma de operação. Contrastando com os legisladores, o isolamento cognitivo acentua-se em razão dos procedimentos probatórios. Além disso, o acesso à justiça é organizado seletivamente, de forma que apenas um reduzido percentual de questões jurídicas chega aos tribunais (Luhmann, 2005: 381-390).

---

[11] Do ponto de vista histórico, a literatura sugere o insulamento dos juízes dos vínculos de sangue e amizades (diferenciação segmentaria) (Luhmann, 2005: 359). Este argumento deve ser problematizado a partir de outros enfoques que apontam que este processo, longe de linear, sugere clivagens e peculiaridades.

Os tribunais organizam sua hierarquia de acordo com a racionalização de competências e especialidades. Além disso, estão incumbidos de supervisionar a consistência das decisões jurídicas, atividade colocada em ação por meio da interpretação e tomada de decisão de forma argumentativa, mostrando a racionalidade da opção jurídica (Luhmann, 2005: 381-390). Outras organizações e atores (papéis) que participam da comunicação jurídica não estão deslocados desse processo. Os padrões de atuação das funções de acusar, defender e de outros procedimentos jurídicos (saberes jurídicos) conformam um *ethos* próprio. A racionalidade das opções jurídicas é avaliada segundo a consistência argumentativa do direito (racionalidade jurídica).[12]

Aceita a premissa da diferenciação interna do subsistema jurídico-penal, na organização seletiva das operações jurídico-penais, outros atores desempenham papel importante na evolução do sistema jurídico e reestabilização da comunicação jurídica.[13]

3. SOCIEDADE, ESTADO E ORGANIZAÇÕES DO SUBSISTEMA JURÍDICO-PENAL

Em sociedades segmentarias as relações estabelecidas são mediadas por tabus e proibições. As comunicações jurídicas estão permeadas por conteúdos morais, religiosos, culturais (míticos). As sanções pela violação à norma são interpretadas como questão privada.

Apenas em sociedades mais complexas surgem os intermediários. Monet refere-se aos mediadores existentes entre os *nueres* do Sudão. Em um contexto de total *indiferenciação* entre o direito e a política, e entre as atividades de policiamento e julgamento, um grupo de notáveis encarrega-se de decidir questões relevantes para a comunidade local, tais como o roubo de gado. A função especialmente policial surge apenas quando a divisão do trabalho cria padrões de diferenciação política, com estruturas religiosas e militares (Monet, 2006: 31-32).

---

12 Os tribunais e outras organizações que pretendam participar da comunicação jurídica adotam pautas de ação de forma que as decisões sejam determinadas pelo direito vigente. Porém, a teoria crítica questiona as determinações sociais da decisão. A resposta sistêmica aposta na seguinte premissa: os fatores sociais não são excluídos. Mas a pergunta seguinte será: quais são as determinações sociais necessárias para garantir a independência e a proibição da recusa à decisão judicial? Luhmann sugere que a organização e a profissionalização das competências jurídicas (Luhmann, 2005: 391-393).

13 A sociedade moderna substitui a interação social por organizações. Ao contrário daquelas, não se trata de fenômeno universal; as organizações devem ser interpretadas como aquisições evolutivas (Luhmann, 2007: 655). As organizações possibilitam interdependências sociais compatíveis com a autopoiese dos sistemas funcionais (Luhmann, 2007: 657).

Nas sociedades com estrutura estatal minimamente articulada, já é possível identificar distinção da função policial em relação a outras funções, tais como a militar e a judiciária. Monet sugere que nas cidades-Estado da Grécia Antiga aparecem, pela primeira vez na história, funcionários incumbidos de, mediante o exercício da coação física, fazer prevalecer a ordem. Contudo, as forças policiais estão destinadas muito mais à proteção dos governantes que dos cidadãos gregos, os quais estão autorizados a iniciar processos criminais e, sendo o caso, prisão daqueles que eventualmente lhes tenham causado lesão.[14]

A dominação romana não leva a mudanças radicais, pois os cidadãos continuam responsáveis pela prisão dos acusados da prática de crime, encaminhando-os a um magistrado público. Entretanto, a prisão e eventual condenação (inclusive a morte) são executadas pelas vítimas. Apenas no período de dominação do imperador Augusto são abolidas as instituições da República romana, surgindo verdadeira administração policial pública, especializada e com certo nível de profissionalização (Monet, 2006: 34-35).

Também há quem busque nas instituições do direito romano os antecedentes do Ministério Público, em funcionários destacados para a vigilância da moral, para denunciar ao imperador desvios de conduta de funcionários ou mesmo gerir os bens dominicais (Vellani, 1965: 11-21). Nota-se, contudo, que tais funcionários não correspondem exatamente às funções hoje desempenhadas pelo Ministério Público. Ao contrário, nota-se que não havia clara distinção entre as funções desempenhadas e não rara sobreposição (Rassat, 1967: 1-21; Vellani, 1965: 11-21).

Com a queda de Roma, as polícias especializadas desaparecem, descentralizando-se as forças policiais e as organizações que representavam os interesses do soberano, sucedendo-se a constituição de poderes locais autônomos (Monet, 2006: 34-35). Com a configuração do regime feudal na Europa, há subdivisão de funções policiais, acusatórias e judiciárias, e o monarca, premido por obrigações morais e religiosas, encontra-se impossibilitado de garantir paz social aos súditos, pois limitado à defesa de interesses pessoais e das terras da Coroa.

Assim, busca-se a segurança coletiva pela reciprocidade entre senhores feudais e vassalos. Com o fim do poder centralizado, os senhores das terras tornam-se detentores de potestades policiais e judiciárias para garantir suas decisões. A autoridade legal confere poder aos senhores feudais para o exer-

---

[14] Conferir descrição sobre as diferentes polícias que surgem nas cidades-Estado na Grécia Antiga, encarregadas de tarefas distintas e com âmbito de atuação definido (Monet, 2006: 34). O retorno ao poder central, marcado pela formação dos Estados na Europa ocidental, manifesta-se na experiência de criação de distintas polícias especializadas (Monet, 2006: 47-53).

cício da justiça. Na prática, contudo, a efetividade é débil, pois fora reconhecido o direito de vingança privada, tradição vigente em grande parte da Europa ocidental na época. O processo recua apenas no século XI, com os movimentos «Paz de Deus», com limitações aos duelos e vinganças privadas.[15]

A formação dos Estados na Europa ocidental sinaliza o retorno do poder centralizado e marca o início da especialização policial. Nos séculos XIX e XX as polícias especializam-se em funções definidas. Além da alimentação do sistema de justiça criminal, os poderes políticos dispõem de forças coercitivas para fazer prevalecer a ordem estabelecida internamente. Se as forças policiais surgem em decorrência do crescimento das cidades,[16] nos séculos XIX e XX há progressivo domínio do poder central sobre a polícia. Seja mediante a criação de polícias militarizadas, seja pelo esforço do poder central em reforçar o poder sobre as polícias locais, sob domínio do Estado (Monet, 2006: 55-61).

O controle da população e das práticas etiquetadas como inconvenientes, tais como a vadiagem, o jogo e a bebida, resultaram não apenas da coerção estatal. Há evidências históricas de que o Estado interagia com elites locais neste processo. No final da Idade Média, preocupações econômicas foram importantes, redefinindo-se as estratégias de legitimação dos instrumentos de controle (Foucault, 2004: 333 e ss.; Thomas, 2009: 121-139; Muchembled, 1994: 135 e ss.). Com a urbanização e o comércio, tornam-se necessários mecanismos que facilitem o exercício de atividades econômicas. No século XVIII a Polícia regulatória, o poder de Polícia e a ciência policial propiciam ao soberano poder do Estado exercer o governo (governança) de forma diferente da exercida nos séculos anteriores (Foucault, 2004: 333 e ss.; Valverde, 2008: 20).

Traços da diferenciação interna do sistema jurídico podem ser identificados tanto na Inglaterra quanto na França. Em meados do século XIII, durante o reinado de Henry III, o Judiciário diferencia-se da administração pública. Em poucos anos, surge o Parlamento, organização política central na história inglesa (Plucknett, 1936: 20-21). A diferenciação entre organizações do sistema político e do sistema jurídico ocorre ao longo de vários séculos. As diferentes tradições jurídicas são concomitantes e indissociáveis dos

---

[15] Monet analisa as experiências históricas nos diversos contextos da Europa feudal, e destaca as organizações criadas para desempenhar funções policiais e judiciárias (Monet, 2006: 38-42). Particularmente sobre o sistema de justiça durante o período saxão, ver Crabb (1987: 7-43).

[16] O desenvolvimento urbano e das atividades de mercado conformam unidade no final do século XVII e princípios do século XVIII. O desenvolvimento da economia de mercado, generalização das relações econômicas e consolidação da economia monetária introduziram o homem nas abstratas relações de troca. No equilíbrio das forças estatais, o principal papel da Polícia é a organização das relações sociais e a produção de mercadorias (Foucault, 2004: 338).

processos de diferenciação interna dos sistemas político e jurídico.[17] Desde o início do século XVII, a concepção sobre o poder de polícia distingue-se de outras formas de exercício do poder real. Tanto o poder judicial quanto o poder de polícia derivam do mesmo poder fático. Contudo, na engenharia institucional, são funções claramente delimitadas (FOUCAULT, 2004: 339).[18]

Até meados do século XII, tanto o direito inglês quanto o continental originavam-se de uma mesma família, germânica e feudal. Um século após, o direito romano e os procedimentos romano-canônicos foram recepcionados no continente, enquanto na Inglaterra o direito nativo foi mantido. O momento pode ser datado exatamente. Durante o reinado de Henry II, foram implementadas reformas na organização judicial e nos procedimentos judiciais, de forma que, quando o modelo romano surgia como opção, não era suficientemente tentador para estimular a mudança. Certamente, havia fatores que sugeriam a mudança: a persecução penal mantida nas mãos dos indivíduos mostrava-se inadequada, havia insatisfação com os arcaicos meios de prova. Neste contexto, as soluções oferecidas pelo rei e seus magistrados pareciam a única solução aceitável. A resposta não foi a adoção do direito romano, mas a criação de cortes de justiça, a sistematização de remédios jurídicos para a proteção da terra e a difusão do júri como tribunal para as demandas dos indivíduos (VAN CAENEGEN, 1987: 114-117).[19]

Na literatura há extensas referências aos antecedentes das organizações que integram hoje o subsistema jurídico-penal. Sugere-se que a primeira polícia pública na Europa surge na Inglaterra, após a conquista normanda[20] e com os processos de centralização política e administrativa. A precisão do momento histórico é contestada por parte dos historiadores. Argumenta-se que no século XIII não havia ainda na Inglaterra plena diferenciação das funções policiais, que abrangeriam também a acusação penal e, em algumas situações, até mesmo a jurisdição. Tal funcionário, o *Sherif*, que representa a Coroa perante o poder local, desempenhava tanto funções policiais quanto judiciárias, pois era autorizado a aplicar multas em caso de contravenção. O Estatuto de Winchester, de 1285, e a *Justice of the Peace Act*, de 1361, marcam

---

[17] Cada transformação do sistema é dupla, pois muda também o entorno dos sistemas parciais. Incrementam-se dependências e interdependências, com a formação de sistemas parciais autopoiéticos (LUHMANN, 2007: 475).

[18] Dubber analisa o sentido original do termo Polícia como manutenção e gerenciamento do bem estar da comunidade. Esta conotação acaba deturpada ao longo dos anos, aproximando-se do direito penal (DUBBER, 2008: 98-99). Em términos sistêmicos, reestabiliza a semântica da Polícia, próxima e funcional ao retrato identitário do direito penal moderno (punitivo).

[19] No continente, a influência do direito romano prosperou, difundindo-se por parte dos territórios hoje ocupados pela Itália, Espanha, Portugal e França. Neste processo as universidades desempenharam um papel importante, impulsionadas também pelos governos (VAN CAENEGEN, 1987: 117-118).

[20] Sobre a conquista normanda e o frankpledge, conferir CRITCHLEY (1972: 1-3).

o surgimento de um sistema rudimentar de Polícia. Os antecedentes da justiça de paz encontram-se nos cavaleiros convocados por Ricardo I, em 1195, para manter a paz. Nos séculos seguintes a concepção inicial foi ampliada, e tais funcionários passaram a ser denominados *Custodes Paci* ou mantenedores da paz (Critchley, 1972: 4-19; Manning, 1997: 55-69).

A primeira metade do século XVIII foi marcada por onda de violência e ameaça à ordem estabelecida. Proliferaram as sugestões por medidas profiláticas com o endurecimento das penas. Surgiam as sociedades morais e as associações para a proteção mútua para quem podia pagar pelo serviço. O surgimento da Polícia como ciência também foi um fato relevante na virada do século XVIII para o século XIX. O influente livro *A Treatise on the Police of the Metropolis*, de Patrick Colquhoun, comerciante de Glasgow, trazia descrições e estatísticas de delitos e criminosos, enfatizava a importância das provas para apuração dos fatos e sugeria a criação, sob forte inspiração (e admiração) francesa. Em edição posterior, em 1800, o autor enfatizava a importância da ciência policial para a Inglaterra, não apenas para prevenção e investigação dos crimes, mas também a manutenção da ordem social. Colquhoun defendia a separação entre as atividades de julgar e policiar, com a criação de um corpo policial, com organização em cada condado, controlada pelo departamento de Polícia central. As propostas do comerciante escocês não se limitavam apenas a questões técnicas (sugeria, inclusive, a criação de serviço de inteligência), pois a Polícia, na sua concepção, deveria ser também veículo de educação moral (*Police Gazette*) (Critchley, 1972: 29 e 38-45; Manning, 1997: 72-79).[21]

O utilitarismo também foi importante no período. Bentham, influenciado pela obra clássica de Beccaria, traduzida em 1767 para o inglês, inspirado pelos ideais de prevenção ao crime, sugeriu na obra *Constitutional Code* a criação de uma Polícia centralizada e sob o comando do governo (Critchley, 1972: 45-46). Contudo, o parlamento recusava a proposta, rejeitada em 1816, 1818 e 1822 por incompatibilidade com a liberdade britânica (Critchley, 1972: 46). Finalmente, em 1829, depois de quase um século de desconfianças e hostilidade pela ideia de uma polícia profissional, o *Metropolitan Police Act* foi aprovado com escasso debate e oposição (Critchley, 1972: 50-51). No caso inglês (e de *Wales*), a polícia tornou-se não apenas responsável pela manutenção da ordem e investigação dos delitos, mas também pela decisão

[21] Ao longo dos séculos XVIII e XIX a Polícia ganha significado distinto na Inglaterra. Distancia-se da acepção francesa, de controle dos cidadãos. Na forma concebida por Colquhoun, a Polícia não era organização incompatível com a tradição inglesa (Manning, 1997: 48-49). Manning sugere componente ideológico no debate sobre a Polícia e a importância de Colquhoun e sua noção de polícia científica racional e orientada à prevenção; na sua visão, serviria à tradição inglesa de não-intervenção, com o foco na máxima proteção dos cidadãos (Manning, 1997: 72-73).

sobre os casos que devem ser objeto de persecução penal. Para os delitos de menor potencial ofensivo a polícia é legitimada para a persecução direta (Critchley, 1972: 309-310).[22]

Na Europa continental, outros processos podem ser identificados. Na França, os chamados «guardas de feiras» são os antecedentes da moderna polícia francesa, com poderes coercitivos para fazer prevalecer a ordem e a segurança, atendendo aos interesses mercantis dos senhores que concediam os direitos de comércio nos seus territórios. A transição das formas de policiamento antigas para a polícia moderna ocorre com a profissionalização e o estabelecimento de critérios meritórios, elegendo-se o concurso público como forma de recrutamento. Contribui para esse processo a transmissão de saber especializado pela formação, além da remuneração suficiente para o exercício integral da profissão. Configura-se, assim, identidade profissional marcada por valores e símbolos comuns. As experiências históricas revelam diferentes processos de profissionalização da polícia na Europa. Na França, os cursos de formação de guardas-civis iniciam-se em 1884. Ao longo do século XX, por pressão das associações profissionais, são abertas escolas de Polícia na Dinamarca (1909) e na Suécia (1919). Na Espanha, a primeira escola de investigadores da Polícia Criminal surge em 1908, mas apenas em 1941, os funcionários passam a receber formação antes de iniciar as funções (Monet, 2006: 62-64).

No século XVIII, há um processo de racionalização nas administrações europeias, o que leva à constituição de diferentes funções, processo que também atinge a polícia. Na Dinamarca e França a polícia assume o papel de controle da criminalidade; criam-se os cargos de inspetores na Dinamarca (1684) e em Paris (1709). Ao longo do século XIX amplia-se a função de polícia criminal. Em vários países são criadas organizações policiais com a função de conduzir as investigações criminais. O pânico generalizado no fim do século XIX, o receio das revoltas populares e a descrição «científica» das chamadas classes perigosas, difundidas pelos círculos criminológicos positivistas e pela ideologia de defesa social reforçam o processo de especialização da polícia como órgão responsável por «alimentar o sistema penal», com a

---

[22] A criação da Polícia inglesa, em 1829, ocorreu sob forte pressão pela sua despolitização. A aceitação do policiamento como prática legítima foi resultado de cem anos de luta pelo insulamento da Polícia, em um ambiente marcado pela pacificação social. Mudanças políticas na década de 1960 intensificaram os conflitos sociais e ampliaram-se as denúncias de violência policial. Nas décadas seguintes predominou o conflito político, com duas clivagens opostas: lei e ordem x direitos humanos. Desde então houve o esforço dos partidos Conservador e Trabalhista pela recuperação da legitimidade com a construção de novas técnicas ou políticas de gestão da polícia, como o policiamento urbano e o policiamento voltado para a resolução dos problemas (Bonelli, 2002: 212)

criação de polícias judiciárias na França (1907) e na Bélgica (1919) (Monet, 2006: 64-66).

4. A DIFERENCIAÇÃO DO SUBSISTEMA JURÍDICO-PENAL E A PERSECUÇÃO PENAL PÚBLICA COMO FORMA

O enfoque sistêmico sugere outras ferramentas para análise da evolução dos sistemas sociais.[23] Não se distinguem épocas, mas variação (comunicação desviante, inesperada), seleção (resposta a perturbações; expectativas que guiam a comunicação ou referências de sentido idôneas a conduzir expectativas) e reestabilização (estado do sistema após a seleção). Tanto a variação quanto a seleção designam acontecimentos. A reestabilização refere-se à auto-organização dos sistemas (Luhmann, 2007: 335-336). O modelo não se confunde com uma teoria do progresso, pois não está associada necessariamente à melhoria de condições, pois o entorno muda constantemente. E desencadeia novas adaptações. Assim, a evolução pode ser definida como mudança estrutural (Luhmann, 2007: 337-342). Sob essa perspectiva, a análise das formas de persecução penal recebe outros contornos. As organizações, procedimentos e arranjos institucionais devem ser compreendidos nos respectivos contextos. A evolução do sistema jurídico e a diferenciação interna do subsistema jurídico-penal dependem da coevolução dos diferentes sistemas sociais. A história das organizações desvela, assim, trajetórias específicas na divisão do trabalho jurídico-penal. E revelam os contextos e peculiaridades da reestabilização das estruturas dos sistemas sociais.

No processo de diferenciação do subsistema jurídico-penal, a centralização da função política no Estado permite contextualizar os papéis das organizações. A desapropriação das formas de resolução dos conflitos pelo Estado permite outra leitura do fenômeno. Pesquisas sobre a origem da ação penal pública sugerem que até o século XIII predominava na Europa a vingança privada como resposta ao crime. O surgimento do Estado e dos tribunais de justiça não alterou, contudo, a natureza do crime, que persistia como infração privada e cabia à parte prejudicada apresentar a acusação perante o juiz.

O século XIII testemunhou mudanças significativas nos métodos de acusação e julgamento penais (Yardley e Hanbury, 1979: 30-60; Ma, 2008:

[23] A diferença meio-forma refere-se ao estado interno dos sistemas. As palavras, acopladas de maneira frouxa, são aglutinadas em orações e adquirem forma temporal. O sistema opera ligando o meio a formas próprias. Estas se conservam com a ajuda de dispositivos próprios como a memória, a escrita, os textos impressos. O uso reiterado condensa o sentido das palavras. Apenas as formas podem acoplar-se aos sistemas e não o substrato medial. As frases, e não as palavras, formam um sentido determinado e que pode ser processado na comunicação (Luhmann, 2007: 150-154).

190-211).[24] Neste momento há uma diferenciação importante entre a Europa continental e a Inglaterra. Nos seis séculos seguintes, adotou-se a persecução penal privada na Inglaterra. No continente europeu, em contraposição, prevaleceu a persecução penal pública (Alschuler, 2005: 92-93; Esmein, 1913: 40 e ss.; Forsyth, 1852). França e Inglaterra representam, assim, casos paradigmáticos de específicos processos de diferenciação interna do subsistema jurídico-penal.

As raízes do modelo francês encontram-se em três importantes tradições: a romana, a germânica e o direito canônico. O modelo acusatório das nações germânicas tornou-se inquisitorial, escrito e secreto, em uma versão eclética das referidas influências. A necessidade de reorganizar a autoridade estatal manifestou-se, no caso francês, pelo fortalecimento do sistema repressivo (Esmein, 1913: 40). No modelo francês, a organização criminal baseou-se no princípio da divisão do trabalho, atribuindo-se distintas funções a diferentes autoridades: prisão, investigação, julgamento e execução (Esmein, 1913: 43). Estabelecia-se, ainda, que o funcionário que desempenhasse qualquer destas funções não deveria desempenhar outras, a não ser excepcionalmente. Os oficiais da polícia judicial encarregavam-se da investigação preliminar; as cortes de investigação (instrução)[25] eram competentes para apuração do fato e indiciamento. As cortes de julgamento eram as responsáveis pelo julgamento e execução dos julgados (Esmein, 1913: 43-45).[26]

No século VII o direito canônico rompeu longa tradição de influência germânica e romana, admitindo-se, para determinados delitos, a persecução penal sem um acusador oficial. A partir desta experiência, abriu-se o caminho para o procedimento inquisitorial (Esmein, 1913: 79). A persecução penal regular apareceu apenas em 1200 e coincide com a substituição das arcaicas formas de prova pelo inquérito.

A persecução penal pública reestabiliza-se na França por volta de 1300,[27] e aparece a figura do procurador do rei, inspirado pela tradição feudal em que

---

[24] Conferir análise do período que antecede o século XIII (Carter, 1927: 1-35).

[25] Sobre o surgimento da figura do juiz instrutor e sua difusão na Europa continental, ver Van Caenengem (1991: 35, nota de rodapé 111).

[26] No período de dominação germânica, a justiça era exercida pelo chefe, com a cooperação de homens da tribo em assembleias periódicas. Durante o feudalismo, a autoridade é diluída, marcada pelo conflito entre jurisdições, até o ponto em que a autoridade real acaba por absorver as demais, ao mesmo tempo em que o Estado absorve o sistema feudal (Esmein, 1913: 48).

[27] O procedimento oficial que surge na França origina-se no século XIII. Assim como na Alemanha, o foco eram os delitos para os quais não havia um acusador privado. Diferentemente da Alemanha, na França as funções persecutórias são atribuídas ao *procureur du roi*, na Alta Idade Média. O surgimento do burocrata relaciona-se à diferenciação da função judicial, associada ao modelo litigioso cível; reforça-se a tese de um modelo persecutório e oficial (Langbein, 1974: 216-217).

apenas os senhores feudais e o rei estavam autorizados a demandar por meio de um procurador perante as cortes. Uma das mais importantes tarefas deste funcionário era executar as multas decorrentes de sentenças condenatórias penais, receita importante de nobres e monarcas. A denominação procurador fiscal, ou Ministério Público fiscal, advém dessa tradição (ESMEIN, 1913: 114-115).[28] Há evidências de que a figura do procurador aparece no processo penal não como acusador oficial, mas como representante da parte atingida perante os tribunais. Segundo o direito canônico, o juiz deveria iniciar o procedimento, caso houvesse um denunciante, papel que o procurador acaba assumindo. De acordo com a ordenação de 1347, sua função era «*promovere inquiestas fieri*» (ESMEIN, 1913: 116-117; LANGBEIN, 1974: 216-217).[29]

Na França, uma mudança importante do ponto de vista da diferenciação entre as funções do Ministério Público e da magistratura instrutora ocorre com o Ordenamento de 1670. O Ministério Público assume o papel de controle da polícia, sob os auspícios de que seriam conferidas mais garantias ao acusado pela clara distinção: o procurador acusa e o juiz instrutor pronuncia (ESMEIN, 1913: 502).[30] Na maioria dos países europeus, sob influência do código francês de 1808, foram instituídos procedimentos preliminares de instrução, sob o fundamento de que apenas as acusações baseadas em fatos e na lei deveriam ser levadas aos tribunais (VAN CAENEGEM, 1991: 1-2).[31]

O interesse das monarquias pelo controle dos territórios e pela manutenção da ordem foi acompanhado da criação de órgãos públicos incumbidos

---

[28] Conferir as circunstâncias históricas e os detalhes da normalização da função do procurador fiscal, especialmente em 1302, sob o domínio de Felipe «O Justo», o que leva a crer que a figura já existia há bastante tempo (ESMEIN, 1913: 114-115).

[29] Outros países do continente europeu seguiram um caminho semelhante, tais como Itália, Espanha, Alemanha e Holanda. O direito canônico também influenciou na adoção do modelo inquisitorial e o direito romano tornou-se a base do sistema legal (ESMEIN, 1913: 288).

[30] Em 1808, com a reforma do Código Penal, a questão reacendeu-se: «From the nature of the institution the public prosecutor is a party, from his title it belongs to him to prosecute, but for that very reason it would be contrary to justice to allow him to conduct the examination proceedings» (LOCRÉ *apud* ESMEIN, p. 502).

[31] A persecução pública do suspeito pela prática de um crime perante os tribunais é uma conquista das sociedades modernas, sendo a persecução privada uma prática menos difundida atualmente. Originalmente, as ofensas foram consideradas violações de direitos privados que levavam à vingança privada ou compensações. Com o surgimento dos tribunais, tornou-se necessária a formalização de uma acusação para iniciar o processo penal. Durante séculos, o ônus desta iniciativa recaía no indivíduo, iniciando-se luta por meio de juramentos ou armas em um combate judicial ou outras formas primitivas de provas. O procedimento não era livre de riscos, pois o acusador normalmente recebia a punição que buscava caso não conseguisse êxito nos tribunais. Como consequência da formação dos Estados centralizados, no século XII, a persecução penal foi destinada a um órgão público, substituindo-se as formas arcaicas de prova pelas formas modernas e racionais de investigação. Contudo, o caso inglês é particular, pela inexistência de um órgão oficial de acusação, criado apenas em 1879, na figura do *Director of Public Prosecution* (VAN CAENEGEM, 1991: 1-2).

da acusação penal. O caso francês foi, assim, paradigmático. A partir do século XII, a persecução penal deixa de ser assunto de exclusivo interesse da vítima e de seus familiares. Para a proteção dos interesses monárquicos o rei dispunha do procurador do rei (*procureur du roi*). Com o crescente interesse pela repressão ao crime, o procurador foi assumindo cada vez mais atribuições, com a figura do *ministère publique*, o qual assume no século XVI o monopólio da ação penal (Cardenas, 1986: 371).[32]

Experiência distinta no processo de diferenciação interna do subsistema jurídico-penal ocorreu do outro lado do Canal da Mancha. Na Inglaterra, a ação penal pública não foi instituída com a formação do Estado nacional.[33] Apenas em 1879 foi criada a figura do *Director of Public Prosecution*, com a função de assistir aos chefes de Polícia. Na Escócia e Irlanda, por outro lado, foram instituídos modelos de persecução pública, influenciados pela experiência francesa (Esmein, 1913: 588-599).

Embora na Inglaterra, desde o período anglo-saxão, o crime era assunto a ser resolvido pela parte ofendida, também era ofensa ao Estado, razão pela qual deveria ser paga indenização ao ofendido, mas também multa ao Estado. Neste último caso, a motivação era claramente aumentar a arrecadação dos cofres da Monarquia, a qual não se via obrigada a promover a ação penal, cuja iniciativa ainda dependia da vítima (Cardenas, 1986: 359-360). As disputas entre distintos poderes e a insistência da Coroa em iniciar nova persecução penal nos casos de interesse da realeza, quase nunca coincidentes com os interesses da vítima, também teve repercussão na semântica do processo penal moderno. A proibição da dupla persecução penal foi parte de um processo

---

[32] O atual modelo de ação penal, apesar de iniciado há séculos, foi instituído e difundido na Europa continental no século XIX, sob os efeitos da Revolução francesa, especialmente entre os países que caíram sob influência da França (Fionda, 1995; Esmein, 1913; Langbein, 1974; Rassat, 1967; Van Caenegem, 1991; Vellani, 1967).

[33] Na tradição inglesa, o crime é representado como um dano causado à vítima; e esta é responsável pela persecução penal. O sistema privado foi mantido em linhas gerais com poucas mudanças, sendo significativa a criação, em 1879, do *Director of Public Prosecution*. Até 1960, menos de 8% dos casos originavam-se do DPP, repartindo-se o restante entre as acusações privadas e as promovidas pela Polícia. Na tradição britânica, apenas quando os delitos eram considerados antissociais ou contra os interesses da Coroa, o advogado do Rei assumia a ação penal como parte legítima. Após a criação da polícia inglesa a persecução continuou como assunto privado. Houve, porém, esforços para instituir um modelo público, como no início do século XVI, no reinado de Henry VIII, com a criação de promotores de justiça para o desempenho da função, proposta rejeitada pelo Parlamento, mantendo-se o *status quo* até a aprovação da figura do DPP em 1879. Havia também interesses profissionais subjacentes à mera oposição política. A associação de advogados identificava na criação da carreira uma ameaça para o seu mercado de trabalho, que incluída persecuções eventuais de crimes. Reformadores ingleses do século XIX, como Bentham, Robert Peel e Edwin Chadwick eram favoráveis ao sistema de acusação pública. Patrick Colquhoun também teve a oportunidade de escrever sobre o tema em seus tratados e estudos (Jacoby, 1980: 3 e ss.).

lento, construído juridicamente ao longo de séculos (Schietti Cruz, 2008: 51-69).

A formação incipiente do Estado não levou, contudo, imediatamente, à constituição da polícia inglesa. A ordem era mantida por meio do assim conhecido Frank-pledge (compromisso franco), subdividido entre divisões administrativas conhecidas como *tithings*, que acumulavam atribuições de policiamento, mas também de acusação pela prática de crime. Com a conquista normanda, há uma mudança importante no século XII, em face do crescente interesse da Coroa pela gestão do problema criminal, razão pela qual é criado o chamado Júri de apresentação (*jury of presentment*), instituído (doze homens da vizinhança) nas situações em que não houvesse qualquer acusação contra o suspeito pela prática do delito, acumulando as funções de acusação e julgamento (Cardenas, 1986: 360-361).[34] Ou seja, nota-se, ainda, uma *indiferenciação* entre acusar e julgar.[35]

Alguns fatos históricos sugerem como o processo de diferenciação interna do subsistema jurídico-penal se anunciava.[36] Um exemplo disso é o que ocorre com a Magna Carta de 1215, quando o júri de apresentação assume unicamente a função de julgar, sendo constituído o *grand jury*, o qual, em regra, atuava quando era apresentada alguma queixa. Porém, mantinha atribuições de órgão investigador, embora limitada a poucos casos (Forsyth, 1852; Van Caenegem, 1991). Nos séculos seguintes, surgem figuras que acumulam funções de manutenção da ordem, investigação e acusação. Ao lado do comissário, figura que se assemelhava ao policial, incumbido da manutenção da ordem pública, a investigação era atribuição dos juízes de paz (*justices of the peace*), designados pela Coroa para apresentar o acusado e evidências do fato perante o *grand jury*. As referidas figuras apenas surgiam quando não houvesse parte interessada em levar o criminoso aos tribunais (Devlin, 1958).

O caso inglês é paradigmático da *indiferenciação* entre as atribuições da Polícia e do Ministério Público.[37] As funções de manutenção da ordem,

---

[34] Conferir também (Forsyth, 1852; Van Caenegem, 1991)

[35] Conferir descrição das cortes e a composição do sistema de justiça inglês medieval (Plucknett, 1936: 79-158).

[36] Apenas no século XVI o processo penal inglês diferencia uma fase preliminar de investigação, mais exatamente entre os anos 1554-1555, durante o reinado de Mary, quando os novos estatutos definiam que os juízes de paz deveriam ouvir testemunhas e suspeitos antes de certificar as investigações perante o a corte de julgamento. Essas transformações são contemporâneas da adoção do modelo inquisitorial francês, mas não diretamente extraídas do continente, pois tiveram raízes totalmente locais (Langbein, 1974: 1-20).

[37] No caso inglês, há evidências de que os estatutos marianos buscaram introduzir um elemento oficial ou público no sistema de persecução penal pública. Embora esta não fosse abolida, surge um primeiro ator para suprir a omissão da vítima ou de seus familiares, nem sempre dispostos a enfrentar os tribunais. Havia a previsão de que o juiz de paz teria um papel importante não

investigação e acusação foram distribuídas entre comissários, juízes de paz e acusadores privados, persistindo até a revolução industrial, ocasião em que se fizeram necessários outros mecanismos para a gestão (governança) da criminalidade. No século XIX foi criada a Polícia Metropolitana de Londres, o que não significou a supressão da ação penal privada. Paulatinamente, em razão das dificuldades e custos para a proposição da ação penal, a Polícia passou a acumular a função de propor ações penais, pois a persecução penal não era exclusiva da vítima. Porém, o policial o fazia como interessado na manutenção da lei e preservação da paz da Coroa. Teoricamente, o policial agia como cidadão, mantendo-se a concepção original de que as funções desempenhadas pela Polícia não seriam distintas daquelas que o cidadão deveria voluntariamente prestar. Nos casos mais complexos, um advogado era encarregado pela Polícia de encaminhar a causa e sustentá-la perante o tribunal (Cardenas, 1986: 362-364; Devlin, 1958).

Apesar disso, houve também, embora com pouca repercussão e impacto, um sistema paralelo de ação penal oficial, a cargo de advogados do monarca, para os assuntos de seu interesse, o que levou à criação da figura do *Attorney general* no século XV (Devlin, 1958; Van Caenegem, 1991). A atuação desses profissionais concentrava-se em crimes que afetavam os interesses da Coroa ou crimes «políticos». Estas acusações oficiais eram, contudo, conduzidas por cidadãos designados para tal, não havendo um órgão oficial. Apenas em 1879 foi criado o cargo do *director of public prosecutions* (diretor de ações penais públicas), com atribuição anteriormente conferida ao *Attorney* (*Prosecution of Offences Act*, 1879). Porém, manteve-se a ação penal privada, e a atuação do *director* era residual (Cardenas, 1986: 361-362; Devlin, 1958).[38]

Antecedentes históricos revelam, contudo, a peculiaridade da trajetória inglesa. Durante o reinado de Henry I e Sephen e nos primeiros anos de Henry II, adverte Van Caenegem, os reis ingleses foram os primeiros na Europa a introduzir oficiais da Coroa para a persecução penal de suspeitos da prática de crimes, até o momento em que Henry II estabeleceu que esta função deveria ser substituída pelo Júri de Apresentação (Van Caenegem, 1991: 10-11). A monarquia anglo-normanda foi a primeira a adotar a persecução oficial. Surpreende, contudo, que, séculos mais tarde, enquanto a Europa continental se curva à persecução oficial, com a criação de estruturas próprias e oficiais,

---

apenas na investigação, mas também na persecução penal, papel que deveria ser assumido quando necessário (Langbein, 1974: 34-45).

[38] Há evidências de que a opção inglesa tinha também um componente político. Havia forte desconfiança na centralização da ação penal em nome da Coroa. O receio era que o fortalecimento da persecução penal pública poderia redundar em instrumento para opressão política (Cardenas, 1986: 361).

a Inglaterra abandona o experimento (Van Caenegem, 1991: 34-35).[39] Posteriormente, no contexto britânico passa a predominar o entendimento de que o poder de persecução penal poderia levar a arbitrariedades dos governos (Van Caenegem, 1991: 20).

Na prática, na falta de um sistema devidamente institucionalizado de acusação penal oficial e diante da inércia das vítimas, consolidou-se o sistema de acusação policial. Nesta experiência, não houve completa diferenciação entre as funções de investigar e acusar, na medida em que a polícia, concluída a investigação, detinha poderes para a proposição das ações penais. O envolvimento direto com a produção da prova gerou críticas pela suposta falta de objetividade e a deficiente representação da polícia em juízo culminou com a criação, em 1985, do MP inglês *Crown Prosecution Service*, rompendo a tradição centenária da ação penal privada no Reino Unido, embora a ação penal privada ainda tenha sido mantida pelo *Prosecution of Offences Act* (Fionda, 1995).[40]

A diferenciação interna do subsistema jurídico-penal assumiu contornos distintos na Europa continental. Nesse sentido, as irritações do entorno foram processadas pelo sistema político com a criação de estruturas complexas e organizações burocráticas. Promoveu-se uma adaptação do subsistema jurídico-penal e novos padrões na divisão do trabalho jurídico-penal.

As variações regionais são relevantes, pois sinalizam processos históricos marcados pelos contextos regionais e locais. Uma vez mais, a forma como o sistema político processa as informações do entorno (abertura cognitiva) pode levar a distintas estruturas e organizações. A experiência norte-americana também é interessante para análise, pois conformou modelo diferente, fruto da influência do *common law*, mas especialmente das necessidades de gestão da criminalidade em um território extenso, onde as vítimas não se sentiam encorajadas a assumir a persecução penal. Durante o período colonial, a persecução penal, fruto da influência da metrópole, era assunto exclusivo da vítima (Cardenas, 1986: 366).[41] Com a revolução americana, a Lei de 1789

---

[39] «Prosecution by state officials was not altogether absent from English law in later centuries, since there was the rather shadowy procedure of "criminal informations" (...). The Attorney or Solicitor General used it only in cases of public importance (...)» (Van Caenegem, 1991: 35).

[40] Há relatos que recordam críticas de importantes personalidades do mundo jurídico e filosófico sobre o modelo inglês desde o século XIX. Bentham, por exemplo, referia-se a graves problemas na condução das investigações e das ações penais em juízo, os conluios e acertos para resolução informal dos casos e as injustiças que o modelo propiciava. Opositores à reforma, inclusive parte da comunidade jurídica, desconfiada da oficialização da acusação penal, movida também por razões corporativas e até mesmo econômicas, propiciava argumentos jurídicos para a manutenção da tradição inglesa (Cardenas, 1986: 362).

[41] O sistema de acusação privada nas colônias americanas não teve vida longa; Connecticut foi pioneiro na adoção da acusação pública, em 1704. A concepção americana é a de que todo ato

cria o sistema judiciário e o sistema de acusação penal em nível federal, sob o comando do procurador-geral (*US attorney general*) (Jacoby, 1980: 11-39).[42]

O promotor norte-americano, fruto de influências diversas e resquícios das tradições inglesa e holandesa, aproximava-se do *schout* holandês, com funções policiais e persecutórias. Por outro lado, a polícia americana evoluiu da tradição inglesa durante a colônia, representada pela figura do *sheriff-constable watchman*. Em 1636, em Boston, o primeiro *night watch* foi instituído, transpondo-se a experiência a Nova Iorque, ainda sob o domínio holandês, em 1654 e, na Filadélfia, em 1700 (Jacoby, 1980: 109-110; McDonald, 1975: 15-51). Nota-se, assim, um processo de diferenciação interna do subsistema jurídico-penal peculiar em relação à tradição inglesa, pois as funções tipicamente persecutórias foram paulatinamente afastadas da Polícia (Jacoby, 1980: 110)

A acusação pública nos Estados foi alterada significativamente apenas em meados do século XIX, momento em que, tal qual os juízes, os promotores de justiça dos distritos (*District Attorney*) passam a ser eleitos. A eleição passou a fazer parte dos modelos de acusação de grande parte dos Estados americanos, e os promotores assumem definitivamente o monopólio da ação penal. O período coincide com o crescimento urbano e o aumento da criminalidade nas grandes cidades dos Estados Unidos. A consolidação da ação penal pública coincide, assim, com a criação de forças policiais urbanas, inspiradas pela convicção de que o controle do crime deveria estar totalmente sob o domínio do Estado (Jacoby, 1980: 11-39).

Esta concepção parece ter potencializado a figura do promotor de justiça nos últimos anos. Pesquisas sugerem que a preocupação com a gestão da criminalidade e a forte pressão por medidas preventivas colocam em evidência a acusação penal nos Estados Unidos (Gershman, 1992: 393-394; Goldstein, 1982; Jacoby, 1980: 18-39; Frohmann, 2008; McDonald, 1979: 18-19).[43] A sofisticação das novas práticas requer coordenação das organiza-

---

delituoso, conforme declarado na constituição de 1776, viola «a paz e a dignidade do Estado» (Jacoby, p. 3-11).

[42] O iluminismo também influenciou a reforma do sistema penal nos Estados Unidos. Criticava-se a opção inglesa, e predominava o entendimento de que o crime era assunto público, a ser tratado oficialmente pelos órgãos do Estado. Nas colônias sob domínio holandês ou influência escocesa esta concepção foi particularmente defendida e adotada (Cardenas, 1986: 369).

[43] Jacoby analisa detalhadamente o poder dos cidadãos sobre o funcionamento do MP. Os fenômenos urbanos afetam as estratégias do promotor. Outros fatores são relevantes, tais como o volume de trabalho e as estratégias adotadas para a tomada de decisão. A pesquisa considera comunidades rurais, os centros urbanos e as nascentes comunidades suburbanas, levando em conta implicações nos modelos organizacionais e rotinas da promotoria (Jacoby, 1980: 47-79).

ções do subsistema jurídico-penal.[44] A discricionariedade da polícia é objeto de estudos e críticas há vários anos. A amplitude das possibilidades de ação gera incerteza e dificuldades de ações concertadas (Bayley, 2001; Jacoby, 1980: 111-112; Manning, 1997; Walker, 1990: 3-53). Por outro lado, a falta de coordenação do modelo de MP norte-americano surge como aspecto negativo. A discricionariedade é frequentemente taxada de excessiva e inaceitável, pois seria fonte de insegurança e dificuldades para intelecção dos critérios utilizados no gerenciamento dos casos penais (Albonetti, 1987: 291-313; Atkins e Pogrebin, 1982; Cole, 1996: 167-179; Davis, 1998: 13-67; Leng, McConville e Sanders, 1996: 225-243; Miller, 1969; Stanko, 1996: 181; Vennard, 1996: 157-166; Zacharias, 2001: 777-778).

---

[44] Nos Estados Unidos, sugere Jacoby, Polícia e MP aparentemente estão do mesmo lado. Na verdade, porém, a Polícia muitas vezes fica desapontada com a solução dada pelo promotor. Ao passo que este desconfia e questiona os motivos da Polícia. Ambos revelam distintos interesses, responsabilidades e objetivos na persecução daqueles que violam a lei. A polícia deve manter a paz e a ordem. O promotor deve produzir prova suficiente para a condenação perante os tribunais. A polícia deve manter as ruas seguras e remeter os desordeiros ao sistema de justiça criminal. O promotor representa a comunidade em suas ações e deve manter a ações nos tribunais, evitando aquelas com insuficiência probatória (Jacoby, 1980: 110 e ss.). À medida que a divisão do trabalho separou as duas agências, os objetivos se tornam cada vez mais divergentes. Cada agência tem poderes discricionários que refletem estes interesses, objetivos e políticas. Utilizando-se de tipologia sugerida por Wilson, Jacoby sugere três estilos distintos de discrição policial: o vigia, voltado para a manutenção da ordem; o legalista, dedicado a tornar efetiva a aplicação da lei; e o relações públicas, mais enfocado para os problemas da comunidade, e menos com a efetividade na aplicação das leis. Essa tipologia é contrastada com estilos de persecução penal, idealizada por Jacoby: suficiência legal, eficiência sistêmica (enfoca a cooperação policial e o *plea bargaining* como estratégias importantes), reabilitação do acusado e suficiência probatória perante os tribunais. Ao confrontar os vários modelos de ação é possível identificar diferenças importantes entre os objetivos traçados ou políticas similares (figura do policial-legalista e do promotor-legalista). O promotor também pode assumir diferentes papéis ao longo do processo penal. No início, na fase investigatória, assume um papel ativo, coordenador, avaliando o trabalho policial até a decisão de dar início à ação penal. Em juízo, no sistema contraditório norte-americano, assume papel semelhante ao desempenhado pelo advogado. O policial passa de autoridade com grande poder discricionário a funcionário que deve justificar suas ações na fase judicial, apontando a coerência das provas colhidas (Jacoby, 1980: 111-112). À medida que o promotor assume política discricionária mais agressiva, as oportunidades de conflito são inevitáveis se as duas agências não estão sintonizadas filosoficamente. Enfim, os diferentes critérios adotados pelos atores das duas agências podem levar a situações de conflito. As demandas sistêmicas da promotoria, mediante a regulação do número de casos judicializados (*caseloads*), são pouco compreendidas pela Polícia, que desconhece a realidade sistêmica das promotorias. Mas em boa parte dos casos, os atores ajustam suas ações para operarem em relativa harmonia (Jacoby, 1980: 112-116).

5. A DIFERENCIAÇÃO INTERNA DO SUBSISTEMA JURÍDICO-PENAL NO BRASIL: A ORGANIZAÇÃO E PROFISSIONALIZAÇÃO DA POLÍCIA E DO MINISTÉRIO PÚBLICO

No Brasil, o processo de diferenciação funcional interna do subsistema jurídico-penal foi diretamente influenciado pelas instituições portuguesas, inspiradas pelo modelo francês. A magistratura historicamente acumulou funções investigadoras e o MP surgiu como representante dos interesses da Coroa. As modificações legislativas e a redefinição dos papéis das organizações não levaram aos efeitos supostamente pretendidos, mas conformaram um novo contexto para a divisão do trabalho jurídico-penal. Assim, a partir de novos programas as organizações passaram a comunicar de maneira distinta, concomitantemente ao processo de diferenciação funcional, com a especificidade do caso nacional.

5.1 A organização policial: profissionalização e premissas decisórias

Da colônia à República

Entre as teses sobre as origens históricas das instituições brasileiras, merece destaque a interpretação de que a formação do Estado patrimonialista[45] originou-se pela transferência da estrutura burocrática portuguesa. Na formação de Portugal, os juristas desempenharam um papel importante na construção do modelo jurídico dominante nos séculos seguintes (Faoro, 1989: 20 e ss. e 49 e ss.). A peculiaridade da nascente burocracia ibérica, marcada pela disputa entre distintas facções, é sintetizada por Faoro, jurista e historiador: «(...) a teia jurídica que o envolve não tem o caráter moderno da impessoalidade e generalidade; a troca de benefícios é a base da atividade pública, dissociada em interesses reunidos em uma única convergência: o poder e o tesouro do rei» (Faoro, 1989: 50-51).

O aumento da autoridade do rei coincide com a consolidação do direito português, orientado para atender fundamentalmente à organização política, e não aos interesses econômicos e ao comércio. A comunicação entre rei e vassalos opera-se na forma de regulamentos que delimitam os direitos concretizados em estamentos, destinados a organizar a ordem política do reino. Construída a arquitetura administrativa, definem-se os direitos civis, penais e

---

[45] «O patrimonialismo, organização política básica, fecha-se sobre si próprio com o estamento, de caráter marcadamente burocrático. Burocracia não no sentido moderno, como aparelhamento racional, mas da apropriação do cargo – o cargo carregado de poder próprio, articulado com o príncipe, sem a anulação da esfera de competência. O Estado ainda não é uma pirâmide autoritária, mas um feixe de cargos, reunidos por coordenação, com respeito à aristocracia dos subordinados» (Faoro, 1989: 84).

processuais, orientados pela unidade do poder soberano real e decadência do direito local, compilados nas Ordenações Alfonsinas (1446-1447).

A necessidade de subsequentes reformas administrativas e financeiras, especialmente, levaram às modificações consolidadas nas Ordenações Manuelinas (1521). Anos mais tarde, as Ordenações Filipinas (1603) foram, fundamentalmente, o principal estatuto político-administrativo da metrópole. Preocupou-se com a especificação detalhada das atribuições dos delegados da Coroa, nas mais diversas esferas. De forma rigorosa, prevaleciam os interesses reais na forma do direito administrativo, em detrimento dos direitos civis e mercantis. Assim, as relações privadas permanecem na esfera dos usos locais. A disciplina exercida era predominantemente de cunho político, subserviente ao Estado e ao estamento; e não ao comerciante ou ao comércio (Faoro, 1989: 64-67; Holloway, 1997: 43-44; Vieira, 2002: 32-33).

No final do período colonial foram designados funcionários da Coroa ou mesmo membros da sociedade civil para o exercício de atividades de vigilância e repressão, com peculiaridades históricas da formação do Brasil colônia e a transferência das instituições jurídicas e políticas da metrópole. Ao longo dos anos, a conformação da sociedade colonial levou a disputas entre os interesses do Reino, consagradas nas Ordenações Filipinas, e os desejos de maior autonomia dos grupos locais. Além de interesses econômicos, as disputas entre as elites locais e central foram importantes neste processo. De forma semelhante ao que ocorria na Europa continental, no Brasil, desde o período colonial foram previstos procedimentos de investigação preliminar, cabendo ao magistrado tanto as funções de investigação quanto a jurisdição.[46]

Pesquisas históricas apontam a inexistência do aparato policial até o final do século XVIII, cabendo a função de policiamento aos chamados «quadrilheiros». Os integrantes deste grupo, criado em 1626, provinham da sociedade civil e estavam subordinados aos governadores das capitanias. Ao longo dos anos a divisão de tarefas levou à pulverização das funções de policiamento, que incluía o poder para realizar prisões, entre chefes de quadrilheiros, alcaides mores e menores e capitães mores (Holloway, 1997: 43 e ss.; Vellasco, *apud* Odon, 2013: 215).[47] O crescente papel do Brasil para a metrópole portuguesa

---

[46] «A autoridade suprema da justiça, contemporânea da fundação do governo-geral, é o ouvidor-geral. O ouvidor decide os casos crimes, até morte para escravos, gentios, peões cristãos livres. Sua competência não abrange pessoas de maior qualidade nem alcança o clero. O corregedor da corte julga os recursos de suas sentenças. A indefinição entre as atividades judiciárias e administrativas faz intervir nos julgamentos o governador-geral» (Faoro, 1989: 187).

[47] «A força policial, como hoje a conhecemos, é um artefato do Estado moderno, que data de fins do século XVIII e início do século XIX, nos países da Europa ocidental. No Brasil colônia, não havia a estrutura de uma polícia profissional e uniformizada, separada do sistema judicial e das unidades militares» (Holloway, 1997: 43).

ao longo do século XVIII inspirou reformas importantes do sistema judiciário a fim de incrementar os instrumentos de controle e repressão. Apenas os juízes reais estavam autorizados a colher a analisar as provas, e a tortura judicial era prática utilizada para obter confissões. Os julgamentos eram construídos a partir da contraposição entre juiz e promotor contra o réu, que praticamente não dispunha de direitos protegidos e as punições (Ordenações Filipinas) variavam de mutilações físicas ao esquartejamento (Holloway, 1997: 44).

Em 1808, com a chegada da família real, foi criada a Intendência Geral de Polícia, função desempenhada por um desembargador, quem poderia designar representantes no território nacional, ocasião em que surge o delegado, funcionário com atribuições policiais e judicantes. A figura do intendente-geral acabou acumulando as funções de juiz com as da polícia, já que imbuído de poder para investigar, prender e julgar delitos com penas menores. A fim de auxiliar o intendente a fiscalizar comportamentos inadequados, no dia 27 de junho de 1808 a capital foi dividida em dois distritos, criando-se dois cargos de «juiz do crime», subordinados ao intendente, com poderes e funções policiais e judiciais (Holloway, 1997: 46; Bonelli, 2002: 215).[48] Contudo, não houve alteração nacional do quadro anteriormente descrito, pois os limites da nova organização idealizada restringiam-se à capital, voltada para a segurança do espaço urbano da monarquia exilada nos trópicos (Vellasco, *apud* Odon, 2013: 215).

Em 1809, já estabelecida a família real no Brasil, foi criada a Guarda Real de Polícia, força policial em tempo integral, com forte inspiração militar, dotada de amplos poderes para a repressão da desordem. A função da recém-criada força policial era «manter a tranquilidade pública». Com um efetivo que alcançava 90 homens no final da década de 1820, destinava-se a substituir o sistema de vigilância esporádica dos guardas civis. Recrutados do Exército, e na condição de tropa militar, recebiam alojamento e comida nos quartéis, além de remuneração simbólica (Holloway, 1997: 48).[49]

A Constituição de 1824 criou a figura do juiz de paz, cargo provido por meio de eleição, substituindo a figura do intendente-geral, dotando de maior

---

48 «O decreto real que criou a intendência confirmou o conceito de outorga da autoridade policial sobre delitos menores à polícia, nos seguintes termos: "Como sucede haver crimes que não necessitam de outro castigo, mas pedem alguma correção, poderá o mesmo intendente geral nestes casos prender aquelas pessoas que a merecerem, conservando-as na prisão o tempo que julgar proporcionado à desordem que tiverem cometido e lhe parecer necessário para a emenda"» (Holloway, 1997: 47).

49 «Outro ponto de semelhança com os padrões posteriores é que a polícia se organizou desde o início como instituição militar, de modo que sua força coercitiva podia ser controlada pela disciplina, canalizada pela hierarquia e dirigida a alvos específicos. A justificativa fundamental das organizações militares é concentrar, regular e dirigir as forças contra o inimigo» (Holloway, 1997: 50).

poder as lideranças locais. No período que se seguiu à independência, podem ser identificadas três grandes reformas para afrontar a criminalidade. Em 1825 houve a tentativa de designar comissários de Polícia para atuar nas províncias como assistentes dos intendentes. Dois anos depois, houve movimento centralizador, de caráter absolutista, com preocupações voltadas para a manutenção da ordem pública.

Apenas no final da década de 1820, com a criação dos Juizados de Paz, idealiza-se estrutura organizacional para atuação em todo o território nacional. De fato, a regulamentação do juiz de paz, em 1827, figura que acumulava funções policiais e jurisdicionais, promoveu mudança importante nas dinâmicas de poder com as províncias. Se a figura anterior era nomeada diretamente pelo rei, o juiz de paz, de carreira judicial, era eleito em cada província. Em 1831, na esteira do período de agitação política que levou à renúncia de Dom Pedro I, alimentadas pela preocupação com a manutenção da ordem pública e com a idealização de uma estrutura estatal para a repressão das ameaças ao Estado, foram criadas a Polícia Militar, sob o comando de Caxias, e a Secretaria de Polícia, em 1833, sob o comando de Eusébio de Queiroz, vindo a substituir a Intendência Geral da Polícia. Ambos exerceram um papel importante na idealização das estruturas das instituições recém criadas (Holloway, 1997: 61 e ss.; Bonelli, 2002: 215-216).

Após a independência, especialmente entre as décadas de 1820 e 1830, o monopólio da violência legítima pelo Estado foi paulatinamente implementado mediante a criação de instituições que acumulavam funções policiais e jurisdicionais. A criação das organizações e atores que compartilhavam a divisão do trabalho jurídico-penal foi simultânea ao processo de produção da legislação penal e processual-penal do Brasil Imperial. Na busca de um modelo racional-legal de legitimação do poder instituído, que culmina com o Código de Processo Criminal de 1832, estrutura-se a administração da Justiça no Brasil. Extinguem-se os antigos cargos do período colonial, criando-se as figuras do juiz de direito, do juiz municipal e do promotor público. Previa-se a função de chefe de polícia, a ser desempenhada por um juiz de direito que, na prática, apenas deveria comunicar a prática dos delitos aos juízes de paz, quem efetivamente desempenhavam as funções de comando da polícia. Os juízes de paz, previstos como magistrados conciliadores, convertem-se em funcionários poderosos ao acumular funções policiais e jurisdicionais. Responsabilizam-se pelo controle dos delitos, devendo inspecionar espaços públicos (ruas, logradouros e estabelecimentos comerciais), com atribuições para a prevenção e repressão dos atos contra a ordem pública. Para as infrações menos graves, como a vadiagem, o porte de arma e o atentado ao pudor, o juiz de paz assumia funções jurisdicionais antes desempenhadas pelo Intendente de Polícia, criado em 1808 (Odon, 2013: 221-229).

Uma mudança importante ocorreu em 1841, quando a Lei 261 definiu que os chefes de polícia seriam escolhidos entre desembargadores e juízes de direito. Para os cargos de promotor, juiz municipal, juiz de direito e tribunais superiores exigia-se o bacharelado em direito, únicos a receberem remuneração pelo governo, acrescida de custas e emolumentos cobrados pelos atos judiciais (Koerner, 2010: 37). O contexto histórico da época é fundamental para compreensão do ideário que inspirou a reforma. Os diversos interesses e conflitos entre distintos grupos sociais confluíram para o acordo entre lideranças formadas por comerciantes, latifundiários, traficantes de escravos e membros da nascente classe dos funcionários públicos do Império, conformando o «regresso conservador» e centralizador, em resposta à experiência conturbada e descentralizadora da Regência. De fato, a Lei 261/1841 materializa o plano de centralização, inspirado pelo forte controle do Ministro de Justiça, com poderes para nomeação e exoneração de funcionários do Judiciário, da Guarda Nacional, delegados de polícia, entre outros. Os Juízes de paz perdem poder e atribuições, transferidos aos chefes de polícia e delegados (art. 12, Lei 261/1841). Os chefes de polícia, recrutados entre juízes de direito, e os delegados, escolhidos aleatoriamente entre cidadãos e juízes, assumiam poderes administrativos, policiais e jurisdicionais: prevenção de crimes, arbitramento de fiança, inspeção em espaços públicos, colheita de provas e remessa às autoridades competentes. A confusão entre funções policiais e jurisdicionais foi atacada nos anos seguintes, especialmente por políticos que apontavam a mão forte do governo central, que incrementava os mecanismos de controle formal, com poderes disciplinares para sancionar e orientar, não raramente como instruções casuísticas e interpretação de leis para atuação dos agentes policiais e judiciários (Koerner, 2010: 39-75; Nequette, 1973: 70-72; Odon, 2013: 237-247).

A reforma do sistema justiça criminal inspirava-se também no ideal de rapidez e aplicação sumária dos procedimentos. Os delegados de polícia e seus agentes, ao encamparem funções antes desempenhadas pelos juízes de paz, passavam da atuação preventiva e repressão ao julgamento das pequenas infrações, à revelia dos promotores públicos, advogados e magistrados superiores. O Regulamento 120, de 1842, disciplina a Polícia Judiciária, atribuindo-lhe a responsabilidade pelas medidas imediatas em face dos delitos, como a colheita de provas, prisão, mandados de busca e até mesmo a jurisdição para pequenos delitos. O regulamento prevê que a polícia administrativa responsabiliza-se pela emissão de passaportes, fiscalização de reuniões e locais, elaboração de termos de bem viver, etc. (Vellasco, *apud* Odon, 2013: 246-248). O aparato policial passa a contar com estrutura material e humana, ainda que precariamente, para o desempenho de suas funções, armado sob a égide do medo e receio das inúmeras revoltas que eclodiram nos anos anteriores. O desejo de controle das classes perigosas e a obsessão pela ordem imposta pelo poder central concorrem para a configuração do modelo articulado pelo Ministério de Justiça, invertendo-se a lógica anterior: «(...) se no código anterior a autoridade da Justiça tem poder policial, agora a autoridade policial chega a ter poder na Justiça» (Iglesias, *apud* Odon, 2013: 249).

Policiar, reprimir, acusar e julgar são funções desempenhadas pela nascente burocracia policial do Império. A *indiferenciação* entre as funções policiais e jurisdicionais era retratada por alguns juristas do século XIX como sinal de atraso em relação a países civilizados, que permitira um excessivo poder e influência do Império na mediação dos conflitos locais.

A Lei 2.033/1871 separou definitivamente as funções policiais e judiciais, criou a polícia judiciária, com atribuições para conduzir o inquérito policial. A sobreposição destas funções foi expressamente vedada. Porém, nos anos seguintes, houve disputas por competências. A separação não levou a uma mais ampla proteção de direitos fundamentais. Ao contrário, sugere Holloway, que se inaugura a estratégia de *policialismo judicial*, onde a Polícia instituiu-se como mecanismo de intermediação entre Estado e sociedade[50] (Souza, 2010: 271 e ss.).

Para a transição do modelo, Eusébio de Queiroz participou ativamente na substituição dos juízes de paz pelos delegados de polícia, no Rio de Janeiro, onde assumiu a chefia ao ser criado o cargo em 1841 (Holloway, 1997: 122). No modelo idealizado os magistrados são impedidos de desempenhar cargos policiais. Por outro lado, a polícia perde o poder jurisdicional experimentado pela reforma de 1841, bem como as atribuições para a pronúncia de crimes comuns. Preserva-se, contudo, a legitimidade para iniciar a persecução penal de crimes policiais, devendo agir de ofício.

O início do processo de profissionalização da polícia ganhou importante impulso na vigência da Lei 2.033/1871. Os policiais eram remunerados com emolumentos e gratificações não fazendo jus a salário. Entre as mudanças implementadas pelo impulso modernizador da nascente República, em 1890, destaca-se a instituição do policial como funcionário assalariado (Holloway, 1997: 229; Odon, 2013: 335-336). Holloway sugere que a separação entre as autoridades policiais e jurisdicionais permitiu à polícia maior especialização na tarefa de controle formal e vigilância de determinados grupos sociais (perigosos), tornando mais eficiente a repressão (Holloway, 1997: 229 e ss.).

Em 1850 aprova-se lei que cria incentivos aos magistrados para o desempenho das funções judiciais, estabelecendo restrições para o exercício de outros cargos, incompatibilidades e critérios para a remoção. A lei foi criticada por

---

[50] Pesquisas evidenciam que historicamente a polícia brasileira sempre contou com amplo poder discricionário. Nos limites ou à margem da legislação, a polícia desenvolveu estratégias próprias de contenção das populações (Souza, 2010: 271).

não contemplar um sistema de promoções, sem um plano de carreira com distinção remuneratória e a absoluta falta de critérios para definir as comarcas. Nos anos subsequentes à reforma judiciária de 1871, aumentam-se consideravelmente os postos na carreira e as oportunidades de ascensão. Diante das restritas possibilidades em uma sociedade escravocrata, as perspectivas de trabalho para os bacharéis em direitos faziam da carreira judicial objeto de desejo de diferentes estratos sociais (Koerner, 2010: 11-127).[51]

Assim, no Brasil, a incipiente diferenciação funcional entre a atividade policial e a jurisdição permitiu a construção de novos espaços para o exercício do poder e novas dinâmicas organizacionais (Souza, 2010). Bonelli identifica na diferenciação entre o sistema policial e o sistema judicial uma queda no prestígio social das posições ocupadas por policiais de carreira, deixando de ser exclusiva de bacharéis quando os magistrados deixam de exercê-la. Outras consequências para o enfraquecimento da Polícia Civil, na leitura de Bonelli: os delegados tornaram-se dependentes financeiramente das elites locais. Também em relação à Polícia Militar, houve perda de poder, pois a força estadual armada conferia ao líder local (Província) garantias de autonomia política, ao passo que restava o resquício da figura do delegado como funcionário criado em 1841 para intervir de forma centralizadora nas localidades (Bonelli, 2002: 218-219).

No novo modelo instituído, o inquérito policial foi definido como procedimento para apuração preliminar dos delitos e os delegados de polícia assumem a responsabilidade pela investigação policial. Em que pesem as mudanças político-sociais e econômicas impostas pela República Federativa, passando-se aos Estados a responsabilidade pela implementação e disciplina das respectivas polícias, o modelo do inquérito policial não foi substancialmente modificado, o que se infere com a aprovação do Código de Processo Penal em 1941. Por outro lado, a organização da polícia militar foi fortemente influenciada pela política dos governadores, especialmente pela tensão entre o poder central e os poderes locais, acentuando-se o caráter militar das polícias ostensivas. As policias militares se tornavam verdadeiros exércitos dos governos locais (Faoro, 1989: 377-378).[52]

---

[51] «A diferenciação da carreira dos magistrados em relação aos outros postos estatais era relacionada ao tema das suas incompatibilidades, eleitorais e administrativas. Vimos que em 1855 foi proibido ao magistrado candidatar-se ao distrito em que exercia suas funções» (Koerner, 2010: 112). Não pretendo aprofundar neste momento o processo de profissionalização do Judiciário, o que pode mapeado em outras obras (Bonelli, 2002; Koerner, 2010).

[52] Conferir extensa e detalhada análise histórica da evolução da elite brasileira ao longo do século XIX, os novos interesses em disputa e as reformas políticas e jurídicas que antecederam o fim da Monarquia e o início da República (Viotti, 1987: 119 e ss. e 226 e ss.). Conferir também os artigos organizados na obra coletiva organizada por José Murilo de Carvalho (Carvalho, 2007).

Da República à Constituição de 1988

Ao analisar a trajetória da Polícia Civil em São Paulo, Bonelli identifica que a Lei 979/1905 reorganiza a polícia paulista, estabelecendo que os cargos são nomeados e demitidos diretamente pelo presidente do Estado. A partir de 1906, inicia-se a criação de uma carreira burocrática, mas ainda atrelada à política. Na década seguinte há processo de especialização da polícia civil paulista, inspirada pelo modelo policial científico, o que não é suficiente para romper o modelo anterior, vez que persiste forte politização do cargo, com a ameaça constante de perda do cargo e escassa identificação do grupo com o conhecimento especializado e técnico, o que consistiu em obstáculo à profissionalização (Bonelli, 2002: 221-222).

Documentos da época revelam que as relações sociais (capital social) eram moeda importante para ocupação dos cargos públicos. Advogados criminalistas de prestígio ocupavam eventualmente as funções de delegados de Polícia e de promotor de justiça, lançando-se à carreira política. O que não ocorria com os magistrados, especialmente em São Paulo, em face da dedicação exclusiva exigida desde 1873. Conforme ressalta Bonelli, a construção do *ethos* profissional pressupõe o convívio e socialização do indivíduo no grupo, ensejando-se pautas comuns e valores compartilhados. Com as reformas nos anos seguintes, a carreira ganhou contornos mais definidos com escalões e hierarquias definidas. Porém, seguia sem status profissional e sem autonomia, sujeita a ingerências políticas. A chefia era ocupada em razão de laços e conchavos políticos. Embora crescente o número de bacharéis, eram identificados pelas demais carreiras jurídicas como oriundos de cursos mais fracos, expostos à política convencional (Bonelli, 2002: 226-229).

No período Vargas, especialmente durante o Estado Novo, houve centralização política, com forte desmantelamento da capacidade militar dos Estados. A política continua a exercer um importante constrangimento sobre o profissionalismo da carreira policial na década de 1930. Uma evidência desse argumento é o número elevado de troca das chefias das Polícias Civis de São Paulo e Rio de Janeiro. Eventual investimento na Polícia Técnica não propiciava condições suficientes para que o profissionalismo prevalecesse sobre a política convencional na Era Vargas. Ao contrário, a oscilação entre politização da polícia e profissionalização foi a tônica do período. Por um lado, eram instituídas regras claras para a carreira, estimulando-se a especialização e o domínio de técnicas científicas para a investigação. Por outro lado, o domínio da política ocorria pelo clientelismo e perseguição política (Bonelli, 2002: 234).

Durante o governo Vargas foi aprovado o Código de Processo Penal, em 1942, ocasião em que foi mantida a presidência do inquérito policial pelo delegado de Polícia, conforme modificação anterior, em 1871. Os delegados mantêm o poder de condução das investigações e conseguem manter paridade salarial com os promotores de justiça (Bonelli, 2002: 236-237). Entre 1945 e 1964, com a redemocratização, há um período de crescimento profissional da Polícia civil paulista, com a realização do primeiro concurso para delegado de Polícia, em 1946. Notam-se mais incentivos para a especialização na carreira, formação dos policiais e competência técnica. Porém, a política convencional manteve sua força, manifestada na nomeação para os cargos e remoções. Outro fato relevante foi a criação da Associação de Delegados de Polícia de São Paulo e a realização de conferência nacional da Polícia, em 1951, ocasião em que foi debatido, entre outros temas, um regulamento nacional e uniformidade na organização das polícias no Brasil (Bonelli, 2002: 238-240).

Após o breve período democrático, instaura-se o governo militar. Amplia-se o poder das Forças Armadas. A constituição federal de 1967 cria a Inspetoria-Geral das Polícias Militares do Ministério do Exército, incumbida do controle das polícias militares dos Estados. O período militar foi marcado pela ação do DOPS e pela luta contra a esquerda e subversivos políticos. A reforma dos estatutos da Polícia Civil, conforme atesta o caso paulista, acentuou a predominância militar sobre o civil. Os cargos de chefia da Polícia eram predominantemente preenchidos por membros das Forças Armadas.

A mobilização dos delegados de Polícia ganha corpo em 1970, com a realização do I Encontro Nacional de Delegados de Polícia e a criação da Adepol (Associação Nacional de Delegados de Polícia), que estimulou sucessivos encontros nos anos seguintes.

Democratização e o status constitucional

Com o processo de democratização, grande parte do aparato repressivo foi desmontado. A fim de influenciar o debate dos constituintes, a ADPSEP (Associação de Delegados de Polícia do Estado de São Paulo) publicou revista na qual defendia a importância do inquérito policial, e criticava o juizado de instrução. O lobby policial culminou com o reconhecimento da carreira no art. 144 da CF/1988: Às polícias civis, dirigidas por delegados de Polícia de carreira, incumbem, ressalvada a competência da União, as funções de Polícia Judiciária e a apuração de infrações penais, exceto as militares. Contudo, foram mantidos vínculos das polícias militares com o Exército (CF/1988). Os governadores retomam o poder de nomear os chefes das Polícias Civil e Militar. Porém, a organização e funcionamento são de competência federal (Costa, 2004: 87-100).

No formato constitucional do Estado federal brasileiro, a divisão das atribuições policiais segue a divisão entre os três níveis: federal (Polícia Federal), estadual (Polícias estaduais) e municipal (guardas municipais). Além disso, a divisão relaciona-se à forma da organização, militar ou civil. Distingue-se, ainda, a atividade policial investigativa, em regra atribuída à Polícia Civil (à Polícia Militar nos crimes militares) e à Polícia Federal; o policiamento ostensivo, atribuído à Polícia Militar (Estados) e às polícias federais especiais (União). Todas estão vinculadas ao Executivo, nos diferentes níveis federativos. No âmbito federal, o Superintendente da Polícia Federal chefia o Departamento de Polícia Federal, subordinado ao Ministério da Justiça. Os integrantes das polícias federais são recrutados mediante concurso público, exigindo-se do delegado de Polícia Federal a condição de bacharel em direito e aprovação na Academia Nacional de Polícia. Na esfera estadual as Polícias Civis e Militares subordinam-se às Secretarias de Segurança Pública, cujos secretários são nomeados pelos governadores dos Estados. O delegado de Polícia, chefe da Polícia Civil, também é recrutado em processo seletivo com condições semelhantes à descrita para os delegados federais. O comandante geral da Polícia Militar é nomeado diretamente pelo Governador, sob o requisito da maior patente, sendo igualmente nomeado e demitido livremente pelo Executivo, sem qualquer forma de *accountability*. As guardas municipais sujeitam-se aos Prefeitos e podem apresentar formatos variados (militar ou civil) (Choukr, 2004: 1-19).

As diferentes organizações policiais experimentaram processos de profissionalização díspares, condicionados pelos contextos locais, pressões políticas e movimentos associativos. Ressalto que, em análise da trajetória profissional do Delegado da Polícia Civil, Bonelli observa que, apesar da conquista do *status* constitucional, com a atribuição de presidir o inquérito policial, cargo provido exclusivamente mediante concurso público e exigência do diploma de bacharel em direito, a isonomia com as demais carreiras jurídicas não foi alcançada. Em alguns estados, como São Paulo, os delegados ressentem da disparidade salarial em relação a magistrados e promotores de justiça (Bonelli, 2002: 250-251).

A reforma da Polícia e do Sistema de Segurança Pública e o movimento das associações de Delegados de Polícia

O debate sobre a reforma do Sistema de Segurança Pública e do processo penal brasileiro tem ocupado a agenda política brasileira nos últimos anos. O Projeto de Lei 31/1995, de autoria do senador Pedro Simon, propôs a modificação do Código de Processo Penal, estabelecendo-se a tramitação do inquérito policial diretamente entre a Polícia e o MP.[53] A Polícia posicionou-se contra a proposta e o senador Romeu Tuma (delegado da Polícia Federal)

---

[53] A tramitação direta dos inquéritos entre Polícia e MP conta com 83% de menções favoráveis à medida e constitui-se na principal proposta para melhorar o funcionamento da administração da justiça brasileira (Sadek e Castilho, 1998: 14).

apresentou várias emendas, com o objetivo de impedir a tramitação direta, arguindo possíveis lesões a direitos fundamentais.

Outra proposta de emenda à Constituição, de autoria de Pedro Simon, previa a introdução de norma estabelecendo que «em infrações de relevância social, definidas em lei, a instrução será feita diretamente perante o Poder Judiciário, sendo precedida de investigações preliminares, sob direcionamento do Ministério Público, auxiliado pelos órgãos da Polícia Judiciária». A proposta foi rejeitada pelo senador Bernardo Cabral sob o argumento de que já estava prevista a autonomia para investigar do MP, conforme art. 129, VIII, da CF/1988 (Sadek e Castilho, 1998: 14-15).[54]

O governo tem buscado, nos últimos anos, consolidar a reforma do sistema de Segurança Pública. Entre as propostas do Programa Nacional de Direitos Humanos (PNDH), ressalto a importância conferida às ouvidorias da Polícia (órgão integrado por representantes da sociedade civil e com autonomia para investigar), o fortalecimento das corregedorias e o intuito de regulamentar o controle externo pelo MP (art. 129, VII, da CF/1988). Com a escalada da criminalidade nos últimos anos, o governo lançou o Plano Nacional de Segurança Pública, visando a aperfeiçoar a integração das Polícias. Além disso, pretende melhorar a capacitação policial no combate ao narcotráfico e ao crime organizado.

Com a repercussão dos casos de violência nos meios de comunicação, o governo reviu suas metas, dando prioridade à unificação dos comandos da Polícia, ao combate à corrupção e à criação da Polícia Comunitária. A discussão do tema no âmbito Legislativo gerou diversos outros projetos de lei. Entre as grandes fontes de reforma estão: os Projetos de Lei 203 a 210, que tratam da reforma do CPP; o Projeto de Emenda Constitucional n. 151/1995, que trata da reforma do Sistema de Segurança Pública, e o Projeto de Lei 3.274/2000, sobre a organização das Polícias Civil e Militar.

O *lobby* da associação de delegados (Adepol-Brasil) tem sido intenso nos últimos anos. A Adepol contrapõe-se às propostas de extinção do inquérito policial e acusa a indevida interferência do MP na atividade policial, pleiteando as garantias conferidas a juízes e promotores (Arantes e Cunha, 2003: 103-119). Contudo, sugerem Arantes e Cunha, a luta pela equiparação com outros órgãos do sistema de justiça dificilmente se concretizaria, vez que

---

[54] O tema relacionado ao MP no comando das investigações criminais está longe de receber um tratamento unânime, sequer pelos integrantes da instituição. Comenta Arantes que, no Congresso Interno do MP em 1985, realizado com o objetivo de fornecer subsídios para a Constituinte de 86/87, a Comissão Técnica retirou a proposta de transferência do comando das investigações ao MP, impedindo-se, assim, a votação em plenário. O *lobby* do MP, durante os trabalhos da Constituinte, vetou novamente a proposta (Arantes, 2002: 203).

fugiria dos modelos convencionais de organização policial em regimes democráticos (Arantes e Cunha, 2003: 136).

No âmbito da comissão de reforma do CPP, novamente veio à tona a discussão em torno do inquérito policial. Durante os trabalhos, foi sugerida, inclusive, a criação do juizado de instrução e, posteriormente, a direção da investigação pelo MP. Ao final, foi mantido o inquérito policial, ampliando-se, contudo, as hipóteses de controle pelo MP.[55] Recentemente, outra proposta legislativa causou intenso debate entre as associações de delegados e as associações do MP. A PEC 37, que excluía expressamente o MP da condução direta da investigação criminal, e afirmava expressamente o monopólio policial da investigação, foi rejeitada no dia 26 de junho de 2013 pela Câmara de Deputados, sob intensa pressão popular, de parte da Mídia e das associações do MP.

A organização policial: modelos e organogramas internos

A estrutura hierarquizada da organização policial estabelece cadeia decisória sob o comando da cúpula, com a definição de prioridades e orientações gerais. Cada escala inferior deve traduzir estes comandos em ordens coerentes para satisfação do comando geral superior. Na prática policial, as opções dos executores operam de forma invertida. Busca-se compatibilizar e justificar as ações segundo as normas estabelecidas (Monjardet, 2003: 95-100).

Na engenharia institucional das Polícias Civis, nota-se também grande diversidade nos modelos idealizados por cada Estado. A tendência à especialização sugere grande complexidade interna ao longo dos anos. A priorização de uma determinada unidade supõe o recrutamento de pessoal especializado e recursos materiais e humanos para o exercício das diferentes tarefas. No caso do Distrito Federal, o Regimento interno da Polícia estabelece detalhadamente os papéis que cada unidade deve desempenhar, a divisão interna do trabalho e atribuições de cada ator.

O Regimento interno da Polícia Civil do DF, aprovado pelo Decreto 30.490, de 22.06.2009, estabelece que a organização é instituição permanente da administração direta, essencial à função jurisdicional e vinculada ao Gabinete do Governador do DF. Dirigida por delegado da carreira, possui autonomia financeira e administrativa. Entre outras missões, visa promover a segurança pública, a preservação da ordem pública e incolumidade das pessoas, por meio da apuração dos delitos formalizados em procedimentos

[55] Segundo a Adepol, a proposta inicial da comissão teria como finalidade extinguir o inquérito policial e, futuramente, a própria carreira do delegado de polícia. A proposta inicial da comissão foi, assim, abandonada, mantendo-se os delegados na direção das investigações (Arantes e Cunha, 2003: 134-135).

que subsidiem elementos para a ação penal, preservando-se direitos e garantias individuais (Seções I e II).

Os princípios institucionais são: a hierarquia e disciplina, a unidade e indivisibilidade, a autonomia funcional, a legalidade, a moralidade e impessoalidade, a participação comunitária e a unidade doutrinária e procedimental.

Entre as funções relacionadas no Regimento, entre outras, destacam-se a de Polícia Judiciária, ressalvada a competência da União, militar e eleitoral. Para este fim, exerce também as atividades periciais criminais, médicas e papiloscópicas. Deve zelar pela segurança pública, colaborar na execução de serviços para a prevenção e repressão de crimes interestaduais. Ainda, deve cooperar com autoridades administrativas e judiciárias na aplicação das medidas legais e regulamentares (Seções III e IV).

A estrutura orgânica conforma o organograma interno com a seguinte estrutura administrativa com divisões internas: Direção Geral da Polícia Civil; Corregedoria-geral da Polícia Civil; Departamento de Administração Geral; Departamento de Polícia Circunscricional (com as diferentes delegacias em cada circunscrição); Departamento de Polícia Especializada; Departamento de Atividades Especiais; Departamento de Polícia Técnica; Academia de Polícia Civil e Conselho Superior.

O Departamento de Polícia Especializada sugere o estabelecimento de prioridades na atividade de investigação ao relacionar duas coordenações com divisão interna, para a repressão às drogas e crimes contra a vida. Duas divisões: para a custódia de presos e o cadastro de roubo e furtos de veículos. Além disso, as seguintes delegacias especializadas: Delegacia da Criança e do Adolescente I e II, Delegacia de Capturas, Delegacia Especial de Atendimento à Mulher, Delegacia de Defesa do Consumidor, Delegacia de Falsificação e Defraudações, Delegacia Especial do Meio Ambiente, Delegacia de Crimes contra a Ordem Tributária, Delegacia Especial de Proteção à Criança e ao Adolescente, Delegacia de Repressão a Furtos, Delegacia de Repressão a Roubos e Furtos de Veículos, Delegacia de Repressão a Pequenas Infrações, Delegacia de Repressão a Roubos (Capítulo II).

As atribuições funcionais dos cargos são detalhadas no Regimento (Título IV, Capítulo I): delegado de polícia, perito criminal, perito médico-criminal, papiloscopista, agente de polícia, escrivão de polícia e agente penitenciário. Ao delegado de Polícia compete instaurar inquéritos policiais e termos circunstanciados, bem como presidir sindicâncias e outros procedimentos administrativos. Entre as atribuições do delegado, supervisionar e executar atividades específicas da Polícia Civil ou de interesse da segurança pública, além de supervisionar e executar operações sigilosas. Entre as atribuições do agente de Polícia, destaca-se a de investigar os fatos, bem como a de assistir a autoridade policial no cumprimento de suas atividades. O escrivão de Polícia incumbe-se das atividades de planejamento e controle das atividades específicas de cartório. Uma função é comum a todos os funcionários: cumprir e fazer cumprir o regimento, regulamentos administrativos e leis em vigor (Capítulo I).

A organização policial civil: comunicação e premissas decisórias

A análise da trajetória das organizações policiais no Brasil sugere movimentos distintos. A Polícia, conforme mostra a experiência europeia, consolida-se como organização fundamental no processo de diferenciação funcional entre o direito e a política. O monopólio do exercício da violência supõe a diferenciação interna do sistema jurídico na forma de organizações. Os vínculos históricos com o Executivo sinalizam a relevância das Polícias na engenharia institucional dos Estados modernos. Por outro lado, a diferenciação entre as atribuições e competências policiais/ judiciárias associa-se à evolução das organizações do subsistema jurídico-penal. O profissionalismo no mundo do direito, impulsionado pelas associações de classe, jogou um papel importante na busca do insulamento em relação à política.

No caso brasileiro, a Polícia civil orienta-se a partir de diferentes premissas decisórias. A programação condicional, estabelecida pela constituição e legislação, conforma o primeiro referencial para análise organizacional. A diferenciação funcional entre direito e política revela-se tensa na medida em que os vínculos históricos com o Executivo são mantidos e as interferências em casos específicos podem levar a atuações que se afastam da codificação jurídica (Machado, 2007a; Machado, 2007b; Machado e Moreira Júnior, 2011; Vogliotti, 2004).

As pesquisas sugerem que, em determinados contextos seria razoável identificar a organização policial civil como organização polifônica, na medida em que comunica muitas vezes segundo a codificação e programação próprias de outros sistemas sociais (Jurídico, Político) (Andersen, 2003; Machado, 2007a; Machado, 2007b). O modelo hierárquico e a divisão interna do trabalho nas delegacias de polícia também são relevantes nos processos decisórios. As pesquisas sugerem que a alocação de recursos materiais e humanos nem sempre privilegia a atividade-fim, com importantes consequências nos processos decisórios (Costa, 2010; Misse, 2010).

O organograma interno, com a criação de diferentes unidades e especializações, bem como a forma de recrutamento e treinamento dos membros das organizações conformam parte das premissas decisórias. Os programas finalísticos decorrem não apenas de escolhas da cúpula, e a correia hierárquica não raramente é mitigada pela discricionariedade na seleção dos casos que devem ou não ser objeto de investigação (Porto e Costa, 2009; Hagen, 2005; Machado, 2007b, Machado, 2011; Monjardet, 2003; Walker, 1990).

Outro aspecto importante da organização policial é o papel desempenhado pelos saberes policiais. A acumulação de conhecimentos específicos, teóricos (difundidos pelas Academias de Polícia e literatura específica sobre o tema) refere-se ao domínio das regras que atuam na organização policial (Monjardet, 2003: 123-131). Os saberes práticos, basicamente empíricos, decorrem da acumulação de experiências. Estes são adquiridos e transmitidos no interior do corpo policial. As competências policiais traduzem-se, assim, nos processos de aprendizagem e acúmulo de experiências (tempo de serviço). A divisão de trabalho na organização policial confere poder àquele que domina tantos os aspectos teóricos quanto a *expertise* adquirida pelo treinamento e aprendizado das técnicas de intervenção (Polícia Ostensiva) ou investigação (Polícia Judiciária).

Sob o enfoque sistêmico, a programação e codificação jurídicas constituem premissa decisória da organização policial. Mas não são suficientes para compreender a forma como a Polícia comunica (decisões). A flexibilização da codificação jurídica e dos programas finalísticos nos processos decisórios vincula-se à cultura organizacional e à identidade da organização.

5.2 O Ministério Público: organização, profissionalização e premissas decisórias[56]

Da colônia à República

A origem do MP brasileiro está ligada diretamente ao direito português, de raiz visigótica. Segundo aquela tradição, o patrimônio do rei se confundia com o do Estado e era transferido a outras gerações. A fim de que fossem protegidos os bens da família real, foram criadas, na legislação lusitana, as Procuradorias da Coroa e da Fazenda.

Em 14 de janeiro de 1289, sob o reinado de Afonso III, o cargo de procurador do rei tornou-se permanente, momento em que os tribunais regulares foram organizados na Europa. Posteriormente, foram definidas as funções do procurador do rei e do procurador de justiça, sendo certo que este era convocado a substituir os magistrados em casos de eventual ausência. Diferenciaram-se as funções de promover pelo rei (defesa dos interesses da Coroa) e promover pela justiça. Ao assumir as funções judicantes, o MP despia-se das prerrogativas existentes para a defesa dos interesses reais (Pierangelli, 1982: 233-237).

Nas Ordenações Manuelinas de 1521, pela primeira vez mencionou-se o promotor de justiça, cujas funções foram atribuídas para atuar nas casas de

---

[56] Reproduzo neste item parte do texto já apresentado em obras anteriores (Machado, 2007a; Machado, 2007b).

suplicação e nos juízos de terra. Com as Ordenações Filipinas, de 1603, foi institucionalizado o MP, conforme título XV do mencionado diploma legal. No território brasileiro, a figura do promotor de justiça foi prevista com a instalação do Tribunal da Relação da Bahia, composto por dez desembargadores (Salles, 1999: 20-21). Até 1609, no Brasil apenas funcionava a justiça de primeira instância, não existindo órgão especializado do MP. Os processos criminais eram iniciados de ofício, pelo juiz ou por iniciativa da parte ofendida, prevendo-se recurso para a Relação de Lisboa (Macedo Júnior, 1999: 39). Há evidências, assim, que não havia uma clara diferenciação entre as funções de acusar e julgar, predominando claramente o caráter inquisitorial da investigação.

Em 1751, foi criada a Relação da cidade do Rio de Janeiro, que se transformaria na Casa de Suplicação do Brasil em 1808, com competência para conhecer os recursos interpostos contra as decisões da Relação da Bahia. Nesse tribunal separaram-se os cargos de promotor de justiça e de procurador dos feitos da Coroa e Fazenda, que passaram a ser desempenhados por titulares distintos. Foi o primeiro passo para a separação definitiva que ocorreria apenas com a Constituição de 1988 (CF/1988) (Macedo Júnior, 1999: 40).

Na Constituição de 1824, a única referência à função acusadora foi a prevista no art. 48, o qual dispunha que, no juízo dos crimes cuja acusação não pertencia à Câmara de Deputados, atuaria o procurador da Coroa. Um tratamento sistemático à instituição foi dado com o Código de Processo Penal do Império, de 29.11.1832. A função não era exclusiva sequer dos bacharéis em direito, abrindo-se a possibilidade do seu exercício por todos aqueles que pudessem exercer a função de jurado.

Com o Regulamento n. 120, de 31.01.1842, art. 217, e a Lei de 03.12.1851, que reformou o Código de Processo Penal, foi alterada a forma de nomeação do promotor público.[57] O cargo não era muito atrativo e os baixos salários não era o único motivo. O anterior mandato de três anos foi substituído por prazo indefinido, transferindo-se as nomeações ao imperador da Corte e aos presidentes das Províncias, sem a participação das Câmaras Municipais. Suprimiu-se, assim, a legitimidade conferida pela proposta do Legislativo, e o Executivo assumia, com total exclusividade, o poder de nomear e demitir

---

[57] «Há relatos que indicam que, nesse período, a profissão de promotor de justiça não era muito prestigiada, especialmente no tocante à remuneração. Vicente Alves de Paula Pessoa observava que *"para esses funcionários, são mesquinhos os ordenados, mesquinhas as gratificações e mesquinhos os emolumentos, quando convinha recompensar a moços esperançosos, hábeis e dedicados ao trabalho. Tanta mesquinhez e a porta que fixa-se às belas aspirações e a nobres caracteres"*» (Macedo Júnior, 1999: 41, itálicos no original).

o promotor de justiça a qualquer tempo e conforme conveniência do serviço público[58] (Salles, 1999: 22).

Com a proclamação da República, foi estabelecida nova regulamentação do MP, por meio do Dec. 848, de 11.09.1890, que disciplinou a estrutura e as atribuições do órgão em âmbito federal. Na exposição de motivos do autor do projeto, o futuro presidente Campos Salles, o MP foi apresentado como órgão necessário para a ordem democrática e para a administração da justiça. Não houve, contudo, mudança estrutural da instituição.

Assim, as funções em segundo grau continuavam sendo exercidas por integrantes do Judiciário, o que evidencia que não havia ainda uma completa diferenciação entre as funções de acusar e julgar. O Dec. 848/1890 manteve a forma pela qual o membro do MP federal, denominado Procurador da República, era indicado pelo Presidente da República por um período de quatro anos, garantindo-lhe não ser removido, exceto a pedido. A primeira Constituição da República de 1891 não mencionou a figura do MP. Assim, o crescimento da instituição foi impulsionado apenas com o processo de codificação: iniciou-se com o Código Civil de 1917 e teve continuidade com o Código de Processo Civil de 1939 e com os Códigos Penal e de Processo Penal, de 1940 e 1941, respectivamente.

A primeira Constituição a mencionar o MP foi a de 1934, dispondo sobre a escolha do procurador-geral pelo presidente da República, mediante aprovação do Senado. A Constituição de 1937 mencionou o cargo de procurador-geral e sua forma de nomeação, criando também o chamado Quinto Constitucional.[59] A Constituição de 1946 desvinculou o MP dos poderes do Estado, conferindo-lhe garantias de estabilidade e inamovibilidade, e estabeleceu regras para ingresso na carreira e promoção.

O MP no período militar

A Constituição de 1967, outorgada durante o período militar, manteve a estrutura anterior, mas foi em seguida alterada pela Emenda de 1969, que transferiu o MP ao Poder Executivo, incrementando-se as funções do chefe da instituição, livremente nomeado e demitido pelo presidente da República. Em síntese, as constituições do período republicano caracterizaram-se por manter a dependência do procurador-geral da República e dos procuradores-gerais

---

[58] A denominação Ministério Público só aparece no art. 18 do Regimento das Relações do Império, de 02.05.1874, seguindo o estatuto português que usa essa designação desde 15.12.1835. A primeira constituição da República, de 1891, não emprega o nome Ministério Público, incorporado somente pela Carta de 1934, durante a Era Vargas (Ribeiro, 2000: 55-56).

[59] Porcentagem dos cargos ocupados nos tribunais por membros do MP e representantes da OAB (Ordem dos Advogados do Brasil).

dos Estados em relação ao Poder Executivo. Um dos principais instrumentos para efetivar a dependência em relação ao poder político implementava-se com o poder para nomear e demitir o procurador-geral a qualquer tempo.

A análise do período sugere que havia imposição do mundo da política sobre a organização do MP. O *ethos* do profissionalismo sucumbia, assim, à política convencional. Como organização que surge diretamente atrelada ao Executivo, o processo de insulamento e aproximação ao mundo do direito decorreu de trajetórias e experiências específicas, como parece sugerir o caso do MP paulista (Machado, 2007a; Machado, 2007b).

De fato, em alguns Estados da federação, como São Paulo, foi conquistada a prerrogativa da lista tríplice. A preocupação básica dos textos constitucionais era estabelecer o processo de escolha do chefe da instituição e as diretrizes organizacionais, bem como as garantias básicas, como acesso por concurso público, estabilidade e inamovibilidade. Pouca atenção dirigiu-se à definição das funções e das atribuições a serem consideradas típicas do MP. O interesse das constituições anteriores à Carta de 1988 era consolidar o controle do chefe do Executivo sobre os procuradores-gerais, assegurando aos governantes o direito de escolha e demissão dos funcionários que, em tese, poderiam acusá-los. Construiu-se, assim, estrutura institucional em que os detentores da persecução penal estavam comprometidos com os detentores do poder político (Salles, 1999: 26-32). As constituições anteriores a 1988, apesar de consagrada a forma federativa desde 1891, não se preocuparam em estabelecer princípios institucionais para o MP dos Estados federados (Ribeiro, 2000: 58).

Em 1977, o presidente da República, uma vez mais com apoio em atos institucionais, decretou a Emenda Constitucional n. 7, prevendo-se nova redação ao art. 96 e ao parágrafo único da CF/1969 (dispunha sobre a organização dos MPs estaduais). Nesse momento, as associações do MP davam os primeiros passos no processo de consolidação do movimento associativo do MP no Brasil. A previsão de normas uniformes para organização do MP nos Estados foi comemorada como importante vitória da classe. Nesse momento, o *ethos* do profissionalismo manifesta-se de forma mais clara, superando a lógica estritamente racional burocrática, sob inspiração do regime jurídico ditatorial.

Paulatinamente, o Legislativo conferiu novas funções ao MP. Além das codificações mencionadas (códigos civil, processual civil, penal e processual penal), outros diplomas legais previam a intervenção do MP: Lei de Mandado de Segurança (Lei 1.533/1951, art. 10), Lei de Falência (Dec.-lei 661/1945, art. 210), Lei da Ação Popular (Lei 4.717/1965), Lei de Alimentos (Lei 5.478/1968, art. 9.º), Lei de Registros Públicos (Lei 6.015/1973), Leis de Acidentes do Trabalho (Lei 5.638/1970, Lei 6.367/1976 e Lei 8.213/1991), entre outros diplomas legais (Machado, 2007a; Machado, 2007b).

Do regime militar à democracia

No final da ditadura, o movimento das associações de membros do MP teve importante papel na aprovação de leis que reformulariam profundamente a sistemática processual brasileira. Um exemplo concreto ilustra o processo: a promulgação da lei que instituiu a ação civil pública. O interesse da doutrina pela representação dos interesses difusos, inserido no movimento dirigido à melhora do acesso à justiça, colocou em discussão o papel dos tribunais e a necessidade de criação de um processo civil adequado à defesa de tais interesses. A impossibilidade prática de todos os titulares de direito difuso poderem comparecer em juízo tornava necessária a busca de representante adequado para tutelar os interesses (Cappelletti e Garth, 2002: 49-51).

O interesse pela tutela de interesses difusos e coletivos foi suscitado inicialmente pela doutrina jurídica italiana, sobretudo por Cappelletti, Denti e Proto Pisani.[60] No Brasil, recebeu acolhida de alguns processualistas brasileiros, destacando-se Barbosa Moreira, Pellegrini Grinover e Mariz de Oliveira Jr. No âmbito italiano, a proposta de grupos intermediários para a defesa de interesses sociais e coletivos gerou grande debate em torno da legitimidade para a proposição das ações respectivas (Arantes, 2002: 59 e ss.). Cappelletti, influenciado pela experiência do modelo italiano, não via o MP como o órgão a assumir essa tarefa. Entre as diversas razões, o jurista italiano vislumbrava a proximidade com o magistrado (única carreira), a ligação histórica do MP com o Executivo, a ausência de conhecimentos técnicos e a falta de aparelhamento material para causas de grande complexidade. Assim, a proposta alternativa era criar um órgão especializado para a tutela dos interesses, além de estender a legitimidade para agir a «associações privadas» e a pessoas físicas, ainda que não lesadas diretamente. A proposta completava-se ao se propiciar ao juiz mais discricionariedade para que a decisão pudesse alcançar o limite do dano ocasionado (Cappelletti e Garth, 2002: 49-67).

No Brasil, parte da comunidade dos processualistas posicionou-se contra a concentração da legitimidade para agir no MP, por compartilhar a concepção predominante na doutrina italiana. No jogo de forças entre grupos distintos, foi importante o *lobby* articulado do MP, sobretudo da associação do MP paulista, que fomentou seminários para discussão da matéria, defendendo a peculiaridade do MP brasileiro e sua perfeita condição para atuar na defesa dos interesses difusos e coletivos. Além disso, a proposta do *ombudsman* não era bem vista pela classe, já que a figura se constituía em concorrente para

---

[60] Embora os processualistas italianos tenham se interessado pelo tema, o movimento pioneiro tem suas raízes nos Estados Unidos. De fato, no início da década de 70 (século XX), o movimento de reforma encontrava-se em patamar mais avançado em terras norte-americanas (Cappelletti e Garth, 2002: 49).

a instituição (Arantes, 2002: 60; Silva, 2001: 44-54). Ao final, prevaleceu a posição que retirou o monopólio do MP para a propositura da ação civil pública,[61] mas foi criado instrumento que reconhecidamente viria a dar grande vantagem ao MP em relação às associações civis, também legitimadas para agir: o inquérito civil público. Previa-se, assim, um instrumento jurídico para o MP poder instaurar procedimento investigatório, requisitar informações de autoridades, documentos e perícias necessárias para apuração dos fatos (art. 8.º, § 1.º, da Lei 7.347/1985).

A ação civil pública veio a conferir legitimidade ao MP para instaurar e presidir inquéritos civis e propor ações judiciais na defesa de interesses difusos e coletivos, como meio-ambiente, patrimônio histórico, paisagístico e urbanístico, entre outros. Institucionalizou-se, assim, nova forma de atuação em face dos novos conflitos coletivos (Arantes, 2002: 59 e ss.; Silva, 2001: 36 e ss.). A mudança no perfil institucional imprimiu uma diversificação das frentes de atuação do MP. De organização do subsistema jurídico-penal, o MP passou a desempenhar atribuições em outras áreas do direito.

Movimento associativo do MP e transição democrática: a consolidação do texto constitucional

A definição do modelo constitucional do MP brasileiro

Escolhido Tancredo Neves para a Presidência da República, encerrou-se o período militar (1964-1984), criando-se expectativa quanto à convocação de assembleia nacional constituinte, para dar nova ordem jurídica ao País. Com o falecimento do presidente, foi nomeada pelo governo federal (à época chefiado por Sarney) a chamada «Comissão de Notáveis», com 50 integrantes, que produziram anteprojeto de texto constitucional, então denominado Anteprojeto Afonso Arinos (em homenagem ao presidente da Comissão). Vários setores da sociedade civil apresentaram propostas ao texto original, incluindo-se o MP. A partir do VI Congresso Nacional do MP, realizado em São Paulo, foi elaborada a base para as reivindicações da instituição. Em seguida, com objetivo de colher elementos para a consolidação do MP na constituinte, a Conamp enviou, em outubro de 1985, aproximadamente 6 mil questionários aos membros do MP do País, obtendo em torno de mil respostas. Entre os resultados da pesquisa, menciono os mais significativos: a posição tipológica do MP em título à parte da Constituição; o procurador-geral escolhido pelos

---

[61] A análise do histórico de cada um dos projetos apresentados, um oriundo do Ministério de Justiça (comissão de juristas) e outro do Ministério Público, que conferia legitimidade exclusiva à instituição, permite identificar o processo por meio do qual foi afastada a figura do *ombudsman*, bem como a legitimidade exclusiva do MP para a propositura da mencionada ação (Arantes, 2002: 51-76).

procuradores de justiça; autonomia financeira e orçamentária; iniciativa para criação e extinção de cargo e fixação de vencimentos; garantias, como vitaliciedade, irredutibilidade de vencimentos e inamovibilidade; criação de sistema de vedações e definição de funções no texto constitucional, entre outros.

Como parte dos trabalhos da Comissão Afonso Arinos, foi encarregada ao então Procurador-Geral da República, Sepúlveda Pertence, a elaboração de anteprojeto sobre o MP, acolhendo-se parte das sugestões da Conamp. Posteriormente, em congresso realizado em Curitiba, em junho de 1986, foi preparado anteprojeto sobre a instituição, aprovado no 1.º Encontro Nacional de Procuradores-Gerais de Justiça e Presidentes de Associações do MP, texto que ficou conhecido como «Carta de Curitiba». Previamente ao mencionado congresso, foi formada comissão pelo MP paulista, que buscou consubstanciar os pontos fundamentais para o texto constitucional da instituição. A partir do texto provisório da Conamp e do anteprojeto da Comissão de Estudos Constitucionais, a comissão paulista sistematizou e aprofundou o texto unificado que serviu de base para as discussões em Curitiba. Aprovado o texto após discussão no plenário do encontro, estabeleceu-se o compromisso de união das lideranças da instituição (procuradores-gerais de justiça e presidentes das associações do MP). Pela primeira vez houve acordo entre os MPs estaduais e federal quanto a temas fundamentais para a instituição, como garantias, vedações e funções do MP (Arantes, 2002: 76 e ss.; Bonelli, 2002: 152; Lopes, 2000: 122 e ss.; Silva, 2001: 54-62).

A coesão entre os membros do MP foi, contudo, objeto de debate na comunidade acadêmica. Kerche sustenta que o *lobby* não era «assim tão unificado», pois a proposta da Conamp previa que os procuradores da República manteriam a incumbência de defender a União, papel posteriormente atribuído à Advocacia-Geral da União. Havia, segundo tal interpretação, pouca sintonia entre o modelo de MP idealizado pelos integrantes dos MPs estaduais e o modelo de MPF (Kerche, 2002: 16).

Uma comparação entre os diferentes anteprojetos apresentados sobre o MP na Constituinte 86/87 – pela Comissão da Organização dos Poderes e Sistemas de Governo, pelo «Centrão»[62] e pela Conamp – e o texto final, permite identificar que houve revisão de pontos importantes, o que reforça a hipótese de ter havido reflexão sobre o projeto de um agente independente dos poderes do Estado, destinado à defesa da sociedade. Por um lado, a tendência em separar o MP do Poder Executivo foi uma constante em todos os proje-

[62] A emergência desse grupo político conservador modificou a tramitação regimental da Constituinte. Na proposta do Centrão foram suprimidas: «a previsão de orçamento próprio para o *Parquet*; a correspondente iniciativa legislativa reservada ao mesmo para a sua obtenção; (...) a autonomia funcional para a instituição e a menção à defesa de interesses difusos e coletivos» (Lopes, 2000: 143).

tos.[63] Os constituintes, por outro lado, criaram mecanismos mais rigorosos de controle sobre a instituição do que os previstos pela Conamp na Carta de Curitiba, o que enfraquece o argumento de que o *lobby* de promotores e procuradores teria sido determinante para a aprovação do texto final.[64]

A indicação e a destituição dos procuradores-gerais representaram a maior derrota da Conamp. A associação defendia que a indicação do procurador-geral da República fosse feita pelo presidente da República, com aprovação do Senado Federal, sendo passível de destituição apenas em casos de abuso de poder ou omissão grave. A destituição só poderia ser efetivada com aprovação do Colégio Superior do Ministério Público. A proposta aprovada acabava concedendo mais liberdade ao presidente para propor o afastamento e exigia a participação do Legislativo (aprovação pelo Senado Federal). O cargo deixava, assim, de ser de confiança do presidente da República, incluindo-se o controle por outro poder.

Na escolha dos procuradores-gerais de justiça dos Estados, a proposta da Conamp era de que houvesse limitação ao mandato por dois anos, permitindo uma recondução, e que o cargo fosse restrito aos integrantes do MP. Os anteprojetos apresentados em 1987 conferiam inclusive mais poder à instituição, vez que previam a eleição direta. Somente a partir do anteprojeto de julho de 1988 é que a lista tríplice aparece no texto do relator e na Constituição (Kerche, 1999; 2002).

A profundidade do debate da Constituinte sobre a organização do MP reflete-se em outros dispositivos. Quanto às vedações, prevalece no final restrição à possibilidade de exercício de cargo público eletivo (como inicialmente havia sido proposto pela Conamp), indicativo, segundo Kerche, do exercício crítico e reflexivo por parte dos constituintes em relação à configuração do MP. Os constituintes cedem à pressão da associação dos delegados de Polícia e limitam a participação do MP. Finalmente, foi mantida divisão

---

[63] O único parlamentar que se manifestou contra a independência do MP foi Vivaldo Barbosa, do PDT/RJ, que defendeu sua conversão em órgão do Legislativo (Lopes, 2000: 127).

[64] «Entretanto, mesmo com o reconhecimento de que os *lobbies* tenham existido, isto não significa que eles são os responsáveis pelas mudanças. Não somente porque quem votou os projetos foram os parlamentares, mas porque foi possível perceber que houve um grau de elaboração razoável das propostas ao longo do processo constituinte. O acompanhamento das diferentes propostas é indicativo de que as questões foram negociadas e que sofriam um recorte ideológico. Assim, as mudanças institucionais no decorrer do processo, a partir do novo Regimento Interno, ampliaram o poder de barganha dos grupos mais conservadores, revertendo o projeto que estava sendo elaborado pelos progressistas. Cada um conta a história valorizando seu papel e os membros do Ministério Público não fogem à regra. É papel do cientista político pôr em dúvida essa história e, se for o caso, apresentar uma outra versão» (Kerche, 2002: 49-50, itálico no original).

das funções relacionadas ao desempenho da atividade penal (Kerche, 1999; 2002).

Assim, a construção de um MP independente no Brasil decorreu da confluência de vários fatores. A convocação da Assembleia Constituinte representava a última etapa da transição democrática e tinha como tônica consolidar o regime democrático, sepultando a herança autoritária. Fatores conjunturais uniram-se a outras causas: insatisfação com os direitos da tradição liberal, identificação do Estado como agente responsável pela regulação social e econômica, além de procura de alternativas à representação política partidária (Arantes, 2002: 85). A concepção de um MP independente era perfeitamente compatível com o contexto da época e amoldava-se à cultura política dominante nos debates. Além disso, havia o precedente na Itália. Assim como o fascismo italiano, a experiência da ditadura brasileira foi importante na transformação institucional do MP brasileiro (Kerche, 1999: 241-251).

O MP na Constituição Federal de 1988 (CF/1988)

Autonomia do MP

O MP foi definido pela CF/1988 como instituição permanente, essencial à função jurisdicional do Estado, incumbindo-lhe a defesa da ordem jurídica, do regime democrático e dos interesses sociais e individuais indisponíveis (art. 127 da CF/1988). O MP tornou-se, assim, independente dos poderes do Estado. As garantias de autonomia, institucional[65] e funcional, coincidem com as conferidas ao Judiciário: poder para apresentar proposta orçamentária e para apresentar proposta legislativa que disponha sobre a criação e a extinção de cargos a serem providos por meio de concursos públicos.[66]

Como decorrência da autonomia institucional do MP, é assegurada sua autonomia funcional, administrativa e financeira, cabendo-lhe, especialmente, conforme art. 3.º da Lei Orgânica Nacional do Ministério Público (LONMP): praticar atos próprios de gestão; decidir sobre a situação funcional e adminis-

---

[65] Constitui-se crime de responsabilidade do presidente da República os atos que atentem contra o livre exercício do Ministério Público (art. 85, II, da CF/1988).

[66] Conferir os seguintes parágrafos inseridos pela Emenda Constitucional 45, de 31 de dezembro de 2004: «§ 4.º Se o Ministério Público não encaminhar a respectiva proposta orçamentária dentro do prazo estabelecido na lei de diretrizes orçamentárias, o Poder Executivo considerará, para fins de consolidação da proposta orçamentária anual, os valores aprovados na lei orçamentária vigente, ajustados de acordo com os limites estipulados na forma do § 3.º. § 5.º Se a proposta orçamentária de que trata este artigo for encaminhada em desacordo com os limites estipulados na forma do § 3.º, o Poder Executivo procederá aos ajustes necessários para fins de consolidação da proposta orçamentária anual. § 6.º Durante a execução orçamentária do exercício, não poderá haver a realização de despesas ou a assunção de obrigações que extrapolem os limites estabelecidos na lei de diretrizes orçamentárias, exceto se previamente autorizadas, mediante a abertura de créditos suplementares ou especiais.»

trativa do pessoal, ativo e inativo, da carreira e dos serviços auxiliares, organizados em quadros próprios; elaborar suas folhas de pagamento e expedir os competentes demonstrativos; adquirir bens e contratar serviços; propor ao Poder Legislativo a criação e a extinção de seus cargos, bem como a fixação e o reajuste dos vencimentos de seus membros; propor ao Poder Legislativo a criação e a extinção dos cargos de seus serviços auxiliares, bem como a fixação e o reajuste dos vencimentos de seus servidores, entre outras funções.

As autonomias administrativa e financeira foram tratadas minuciosamente na Lei 8.625/1993. A autonomia financeira do Ministério Público, conforme art. 4.º da LONMP, traduz-se no poder outorgado para elaborar proposta orçamentária dentro dos limites estabelecidos na Lei de Diretrizes Orçamentárias, encaminhando-a diretamente ao governador do Estado, que a submeterá ao Poder Legislativo.

A autonomia funcional refere-se à garantia conferida aos órgãos do MP ou a cada um dos seus membros na condição de agentes políticos. Significa que seus membros, no exercício de seus deveres profissionais, não se subordinam a nenhum órgão ou poder (Legislativo, Executivo ou Judiciário), submetendo-se exclusivamente à consciência de cada um e aos limites estabelecidos em lei (Mazzilli, 2001: 197).

Garantias funcionais, funções e instrumentos de atuação

Entre as garantias instituídas para o desempenho das atribuições, ressalto a independência funcional, que consiste na liberdade de atuação dos agentes do MP em face de outros órgãos que integram o MP. Os membros do MP – procuradores da República (integrantes da carreira do MPF), promotores e procuradores de justiça (membros dos MPs estaduais e do MPDFT) – e os órgãos que integram a instituição, tanto os individuais quanto os colegiados, no exercício da atividade-fim, apenas se subordinam ao princípio da legalidade, não se submetendo a portarias, instruções ou ordens de serviços (Mazzilli, 2001: 275-276). O princípio da independência funcional contrapõe-se, assim, ao princípio da hierarquia, presente nos estatutos da instituição existentes em outros países. Os integrantes do MP gozam das prerrogativas previstas para os juízes, como a vitaliciedade, a inamovibilidade e a irredutibilidade de subsídios. A inamovibilidade significa a impossibilidade de um membro do MP ser afastado do cargo ou de funções instituídas em lei, não se admitindo designações discricionárias (salvo interesse público, mediante decisão do colegiado competente, assegurada a ampla defesa). Tal garantia ao membro do MP corresponde ao princípio do «promotor natural», que integra o devido processo legal, vedando o «acusador de exceção». Não se impede a designação de membro do MP para atuação em processos determinados, desde que seja respeitada exigência legal previamente estabelecida. Em outras palavras, caso existam critérios para a substituição.

Em decorrência do princípio da vitaliciedade, cuja aquisição ocorre após dois anos de exercício, o membro do MP não pode perder o cargo, salvo por decisão judicial transitada em julgado.[67] É conferida a irredutibilidade de vencimentos e subsídios, prerrogativa que se estende também aos ocupantes de cargos e empregos públicos em geral (art. 37, XV, da CF/1988, redação da Emenda Constitucional 19/1998).

As funções conferidas ao MP brasileiro também foram ampliadas, conforme disposto no art. 129 da CF/1988:[68]

> «I – promover, privativamente, a ação penal pública, na forma da lei; II – zelar pelo efetivo respeito dos Poderes Públicos e dos serviços de relevância pública aos direitos assegurados nesta Constituição, promovendo as medidas necessárias a sua garantia; III – promover o inquérito civil e a ação civil pública, para a proteção do patrimônio público e social, do meio ambiente e de outros interesses difusos e coletivos; IV – promover a ação de inconstitucionalidade ou representação para fins de intervenção da União e dos Estados, nos casos previstos nesta Constituição; V – defender judicialmente os direitos e interesses das populações indígenas; VI – expedir notificações nos procedimentos administrativos de sua competência, requisitando informações e documentos para instruí-los, na forma da lei complementar respectiva; VII – exercer o controle externo da atividade policial, na forma da lei complementar mencionada no artigo anterior; VIII – requisitar diligências investigatórias e a instauração de inquérito policial, indicados os fundamentos jurídicos de suas manifestações processuais; IX – exercer outras funções que lhe forem conferidas, desde que compatíveis com sua finalidade, sendo-lhe vedada a representação judicial e a consultoria jurídica de entidades públicas.»

Entre as atribuições previstas, o exercício da ação penal pública é a única atividade privativa do MP, revogando-se as disposições que previam o chamado procedimento penal de ofício. A única exceção ao monopólio da

---

67 «O membro vitalício do Ministério Público somente perderá o cargo por sentença judicial transitada em julgado, proferida em ação civil própria, nos seguintes casos: I – prática de crime incompatível com o exercício do cargo, após decisão judicial transitada em julgado; II – exercício da advocacia; III – abandono do cargo por prazo superior a trinta dias corridos» (LONMP, Lei 8.625/1993, art. 38, § 1.º, I-III). Também por efeito de sentença penal condenatória, pode-se decretar a perda do cargo (REsp 23919/93, *DJU*, 13.04.1998: 156, j. 05.02.1998, 6.ª T. STJ, rel. Min. Anselmo Santiago, no caso em comento, sobre a perda de cargo de magistrado; MAZZILLI, 2001: 286).

68 Conferir mudanças introduzidas pela Emenda Constitucional 45, de 31.12.2004, ao art. 129 da CF/1988: «(...) § 2.º As funções do Ministério Público só podem ser exercidas por integrantes da carreira, que deverão residir na comarca da respectiva lotação, salvo autorização do chefe da instituição. § 3.º O ingresso na carreira do Ministério Público far-se-á mediante concurso público de provas e títulos, assegurada a participação da Ordem dos Advogados do Brasil em sua realização, exigindo-se do bacharel em direito, no mínimo, três anos de atividade jurídica e observando-se, nas nomeações, a ordem de classificação. § 4.º Aplica-se ao Ministério Público, no que couber, o disposto no art. 93. § 5.º A distribuição de processos no Ministério Público será imediata.»

ação penal pública pelo MP advém do texto constitucional, ao prever a ação penal privada subsidiária, caso a ação penal pública não seja intentada no prazo legal (art. 5.º, LIX, da CF/1988). Ou seja, foi instituído mecanismo para garantir o exercício do *ius puniendi* estatal em caso de inércia do MP. Ainda se discute no Brasil a possibilidade de o MP realizar as investigações criminais diretamente, prescindindo da Polícia Judiciária. A divisão tradicional das tarefas levou a fases «estanques»: a investigação dos fatos delituosos a cargo da Polícia e a acusação exercida pelo MP. Apesar da resistência das associações de delegados de polícia e de parte do Judiciário, o MP tem desempenhado atividades investigadoras no âmbito criminal, em particular em casos de abuso policial ou práticas ilícitas envolvendo o poder político.[69]

Organograma interno, distribuição de tarefas e funções

Do MP fazem parte o Ministério Público de União (MPU) e os MPs estaduais. Aquele inclui o Ministério Público Federal (MPF),[70] o Ministério Público Militar (MPM), o Ministério Público do Trabalho (MPT) e o Ministério Público do Distrito Federal e Territórios (MPDFT) (art. 24 da LC 75/1993).[71] A peculiaridade de cada um dos Ministérios Públicos pertencentes ao MPU está relacionada ao respectivo Poder Judiciário perante o qual o MP atua. Os MPs estaduais são regidos pela LONMP (Lei 8.625/1993). O MPU foi disciplinado pela LC 75/1993.

Segundo a Lei 8.625/1993, que regula o MP estadual, o MP brasileiro é integrado por diversos órgãos: de administração, de execução e auxiliares. Os primeiros estão subdivididos em órgãos de administração superior e órgãos de administração, simplesmente. Entre os órgãos da administração superior estão: a Procuradoria-Geral de Justiça; o Colégio de Procuradores; o Conselho Superior do MP e a Corregedoria do MP. A LC 75/1993 não faz distinção entre órgãos de administração e de execução, definindo para cada carreira que integra os quatro ramos do MPU os seguintes órgãos aqui mencionados de

---

69 A questão foi submetida ao STF e aguarda decisão definitiva. Retomo o tema no próximo capítulo.

70 As funções do MPF estão definidas no art. 37 da LC 75/1993: «O Ministério Público Federal exercerá as suas funções: I – nas causas de competência do Supremo Tribunal Federal, do Superior Tribunal de Justiça, dos Tribunais Regionais Federais e dos Juízes Federais, e dos Tribunais e Juízes Eleitorais; II – nas causas de competência de quaisquer juízes e tribunais, para defesa de direitos e interesses dos índios e das populações indígenas, do meio ambiente, de bens e direitos de valor artístico, estético, histórico, turístico e paisagístico, integrantes do patrimônio nacional;»

71 A LC 75/1993 disciplina as carreiras que integram o MPU nos arts. 32 e 33, respectivamente: «Art. 32. As carreiras dos diferentes ramos do Ministério Público da União são independentes entre si, tendo cada uma delas organização própria, na forma desta lei complementar»; «Art. 33. As funções do Ministério Público da União só podem ser exercidas por integrantes da respectiva carreira, que deverão residir onde estiverem lotados».

forma genérica: a Procuradoria-Geral; o Colégio de Procuradores; o Conselho Superior do MP e as Câmaras de Coordenação e Revisão.

O procurador-geral da República é escolhido pelo presidente da República entre os integrantes do MPU com mais de 35 anos de idade, para mandato de dois anos, após aprovação, por maioria absoluta, dos membros do Senado, sendo permitida a recondução.[72] Os procuradores-gerais dos Estados são escolhidos pelos governadores das respectivas unidades da Federação a partir de lista tríplice eleita pelos integrantes da instituição.[73] A perda do cargo de procurador-geral da República só poderá ocorrer em razão de condenação por crime de responsabilidade (*impeachment*) ou em razão de destituição por iniciativa do presidente da República, após autorização da maioria absoluta do Senado, em decisão secreta (arts. 128, § 2.º, e 52, XI, da CF/1988). As atribuições dos procuradores-gerais de justiça estão definidas nos arts. 10 e 29 da Lei 8.625/1993, cabendo-lhes representar junto aos tribunais locais por inconstitucionalidade de leis ou atos normativos estaduais ou municipais em face da constituição dos Estados, assim como para fins de intervenção no Estado e em municípios da respectiva unidade da federação para assegurar a observância dos princípios previstos na constituição estadual ou garantir a aplicação de lei, ordem ou decisão judicial.

Ao Colégio de Procuradores compete a revisão de determinados atos administrativos e disciplinares dos demais órgãos da administração superior, entre os quais se destacam o julgamento de recursos contra decisão referente ao vitaliciamento, à colocação em disponibilidade ou à remoção compulsória de membro. Ao órgão incumbe opinar, a partir de solicitação do procurador-geral ou de um quarto de seus integrantes, sobre matéria relativa à autonomia ou aos interesses gerais do MP. Por fim, cabe ao Colégio de Procuradores decidir sobre recurso contra decisão de arquivamento de inquérito policial ou peças de informação exaradas pelo procurador-geral de justiça, nos casos em que possui atribuição originária (arts. 10, 12 e 26 da Lei 8.625/1993; arts. 52, 93, 126 e 160 da LC 75/1993; Mazzilli, 2001: 509-511).

O Conselho Superior do MP (CSMP) dos Estados é constituído pelo procurador-geral de justiça, pelo corregedor-geral e por outros membros, conforme disposto na lei (art. 14 da Lei 8.625/1993). No MPU cada carreira possui seu CSMP, disciplinando-se a forma instituída para nomeação e funções a serem desempenhadas (LC 75/1993). Entre as funções do órgão, destaco a

---

[72] Também os procuradores-gerais dos MPM, do MPT e do MPDFT, por expressa disposição da LC 75/1993, arts. 87, 88, 120 e 121, para os dois primeiros, e art. 128, §§ 3.º e 4.º, da CF/1988 para o MPDFT.

[73] A composição da lista tríplice deve ser determinada de acordo com a Lei Orgânica do MP de cada Estado (MP estaduais) e segundo o disposto na Lei Orgânica do MPU (escolha do procurador-geral do MPDFT) (art. 128, § 3.º, da CF/1988).

de apreciar o merecimento dos membros para fins de promoção, assim como diversas funções administrativas, como a de fiscalizar a atuação institucional, zelando pelos princípios institucionais. Ao CSMP incumbe a elaboração de listas sêxtuplas para composição de integrantes do MP junto aos tribunais superiores (Quinto Constitucional), assim como emitir disposições de caráter normativo em matéria de sua competência, bem lhe é facultada a emissão de recomendações funcionais aos membros da instituição, resguardando-se a independência funcional dos membros. Entre outras funções, compete ao CSMP estabelecer as normas para realização dos concursos de ingresso na carreira e disciplinar o afastamento dos membros, cabendo-lhe ainda definir os critérios para distribuição de inquéritos e procedimentos administrativos entre os membros do MP. O CSMP constitui-se no primeiro órgão colegiado incumbido de funções executórias, como a revisão de arquivamentos do inquérito civil, solução adotada por outros diplomas legais.[74]

O corregedor-geral do MP é eleito diretamente pelos procuradores de justiça (MP estaduais). No MPU, cada carreira, com sua organização própria, institui seu corregedor por escolha do procurador-geral a partir de lista tríplice do CSMP (LC 75/1993). Entre suas atribuições estão: realizar correição e visitas de inspeção nas promotorias de justiça, assim como realizar inspeções em procuradorias de justiça por autorização ou recomendação do Colégio de Procuradores; avaliar o estágio probatório, propondo a exoneração dos integrantes que não cumpram os requisitos. Em faltas funcionais graves, apuradas por processo administrativo, o corregedor propõe a instauração de procedimento ao procurador-geral de justiça.[75]

As Câmaras de Coordenação e Revisão, organizadas por função ou matéria, estão disciplinadas unicamente para os quatro ramos que integram o MPU. Integradas por três membros, um escolhido pelo procurador-geral e dois pelo Conselho Superior, têm entre suas funções mais relevantes: promover a integração e a coordenação entre órgãos institucionais, ressalvado o princípio da independência funcional; manter intercâmbio com entidades que desempenham atividades afins; pronunciar-se sobre arquivamento de inquérito policial, de inquérito parlamentar ou de peças de informação, salvo em casos de competência originária do procurador-geral; decidir sobre a distribuição de

---

[74] Os diplomas legais a que faço referência são a ação civil pública prevista na Lei 7.347/1985 (art. 9, § 3.º), a Lei 7.853/1989 (art. 6.º), que dispõe sobre os interesses difusos e coletivos de pessoas portadoras de deficiência, a Lei 7.913/1989 (art. 3.º), que trata da defesa de interesses coletivos e difusos de investidores em mercados de valores mobiliários, e a Lei 8.069/1990 (art. 223), que dispõe sobre a defesa de crianças e adolescentes.

[75] «(...) o corregedor é o mesmo órgão que acusa, preside a instrução e, em certos casos, pode até mesmo impor a pena» (MAZZILLI, 2001: 514). Tal procedimento é criticado por Mazzilli, já que feriria o princípio da ampla defesa e do devido processo legal, acumulando funções de acusador, de instrução e de julgamento em um mesmo órgão.

feitos em casos que devam receber tratamento uniforme, assim como decidir sobre conflitos de atribuições entre os órgãos do respectivo ramo do MPU (arts. 62, 103, 136 e 171 da LC 75/1993).

Nos MPs estaduais, as promotorias e as procuradorias de justiça constituem-se em unidades administrativas organizadas em secretarias e cartórios, sem funções executivas propriamente ditas, compostas por membros e funcionários da instituição com o objetivo de propiciar apoio logístico para a atividade-fim de promotores e procuradores de justiça. Aos procuradores de justiça são conferidas as funções de atuar junto à segunda instância (TJs dos Estados), desde que não seja atribuição do procurador-geral, exercendo as funções conferidas por delegação (art. 31 da Lei 8.625/1993).[76]

Em primeira instância, as funções do MP estadual cabem, em regra, aos promotores de justiça e aos promotores de justiça substitutos.[77] Nas carreiras que integram o MPU, salvo o MPDFT, cuja denominação é a mesma dos Estados, as funções correspondem aos cargos de procurador da República (MPF), procurador militar (MPM) e procurador do trabalho (MPT). Em segunda instância atuam os procuradores de justiça perante os TJs estaduais. Procuradores regionais da República (MPF), procuradores regionais do trabalho e procuradores regionais militares atuam junto aos respectivos tribunais de segunda instância (da justiça federal, do trabalho e militar). Subprocuradores-gerais da República (MPF), do trabalho (MPT) e militar (MPM) atuam junto ao STJ, ao TST e ao STM, respectivamente.

Ao longo dos anos houve progressiva expansão dos quadros do MP em todo o País, elevando-se o número de membros e funcionários. Com o crescimento organizacional, cada MP buscou adaptar a estrutura material e humana às novas funções conferidas por diversos diplomas legais e consagradas pela CF/1988. Impulsionou-se, assim, progressiva especialização de promotorias e procuradorias de justiça.

A Lei 8.625/1993, art. 8.º, define os denominados órgãos auxiliares do MP, ressalvando a existência de outros criados pela Lei Orgânica: I – Centros de Apoio Operacional; II – Comissão de Concursos; III – Centro de Estudos e Aperfeiçoamento Funcional; IV – órgãos de apoio administrativo; V – estagiários. Os centros de apoio institucional, consagrados pela Lei 8.625/1993 (art. 33) como órgãos auxiliares da atividade funcional do MP, foram criados em razão de necessidades concretas de estruturas administrativas para auxiliar

---

[76] Ao oficiar nas ações originárias, cíveis ou criminais, os procuradores de justiça estariam atuando em primeiro grau.

[77] A possibilidade de promotores de justiça e procuradores da República atuarem em segundo grau (legitimadas para a propositura de mandados de segurança e *habeas corpus*) está prevista no art. 32, I, da Lei 8.625/1993.

às promotorias de justiça.[78] Malgrado disposição legal, os órgãos de apoio e os estagiários «não são tecnicamente órgãos da instituição, pois não a tornam presente quer em suas atividades-meio, quer muito menos nas atividades-fim do Ministério Público, que são privativas, por força de norma constitucional, de seus órgãos de execução» (Mazzilli, 2001: 542).

Finalmente, a Emenda Constitucional 45, de 31.12.2004, entre outras importantes reformas, criou, além do Conselho Nacional de Justiça, o Conselho Nacional do MP. O órgão, composto por 14 membros nomeados pelo presidente da República, depois de aprovada a escolha pela maioria absoluta do Senado Federal, para um mandato de dois anos, é presidido pelo procurador-geral da República. Também integram o órgão, quatro membros do MPU, três membros dos MPs estaduais, dois juízes (indicados um pelo STF e outro pelo STJ), dois advogados indicados pelo Conselho Federal da Ordem dos Advogados do Brasil (OAB) e dois cidadãos de notável saber jurídico e reputação ilibada (indicados um pela Câmara dos Deputados e outro pelo Senado Federal). Seus componentes devem zelar pela autonomia do MP e pela observância da legalidade administrativa, nos termos previstos constitucionalmente (art. 37 da CF/1988). Incumbem-se, também, do recebimento de reclamações relacionadas ao desempenho das atividades e ao dever funcional de membros e funcionários das respectivas organizações, podendo, inclusive, aplicar sanções administrativas previstas em lei.

A organização Ministério Público: comunicação e premissas decisórias

A análise da trajetória do Ministério Público brasileiro evidencia perfil distinto em relação às organizações congêneres em outros países. Na maioria dos modelos existentes, a hierarquia interna e os vínculos com o Executivo fazem do MP uma das organizações centrais na implementação das políticas criminais. No caso norte-americano, a forma de recrutamento pelo sufrágio e a enorme discricionariedade dos programas condicionais, especialmente em razão do procedimento do *plea bargaining,* evidenciam que os programas condicionais (jurídico) convivem com premissas finalísticas (futuras eleições, repercussão política e *midiática* etc.). A experiência do modelo italiano revela caminho distinto. O insulamento da política, em tese, sugere uma organização mais próxima da codificação e da programação jurídicas (Díez-Picazo, 2000; Di Federico, 1998; Flores Prada, 1999; Guarnieri, 1984 e 1997; Jacoby,

---

[78] Mazzilli refere-se aos centros de apoio operacional, criados na década de 70 no Estado de São Paulo. Inicialmente, foi instituída uma equipe especializada no combate a crimes de roubo. Posteriormente, a experiência foi «exportada» para outras áreas especializadas, concomitantemente ao incremento das funções do MP na defesa de interesses difusos e coletivos, como meio ambiente, infância e juventude, consumidor etc. (Mazzilli, 2001: 543).

1980; Machado, 2007a e 2011; Machado e Moreira, 2011; Pauner Chulvi, 1999; Rassat, 1967; Vellani, 1965).

Ao analisar a peculiaridade do modelo brasileiro, Arantes cunhou a expressão voluntarismo político ao descrever que a atuação do MP depende muito mais das iniciativas individuais e critérios de cada membro da organização. De fato, no modelo organizacional brasileiro, a independência funcional e a inexistência de hierarquia interna possibilitam processos decisórios das diferentes unidades da organização, com escassos mecanismos de controle interno. As políticas institucionais e unidade de atuação mostram-se complexas e não raramente inexequíveis (Arantes, 2002; Cavalcanti, 1999; Machado, 2007a e 2011; Kerche, 2002; Machado e Moreira Júnior, 2011b; Silva, 2000).

O insulamento da política sugere uma organização orientada pela codificação jurídica e, comparada à Polícia Civil, com vínculos muito menores com a Política. As análises empíricas sugerem que as premissas condicionais (constituição e legislação) nem sempre orientam os processos decisórios. As contradições internas e conflitos entre os procuradores-gerais, mais sensíveis às pressões do mundo da política, sugerem que alguns modelos se aproximam mais das organizações polifônicas, nas quais a codificação jurídica coexiste com a codificação política (Andersen, 2003; Arantes, 2002; Machado, 2007a). A diversidade dos modelos internos mostra que a organização MP não é homogênea. Os estudos no campo evidenciam que os desenhos internos relacionam-se a decisões internas marcadas pelas diferentes prioridades, segundo áreas de atuação específicas (Arantes, 2002; Sadek, 2000; Sanches Filho, 2000; Cavalcanti, 1999; Machado, 2007a, 2007b e 2011).

A atuação do Conselho Nacional do Ministério Público também é relevante para compreender a evolução do Ministério Público brasileiro e a reconstrução dos organogramas internos. A atuação disciplinar, supletiva ou complementar à atuação das corregedorias, deve ser objeto de futuras pesquisas. Por outro lado, os projetos inspirados pela unidade de atuação do Ministério Público, tais como o planejamento estratégico e a redefinição de prioridades internas são relevantes, pois influenciam os programas finalísticos do Ministério Público brasileiro. A resolução que disciplina o controle externo da Polícia, referida no Capítulo 4, pode levar à redefinição do organograma interno e à redistribuição de tarefas entre as diversas unidades. O que é relevante para compreender as premissas decisórias das organizações pesquisadas.

A atuação na defesa dos interesses difusos construiu uma semântica diversa na autodescrição desta organização do sistema de justiça; altera-se a imagem histórica do promotor de justiça meramente acusador (Arantes, 2002; Bonelli, 2002; Machado, 2007a, Machado, 2007b; Sadek, 2000; Seidl, 2003). A coexistência de múltiplas e não conflitantes identidades organizacionais levaram a novas estruturas e desenhos institucionais, com organogramas mais complexos e a diversidade de frentes de atuação e prioridades organizacionais. Além disso, o monopólio da ação penal e o controle externo da atividade policial, funções constitucionalmente instituídas, marcam o processo de diferenciação interna do subsistema jurídico-penal. A divisão do trabalho jurídico-penal e o debate sobre o monopólio da investigação criminal pela Polícia sugerem conflitos e disputas, relevantes para compreensão das identidades e semânticas organizacionais.

***

A completa diferenciação entre as atividades de investigação, persecução penal e jurisdição deve ser interpretada com cautela. As diferentes trajetórias das organizações encontradas na Europa Continental, na América Latina e nos Estados Unidos sugerem processos distintos. No Chile, o Ministério Público foi extinto em 1927 por se considerar «dispensável» sua existência em um modelo inquisitivo. As reformas processuais no período de redemocratização buscaram aprofundar o modelo acusatório do processo penal chileno, momento em que o Ministério Público ressurge na Lei Orgânica Constitucional do Ministério Público, de 15 de outubro de 1999 (Duce, 2011: 130-132).[79] Na Inglaterra, a organização recente do *Crown Prosecution Office* afastou a polícia da fase de persecução penal, potencializando o papel do promotor de justiça, profissional com habilidades específicas para atuação perante os tribunais.[80] A experiência de unidades organizacionais complexas, integradas por policiais e promotores de justiça, revela o esforço em repensar o distanciamento entre o Ministério Público e a Polícia, a partir da idealização de novos modelos e paradigmas de atuação. A iniciativa data de 1998 (Comitê Glidewell) e foi pioneira na criação das chamadas Unidades de Justiça Criminal. Por outro lado, em alguns casos, membros do Ministério Público foram alocados em delegacias de Polícia para analisar os relatórios diários com os policiais. Na prática, contudo, em que pesem as experiências positivas do ponto de vista da agilidade do fluxo dos procedimentos, na prática a Polícia exerce poder incontestável pois as persecuções penais dependem da

---

[79] Conferir a discussão sobre o tímido papel desempenhado pelo Ministério Público na América Latina ao longo do século XX e o debate sobre os vínculos que deveriam existir com o Executivo ou Judiciário (Duce, 2011: 128-132).

[80] «Antes da criação, na década de 1980, do Ministério Público inglês, a Polícia e o diretor do Ministério Público (*Director of Public Prosecution* – DPP) eram responsáveis pelas ações penais. A Polícia se ocupava das ações rotineiras, enquanto o Ministério Público cuidava dos casos de assassinato, de segurança nacional, de delitos cometidos por autoridades públicas e por policiais. Em outras palavras, a Polícia se encarregava da maior parte das ações» (Verhage e Ponsaers, 2011: 129).

iniciativa da Polícia, que resiste ao controle de suas atividades (Verhage e Ponsaers, 2011: 129-142).

A experiência de unidades complexas, com membros de diferentes organizações, sob a coordenação de um membro da organização principal, não é novidade. Em pesquisa anterior analisei a trajetória da Promotoria Anticorrupção na Espanha e as modificações implementadas na estrutura organizacional a fim de potencializar o perfil investigador do Ministério Público, coordenando diretamente as investigações e, muitas vezes, informalmente, dirigindo a instrução, embora sob a presidência formal do Juiz instrutor. Neste caso, as premissas decisórias foram reformuladas a partir de novo organograma e estrutura hierárquica. Os procedimentos previstos na LECrim (*Lei de Enjuiciamiento Criminal*), especialmente a tradição do Juizado de Instrução, são colocados em debate não apenas pela reflexão teórica e tendências do processo penal europeu continental (Alemanha, Itália, Portugal), mas também pelas novas possibilidades para atuação em casos complexos que requerem estruturas especializadas e modelos que contemplem a cooperação entre organizações diversas (Machado, 2007b: 303-360).

Pesquisas recentes colocam em evidência a fragilidade dos processos de insulamento das organizações e as tensões com a política. Na França, aponta-se que construção de formas de atuação conjunta entre policiais e promotores de justiça depende de contextos locais e do respeito de esferas de autonomia dos atores envolvidos. A pressão das estatísticas divulgadas pelas secretarias de segurança pública e a necessidade de rearticulação das políticas criminais mostram-se, porém, determinantes para compreender as transformações das interações entre os membros de distintas organizações em face do ruído produzido pelo sistema político (Mouhanna, 2004). Na Itália, o insulamento profissional da magistratura do Ministério Público, resultado de décadas de aproximação com o Judiciário também é objeto de discussão e o modelo é questionado na arena política. Diante da dificuldade e resistências para alteração do modelo legal, o fortalecimento da Polícia surge como estratégia para o controle indireto das atividades do Ministério Público e do Judiciário (Vogliotti, 2004).

No Brasil, a diferenciação interna do subsistema jurídico penal, impulsionada pelos processos de organização e profissionalização, mostra a persistência de tensões entre as organizações que participam da divisão do trabalho jurídico-penal. Existem diversos exemplos de contextos de conflitualidade e a referência pode ser apenas anunciada neste momento. O debate sobre a possibilidade de a polícia representar perante o Judiciário por medidas cautelares gera insatisfação em parte de membros do Ministério Público, que interpretam a persistência da prática como violação ao monopólio da ação penal. Pesquisas apontam, também, que a rejeição do modelo do juizado de instrução no Código de Processo Penal, reafirmando-se o modelo do inquérito policial, não levou, contudo, à extinção da figura do juiz investigador. Exemplos desse resquício: o foro privilegiado para os magistrados pressupõe a investigação dos fatos por magistrado do respectivo tribunal de justiça; o art. 43 do Regimento Interno do STF prevê a competência do presidente da corte para instaurar inquérito em casos de competência originária ou mesmo crimes praticados nas dependências da casa; finalmente, a previsão, excepcional, no art. 307 do CPP, de que o magistrado possa lavrar auto de prisão em flagrante (Andrade, 2011: 36-41).

CAPÍTULO 3

ORGANIZAÇÕES, SISTEMAS DE INTERAÇÃO E A DIVISÃO DO TRABALHO JURÍDICO-PENAL: DISCURSOS SOBRE O INQUÉRITO POLICIAL

«O canário, movendo a um lado e outro, esperava que eu lhe falasse. Perguntei-lhe então se tinha saudades do espaço azul e infinito.

– Mas, caro homem, trilou o canário, que quer dizer espaço azul e infinito?

– Mas, perdão, que pensas deste mundo? Que cousa é o mundo?

– O mundo, redarguiu o canário com certo ar de professor, o mundo é uma loja de belchior, com uma pequena gaiola de taquara, quadrilonga, pendente de um prego; o canário é senhor da gaiola que habita e da loja que o cerca. Fora daí, tudo é ilusão e mentira.»[1]

O inquérito policial tem um significado importante na construção das relações jurídico-penais no Brasil (Beato Filho, 1999; Bonnelli, 2003b; Cavalcanti, 2003; Holloway, 1997; Lima, 2003; Machado, 2007a, 2007b e 2011; Misse, 2010; Sadek, 2003; Sanchez Filho, 2000; Souza, 2003; Souza, 2010). Em outras tradições, foram idealizados modelos distintos, outras organizações e atores entraram em cena, novos papéis foram assumidos. A autopoiese das organizações, resultado de processos de diferenciação funcional,

---

[1] «Ideias do canário», Machado de Assis (disponível em 05.03.2013: http://www.bibvirt.futuro.usp.br).

sugere, contudo, formas de integração ou articulação, pois os programas do sistema jurídico definem e designam atores para tarefas específicas, disciplinam procedimentos e formas de atuação (Seidl, 2003: 130). Tal articulação, embora frouxa, é maior que a proposta pelo modelo de redes (Hagan *et alii*, 1979).

O modelo de investigação sob a presidência do juiz instrutor, hoje em declínio, seguindo a experiência francesa, propiciou relações mais próximas entre o Judiciário e a Polícia. Na medida em que os modelos são modificados e o promotor de justiça assume o papel instrutor, deparamos com novos cenários, novos dramas (Machado, 2007b e 2011). Na Inglaterra, a Polícia assumiu tradicionalmente um papel protagonista na investigação. A sua tarefa prosseguia até o oferecimento da ação penal, em um modelo em que o policial não se despia da farda ao assumir a toga. As mudanças recentes no modelo inglês sinalizam uma diferenciação interna do subsistema jurídico-penal, no qual o MP assume um papel mais relevante (Jackson, 2011: 147-180; Verhage e Ponsaers, 2011: 127-146).

No caso brasileiro, o processo de diferenciação do sistema jurídico, assim como o processo de diferenciação interna do sistema jurídico em subsistemas, acentuou a interação entre organizações que tradicionalmente estiveram vinculadas ao sistema político (Polícia, MP) com organizações típicas do sistema jurídico (Machado, 2011: 277-282; Luhmann, 2005 e 2010).

No Brasil, antes da criação do inquérito policial, investigar e julgar eram tarefas afetas ao magistrado, o que dificultava a diferenciação interna do subsistema jurídico-penal. A clara separação entre funções e profissionais incumbidos de investigar e julgar, em 1871, concorre para a construção de um *ethos* próprio: o *ethos* policial (Bonneli, 2002; Costa, 2004; Holloway, 1997; Machado, 2011; Souza, 2003; Souza, 2010). A redefinição dos papéis propiciada pela idealização de um novo modelo promove a *ressignificação* de práticas e dos papéis.

Na divisão social do trabalho policial, as hierarquias são construídas a partir de técnicas – saberes-poderes, no sentido *foucaultiano* –, e saberes acumulados e transmitidos no interior do grupo, conformando a expertise policial, difundida e reproduzida nas academias de Polícia como teoria e técnica da investigação. A legitimação interna e em relação ao público e demais organizações associa-se à busca da verdade, a verdade policial (Lima, 2003: 241-256).

A criação da figura do delegado de Polícia, profissional da mediação entre o *ethos* policial e o mundo do direito, consolidou novas práticas e interações entre distintos atores (Bonnelli, 2003b; Sadek, 2003; Souza, 2003 e 2010).[2]

---

[2] A análise da história do MP brasileiro sinaliza também aproximação do Judiciário (Machado, 2007a e 2007b).

Cada ator que participa do processo de produção da verdade policial investe e valoriza o desempenho das funções. Como se cada ato formalizado, carimbo, redução a termo de entrevistas, interrogatórios, fossem peças articuladas desta engrenagem. Os documentos que materializam as decisões da organização policial (conclusões, verdades) fazem parte desse universo.

O paradigma sistêmico sugere novas possibilidades de pesquisa empírica das organizações do subsistema jurídico-penal. O giro mais importante é a compreensão das organizações como sistemas que comunicam por meio de decisões. Cada decisão permite a redução de complexidade e novas decisões. As organizações também estão inseridas nos processos de diferenciação funcional, e tendem a assumir a codificação dos distintos sistemas com os quais revela proximidade (Luhmann, 2005, 2007, 2010).

Este parece ser o caso paradigmático do sistema jurídico e sua diferenciação interna em tribunais. Não é descabido, porém, falar-se em organizações polifônicas, na hipótese em que a codificação organizacional orienta-se por mais de um sistema social (Andersen, 2003). De outro ângulo, embora as pessoas (sistemas psíquicos) não sejam o foco principal de análise, os diversos sistemas de interação que eventualmente surgem nas organizações e entre membros de diversas organizações constituem em objeto que não deve ser desconsiderado, pois as interações organizacionais podem repercutir diretamente nas decisões das organizações (Seidl, 2005: 145-170). Assim, os sistemas de interação permitem adensar o conhecimento de premissas decisórias, tais como a cultura organizacional.

Neste capítulo analiso, sob o enfoque organizacional-sistêmico, as representações sociais de membros de distintas organizações do subsistema jurídico-penal em relação ao inquérito policial. Para análise dos discursos utilizo o material empírico produzido a partir dos grupos focais (GF) – sistemas de interação na abordagem sistêmica (Luhmann, 2007: 643-645; Luhmann, 2010: 45) –, realizados no Distrito Federal com magistrados, promotores de justiça, delegados de Polícia e agentes de Polícia.

1. ORGANIZAÇÕES DO SUBSISTEMA JURÍDICO-PENAL: AS RELAÇÕES EM TORNO DO INQUÉRITO POLICIAL

1.1 O transcorrer da pesquisa empírica

Entre 2008 e 2009, a convite da Federação Nacional de Policiais Federais, foi realizada pesquisa empírica sobre o inquérito policial no Brasil, selecionando-se unidades de investigação em cinco capitais brasileiras: Belo Horizonte, Brasília, Recife, Porto Alegre e Rio de Janeiro. A pesquisa utilizou-se de metodologias quantitativas e qualitativas e contou com coordenadores vinculados a distintas universidades, em cada local selecionado para a investigação: Michel Misse no Rio de Janeiro; Arthur Costa em Brasília; Joana Domingues Vargas em Belo Horizonte; José Luiz Ratton em Recife; Rodrigo G. de Azevedo em Porto Alegre (Misse, 2010: 15-16).

Entre os achados das pesquisas realizadas nas referidas capitais brasileiras, destaco: o descompasso entre as rotinas de policiamento preventivo das Polícias Militares e a investigação realizada pelas Polícias Civis; o conflito constante entre o «saber dos tiras» ou «saber policial investigador» e o «saber dos delegados de Polícia». Em alguns estados, foram reiteradas as críticas à rotatividade de policiais e delegados e às interferências políticas. Além disso, há baixa capacidade de elucidação de crimes graves, o que contrasta com o excessivo zelo em relação às exigências cartorárias e à formalização dos procedimentos de investigação (Misse, 2010: 16-18).

No Rio de Janeiro, a experiência das centrais de inquéritos instituída pelo MP/RJ não produziu exatamente uma melhora nas relações entre Polícia e promotores de justiça. Alguns dos delegados criticam a referida iniciativa e insistem em remeter os autos à Justiça. Policiais e delegados de polícia criticam também que os promotores não dominariam técnicas de investigação e que não conheceriam sequer a realidade das delegacias, muitas vezes requisitando o inviável. Os promotores de justiça, por outro lado, reclamam que os delegados são passivos e esperam as promoções do MP (Misse, 2010: 65-68).

Na pesquisa realizada em Belo Horizonte, as percepções dos sujeitos da pesquisa sugerem desarticulação entre as atividades de policiais/ delegados e promotores de justiça. Os delegados aludem ao afastamento do MP da investigação, limitando-se a ratificar o trabalho policial. O relacionamento seria estritamente protocolar, marcado pela disjunção entre as formas de atuação das duas organizações, o que não decorre da suposição de boa-fé e confiança recíprocas. Ao contrário, as entrevistas revelaram críticas mútuas entre os membros das referidas instituições (Vargas, 2010: 102-190).

Na fala dos delegados há uma certa amargura ao referir-se aos promotores de justiça como «bem nascidos», os quais teriam tido todas as condições, mas pouco contato com a dureza da vida, sugerindo discurso marcado por *ethos* sociais distintos. Os agentes criticam o papel dos delegados, algumas vezes representado como «rainha da Inglaterra» do inquérito policial, pois quem decide é o promotor (Vargas, 2010: 173-176). Entre os promotores de justiça, algumas das falas remetem à suposta perda da centralidade do inquérito policial. Tal mudança é avaliada positivamente, e descrita como passagem de um «Estado policialesco» para um «Estado de garantias» (Vargas, 2010: 181). Avalia Vargas que as relações de desconfiança e a conflituosidade entre polícia e MP preocupa pois são organizações interdependentes. Deveria ser buscada a relação de confiança entre policiais, promotores de justiça e juízes pois a aproximação poderia levar à diminuição dos trâmites burocráticos (Vargas, 2010: 185).

A pesquisa realizada em Recife sugere conflitos entre delegados e promotores de justiça. A devolução do inquérito para o prosseguimento das investigações gera reações «pouco amistosas» entre os policiais. Estes ressentem da falta de compreensão da investigação e das condições de trabalho dos policiais (Ratton, 2010: 290-292).

Entre os delegados entrevistados em Porto Alegre, há uma crítica generalizada à forma como se pretenderia realizar o controle externo. Além disso, o foco das investigações do MP estaria associado à projeção na mídia, deixando os casos rotineiros para a polícia. O controle externo é retratado como deficiente e burocrático, descuidando de um foco mais amplo, como a implementação de políticas públicas por meio de ações civis que dotassem a polícia de melhores condições e estrutura (Azevedo, 2010: 360-367).

1.2 O fluxo do inquérito policial no Distrito Federal: regularidades, divergências e construção jurídica

No Distrito Federal, a pesquisa compreendeu diferentes metodologias e etapas. Inicialmente, foram realizadas etnografias em uma delegacia de Polícia. Em seguida, analisou-se o fluxo do inquérito policial em homicídios. Finalmente, foram realizados grupos focais com agentes da Polícia Civil, delegados da Polícia Civil, promotores de justiça e magistrados (Costa, 2010: 210-236). Os grupos focais com cada categoria profissional foram assim distribuídos: 9 promotores de justiça; 7 juízes de direito; 6 delegados de Polícia; 6 agentes de polícia.

Na pesquisa coordenada por Costa, a partir de análise longitudinal do fluxo dos inquéritos policiais pela prática de homicídios dolosos, constatou-se que foram registrados 556 homicídios no DF em 2004, dos quais 311 originaram procedimentos judiciais, e 87 constam nos arquivos do TJDF.

Do total identificado nos arquivos do TJDF, 64 originaram inquéritos policiais por portarias e 23 por auto de prisão em flagrante. Desse total, 68 foram denunciados pelo MP, o que levou a 49 sentenças de pronúncia e encaminhados ao tribunal do júri. Entre os pronunciados, 22 receberam sentença condenatória final (Costa, 2010: 221-230). Costa analisa que apenas 25,3% dos inquéritos concluídos pela polícia resultaram em condenação, o que sugere reflexões sobre as interações da polícia com outros atores do sistema penal, especialmente o promotor de justiça e o juiz (Costa, 2010: 223).

A análise quantitativa evidencia mais que decisões comunicadas por organizações distintas. Sugere processos interpretativos na construção jurídica dos fatos, o que justifica aprofundar o conhecimento da cultura organizacional das organizações do subsistema jurídico-penal.

Na pesquisa realizada no DF, identificou-se pouco contato entre policiais e magistrados. Entre estes, a reclamação generalizada é a falta de comprometimento daqueles com os processos iniciados pelas investigações policiais. Os contatos entre promotores e delegados seriam «distantes e formais». Apenas nas delegacias e promotorias especializadas os contatos seriam mais frequentes. Nestas, os casos seriam resolvidos com padrões probatórios que atenderiam às demandas (Costa, 2010: 231).

Neste artigo optamos por analisar os discursos dos atores das organizações selecionadas na pesquisa.[3] Se a pesquisa quantitativa aponta razoável divergência na construção jurídica dos fatos, argumentamos que isso se deve a distintos fatores, organizacionais e profissionais. As trajetórias das organizações analisadas e a cultura profissional favorecem o insulamento destas organizações do sistema político (Bonneli, 2002, 2003a; Machado, 2007a, 2007b e 2011).

2. OS GRUPOS FOCAIS (GF) COMO SISTEMAS DE INTERAÇÃO: DISCURSOS SOBRE O INQUÉRITO POLICIAL

Do material empírico produzido durante a pesquisa, selecionamos as representações sociais a partir dos grupos focais realizados em Brasília. Sob o enfoque sistêmico, cada grupo focal deve ser analisado como um sistema de interação concreto (Luhmann, 2007: 644-647). Do ponto de vista metodológico, analisamos o discurso de profissionais que integram diferentes organizações do sistema de justiça criminal.

Cada grupo focal (GF) configurou, assim, um sistema de interação composto por integrantes de uma única categoria profissional e os pesquisadores responsáveis pela condução da interação. Por constituírem sistemas de interação, a presença/ ausência orienta as comunicações. A análise dos discursos que emergem dos referidos sistemas de interação são relevante para adensar o conhecimento das organizações envolvidas, pois revelam mitos (e valores) e desvendam parte da cultura organizacional (premissa decisória).[4]

---

[3] Agradecemos a Arthur Costa o acesso à íntegra do material da pesquisa, especialmente a documentação referente aos grupos focais. Ressalto que acompanhei diretamente a realização de alguns dos grupos focais.

[4] Conferir, especialmente, a relevância das interações para a auto-organização e, em especial, as relações complementares entre organizações e interações (Luhmann, 2010: 296-297). A transformação das tarefas organizacionais em cultura relaciona-se aos programas de decisão (Luhmann, 2010: 299-300).

2.1 O poder de papel e os papéis do poder: imagens sobre o relatório final[5]

Se as organizações comunicam por meio de decisões, estas, em regra, se concretizam em documentos e relatórios. A produção do inquérito policial sugere a comunicação por meio de decisões de diferentes organizações do sistema de justiça criminal. Os relatórios produzidos pelos membros da organização policial consubstanciam decisões organizacionais. Por meio de decisões há uma redução de complexidade e possibilitam decisões subsequentes.

O relatório preliminar das Seções de Investigação Preliminar, elaborados pelos agentes de Polícia, é parte importante na construção da verdade policial. O relatório final, sob responsabilidade do delegado de Polícia, encerra a formalização dos atos cartorários que buscam verossimilhança com a prática judicial. Simbolicamente, representaria o momento em que o saber jurídico encamparia o saber policial; a verdade policial ganharia contornos jurídicos. A autoridade e o poder de definição jurídica do fato aproximam-se do que Bourdieu sugere como poder de nomeação no campo jurídico-penal (Bourdieu, 2001). Nas falas de agentes de Polícia, delegados de Polícia e promotores de justiça, algumas destas questões aparecem repetidamente.

O relatório final aparece na imagem descrita pelos delegados de Polícia como «espelho da denúncia». Sob um enfoque sistêmico, o relatório cristaliza decisão organizacional que busca traduzir a investigação policial à codificação jurídica (Luhmann, 2005; Luhmann, 2010). A simbologia do espelho tem uma dimensão importante para os delegados de Polícia. O relatório constitui-se na materialização da decisão final em relação à investigação. Comunica-se a verdade policial. Além disso, tem outra dimensão relevante sob o enfoque comunicativo. A verdade policial seria reconstruída sob o prisma do direito como meio de comunicação simbolicamente generalizado:

> «Delegado 5 – O que faz um relatório de delegado bom? Digo isso porque o que faz o relatório de um agente é indicar quem foi, e como que ele chegou ali, porque que ele... o que faz um bom relatório de delegado é ele conseguir transformar o mundo dos fatos numa linguagem jurídica. Então, nesse sentido, o delegado tem o papel eu diria, tem, ele tem um papel transcendental. Um bom relatório consegue fazer a costura entre o que foi apurado e o que é necessário *pra* fundamentar uma boa denúncia, ou seja... na verdade, um bom relatório é o espelho de uma boa denúncia. (...)
>
> Delegado 2 – Você pode ter uma situação em que o relatório aponta autoria, dá as razões pelas quais o investigador *tá* convicto de que o autor foi aquele, e o trabalho do inquérito e do delegado é transformar aquela verdade em algo

---

[5] Aludimos aqui à interessante análise elaborada em etnografia sobre a Polícia mexicana (Azaola Garrido e Ruiz Torres, 2009).

> juridicamente verdadeiro. Então muitas vezes o agente não consegue fazer essa transposição. (...).»

Essa visão contrasta com a avaliação dos promotores de justiça. O relatório policial seria uma formalidade que muitas vezes prejudicaria a proposição da ação penal. Anteciparia conclusão jurídica muitas vezes descabida, atrapalhando o trabalho do promotor de justiça na fase judicial. Nos relatos dos promotores de justiça, aparece também a construção subjetiva das hierarquias entre as organizações do subsistema jurídico-penal. O inquérito teria um papel auxiliar, funcional para a ação penal, e deveria ser estritamente informativo. A definição jurídica seria atribuição do MP:

> «Promotor 1 – Relatório de inquérito pra gente é algo praticamente inútil. Concordam com a afirmação que eu *tô* fazendo? O que a gente precisa, como promotor de justiça no inquérito, não é de uma síntese daquilo que aconteceu. A gente precisa de informação. Então: a testemunha viu ou não viu? Você *tava* lá? Eu tenho arma apreendida? (...)
>
> Promotor 3 – Na verdade, só *pra* gente não perder o foco do caso, que embora os delegados não gostem disso, os relatórios só nos atrapalham.
>
> Promotor 4 – [riso] ... Porque visto em regra, eles exteriorizam opinião pessoal, principalmente nos crimes dolosos contra a vida, no tribunal do júri serve *pra* todo tipo de argumento, não é? (...)
>
> Promotor 5 – (...) Mas no tribunal do júri, é mais delicado. Se você tem um relatório de um delegado dizendo "olha, foi homicídio privilegiado". E ai que o promotor vai oferecer "não, isso aqui é homicídio qualificado". (...)
>
> Promotor 3 – E como o delegado é o homem mau do sistema, se ele já foi gentil, imagina o que posso ver no papel...»

Na avaliação recíproca sobre os papéis desempenhados por diferentes membros da organização policial, a função do agente de polícia também surge nos discursos documentados nos diferentes sistemas de interação deflagrados pelos grupos focais. Nos relatos é possível identificar o significado dos atos cartorários para os distintos sujeitos da pesquisa. As relações estabelecidas entre os atores que se encontram durante a investigação policial, seja cara a cara ou pela produção de atos e formalização de documentos (comunicações por meio de decisões), evidenciam os limites entre o saber dos tiras e o saber jurídico.

A atividade desempenhada pelo agente de polícia aparece na fala dos promotores como útil para a «busca da verdade real». Sob o enfoque organizacional, as decisões policiais (comunicação) são avaliadas por membros de outra organização (MP) como relevantes para a teleologia do processo penal. Em términos sistêmicos, reduzem a complexidade e permitem outras decisões. Os agentes de polícia, por outro lado, sentem-se valorizados ao identificar que o mundo do direito aceitou a «verdade policial», ainda que de forma provisória. A comunicação da organização MP por meio de uma decisão concreta, o oferecimento da denúncia, depende, em regra, de decisões anteriores de outras organizações.

A divisão do trabalho entre os membros da organização policial sugere, assim, significados distintos para os agentes de polícia:

> «Agente 3 – Pro delegado sugerir a prisão preventiva. O delegado sugere a busca e apreensão, uma escuta, e nesse sugerir a gente vai por fora, conversa, por fora eu digo assim, a gente faz o trabalho da autoridade policial, às vezes ela não tem um tempo ali *pra* fazer. Vai conversar com o promotor de justiça: «Promotor, a investigação é essa, essa e essa eu vi tudo, tal, tal». Então, a gente parte das nossas impressões, conversa, ou seja, a gente faz o trabalho todo (...).
>
> Agente 4 – Tanto é que, quando ele pega o inquérito, ele pega o processo, ele chega lá no relatório, vê quem produziu, eu vejo quem é essa pessoa, coloco uma testemunha. Eu lembro de uma prisão, que a gente foi chamado, eu e meu parceiro, quando chegamos na audiência e o promotor leu a denúncia, todas as linhas da denúncia era o relatório que a gente fez. Eram 11 pessoas denunciadas. A denúncia dele era o relatório que a gente fez.»

2.2 Polícia e Ministério Público: redefinindo os papéis do delegado de Polícia e do promotor de justiça

A experiência brasileira mostra que o papel do delegado de Polícia no inquérito policial decorre de peculiaridades históricas. Parte da literatura refere-se à *advogadização* da profissão delegado de Polícia (Beato, 1999; Souza, 2003, 2010). O rótulo remete a um profissional da área jurídica que assume a direção da investigação policial. O que se explica não apenas pelo modelo anterior, em que a presidência cabia a um funcionário que acumulava funções policiais e jurisdicionais, mas também pelo peculiar papel que lhe é atribuído (Holloway, 1997; Souza, 2003 e 2010).

Em pesquisa com a Polícia Civil do Rio Grande do Sul, Hagen sugere que o conhecimento jurídico permite aos delegados de polícia o diálogo em pé de igualdade com promotores de justiça e juízes. Apesar disso, os delegados encontram-se em relação de subordinação, pois o seu trabalho pode ser determinado por aqueles (Hagen, 2005: 59-65). A autora expõe as angústias e insatisfações dos delegados em relação ao Ministério Público e à Brigada Militar. As imagens que surgem no discurso dos policiais civis em relação aos policiais militares é a de superioridade dos civis. Os militares seriam «ignorantes», disciplinados militarmente, ao passo que os civis seriam «espertos», menos disciplinados. Os promotores são acusados de pretender ocupar o lugar do delegado de polícia. Por outro lado, o judiciário nem sempre ajudaria no trabalho policial (Hagen, 2005: 359-370).

Sob a ótica sistêmica, o delegado de Polícia aparece como profissional da tradução – a tradução do saber policial aos códigos do subsistema jurídico-penal. Entre os profissionais das organizações pesquisadas, o papel e importância desse funcionário está longe de ser unânime. No sistema de interação com os delegados de Polícia, a relevância do papel do delegado como membro da organização policial aparece nas representações do profissional como responsável pela conexão entre o saber «dos tiras» e o saber jurídico. Os delegados valorizam a sua importância como gestor da investigação. O profissional que domina a técnica jurídica. Além disso, próximo do dia a dia da delegacia, do saber dos tiras e da investigação:

> «Delegado 3 – A diferença seria que o delegado, ele – uma expressão muito usada na doutrina de Portugal – é o motor de arranque do processo. (...) Mas ele trabalha a investigação inquirindo, indagando, *pra* descobrir o que, como, quando, onde, trazer esses elementos. O Ministério Público não. A função dele é deflagrar a ação penal, a partir dessas informações. (...) Então o modelo brasileiro foi criado com essa função, dois bacharéis em direito. (...)
>
> Delegado 5 – Na prática, eu vejo a persecução criminal como uma corrida de bastão. Não vou discutir a importância de um ou de outro. O fato é que você pode mudar o nome de inquérito pra qualquer outra coisa, você pode mudar o nome do delegado, mudar os atores, mas não tem, independente dos atores que estão em questão, ou da nomenclatura que se utiliza, não tem como começar um processo criminal em juízo sem uma instrução prévia, uma investigação preliminar. Então eu acho que muitas vezes a gente perde muito tempo com discussões estéreis, por quê? (...)
>
> Delegado 3 – (...) como os dois são juristas, eu entendo o seguinte, o delegado de polícia *tá* mais próximo dos fatos, mais próximo da equipe policial, ele sabe mais da realidade fática da situação. O delegado de polícia acompanhou mais de perto a investigação, fez um papel fiscalizador dentro daquela investigação, de tal forma que ele acha que ela já tem subsídios para uma denúncia. E dentro do aspecto especializado, muitas vezes o promotor não tem aquele conhecimento que o delegado de polícia tem por ter capacitação técnica e específica para aquela investigação.»

No sistema de interação com os magistrados, aparecem distintas imagens sobre o papel do delegado de Polícia. Entre os magistrados, o papel do delegado evidencia divergência sobre as funções que este servidor público deve desempenhar. O papel de presidência do inquérito policial não é associado exclusivamente ao delegado. Em outras palavras, a tradução do saber dos tiras aos códigos do sistema jurídico poderia ser feita pelo promotor de justiça. Há quem entenda que o promotor de justiça deveria assumir a função do delegado; outros divergem. O promotor não estaria preparado para isso. As funções seriam outras, a capacitação requereria técnicas que ele não disporia:

> «Juiz 1 – (...) Eu acho que nós precisamos mudar várias coisas no sistema penal em geral, desde a investigação até o processo, até a área penitenciária

mesmo, depois, de execução da pena. Mas eu acho que tem muitos, muitos agentes nessa história. Eu acho que a figura do delegado de polícia, numa reforma, [pode] ser condensada na figura do promotor. Os delegados não gostam quando ouvem isso, os promotores odeiam quando ouvem isso, mas o ponto que nós estamos caminhando, a figura do delegado *tá* ficando absolutamente desnecessária.

Juiz 4 – de jeito nenhum, não...

Juiz 1 – O meu pai é delegado de polícia aposentado... outra coisa, duas polícias não dá certo. Tem que unificar essas polícias e ver o que há de melhor numa e outra, e aproveitar. Mas não dá *pra* ter duas polícias, não dá *pra* ter...

Juiz 2 – Eu acho que o MP não *tá* preparado *pra* assumir. Eu acho que isso vai acabar desvirtuando a própria distinção do MP.»

Entre os promotores de justiça predomina a visão de que o delegado «estaria sobrando», pois o promotor de justiça deveria assumir a direção da investigação. A Polícia não estaria preparada para a investigação de determinados crimes, tais como os praticados contra a administração pública. Os relatos sugerem corporativismo da Polícia, e ressentem que não haveria nenhum indiciamento pela prática de tortura no Distrito Federal. Porém, as falas revelam autocríticas. O promotor de justiça não estaria cumprindo a função fiscalizadora do inquérito policial.

«Promotor 5 – Existe uma superposição de atribuições.

Promotor 3 – De fato há uma superposição. Eu diria hoje o Brasil é o único país que tem essa figura esdrúxula que é a do delegado. Não existe nenhum outro país no mundo que tem uma figura como é a do delegado brasileiro. (...)

Promotor 2 – A pergunta é qual é a diferença do promotor para o delegado. Eu penso que o cerne está na diferença das instituições em que eles são formados. A instituição MP, ela permite ao promotor de justiça uma maior visão da autonomia na sua prática. O promotor e o delegado são produtos dessas instituições, então a diferença é do ponto de vista institucional. (...)

Promotor 6 – Ai da sociedade se tudo que vem da polícia fosse oficializado. Ai da sociedade, ai dos direitos humanos, ai do Estado democrático de direito se as garantias constitucionais não fossem do MP. O grande filtro hoje é o MP.

Promotor 5 – A sobreposição a que eu me referi foi a seguinte: qual é a função do delegado dentro do inquérito policial? É coordenar o rumo dado à investigação. (...) O que o promotor deveria fazer na hora que ele recebe o inquérito? Ele analisa, ele vê: "as informações que tem já são suficientes? Não, não são." Então ele requisita o retorno dos autos à delegacia de polícia, "eu requisito que se faça isso, que se faça isso, que se faça isso". Isso é o que o promotor deveria estar fazendo.

Promotor 3 – Isso é excepcional. Olha só, nós temos a seguinte situação. Material humano é o mesmo. Então não existe diferença ontológica entre o delegado e o promotor, que é o mesmo material humano. Existe a cultura insti-

> tucional que os encaminha para posições diferentes (Promotor 2: concorda). Em segundo lugar, a regra é que as investigações fluem naturalmente. As equipes são comandadas... Nesse sentido se chamar delegado, se chamar promotor ou qualquer outra coisa, alguém que se sai no corpo-a-corpo com os agentes. Então isso não vai desaparecer. O gestor da investigação. (...)
>
> Promotor 3 – (...) Se nós continuarmos titulares da ação, obviamente quem pode conduzir em juízo é a instituição. Se o delegado for capaz de compreender esse papel, tudo o mais, a gestão da investigação, a coleta inicial de provas, essas coisas, não existe dentro do mundo algo diferente. O modelo português é que o Ministério Público determina o que se faça e se faz. Agora, ele não sai à rua, não organiza equipes, não escala pessoas para fazer, não viabiliza material...»

2.3 Presidir a investigação

Pesquisas realizadas mostram que o monopólio da investigação é um dos focos de atrito entre promotores de justiça e delegados de Polícia. Estes ressentem das investidas do MP em área tradicionalmente ocupada pela Polícia (Bonnelli, 2003b; Cavalcanti, 2003; Machado, 2007a, 2007b, 2011; Sadek, 2003; Sanchez Filho, 2000). As críticas também se dirigem às «intromissões indevidas» da Polícia Militar. Nas falas dos delegados, ambos não teriam capacidade para investigar (Hagen, 2005). A formação policial civil, as técnicas e experiências acumuladas, bem como as práticas conformariam o «saber da Polícia Judiciária». A diferenciação da função policial investigativa no século XIX levou à aproximação desta organização do sistema político (Costa, 2004; Holloway, 1997; Souza, 2003). Os vínculos históricos com o Executivo, as pressões políticas e das elites locais, os déficits de organização e profissionalização, assim como a atividade desempenhada, coloca em tensão a investigação de determinados crimes com o papel tradicional da polícia, de manutenção da ordem, de exercício da violência legítima pelo Estado.

Nos sistemas de interação com os distintos membros das organizações pesquisadas, as representações sociais sugerem diferentes percepções e imagens sobre temas concretos relacionados ao inquérito policial. Os relatos sinalizam pistas sobre premissas decisórias (cultura organizacional) que permitem adensar o conhecimento sobre a forma de comunicação das organizações que participam da definição jurídico-penal (Luhmann, 2005, 2007, 2010).

2.4 Que crimes queremos investigar?

Pesquisa recente sobre a Polícia Federal no Brasil analisa o surgimento e consolidação do que é descrito como «elite» da Polícia brasileira. Ao contrário da imagem tradicional da polícia voltada contra as classes menos privilegiadas, a Polícia Federal viria ocupando as páginas dos principais jornais no Brasil pela atuação na repressão da corrupção e do crime organizado (BAJOTTO, 2009).

Nas falas dos promotores de justiça uma das questões recorrentes é a falta de independência da Polícia. A sua organização e concepção original estariam voltadas à investigação dos delitos tradicionais, mas não estaria preparada para a investigação de crimes de colarinho branco. Na autoavaliação dos promotores, o MP ocuparia, então, este espaço, e teria mais condições (insulamento do político) para conduzir tais operações. Mas, longe de prescindir da Polícia, aparece a necessidade de usar a estrutura policial para investigar. A falta de experiência na investigação também não é desconsiderada.

> «Promotor 4 – Em um determinado momento o Ministério Público passou a investigar determinadas condutas...
>
> Promotor 5 – E esse é um ponto de atrito gigante...
>
> Promotor 4 – O Ministério Público resolveu criar instrumentos fortes para investigar determinadas coisas. Temos as operações citadas... Mas nós também temos as nossas operações. E as nossas operações, como elas estão sendo conduzidas? Eu acho que discutindo as operações dos delegados nós podemos refletir sobre as nossas próprias operações. Será que nós temos também condições, estamos preparados para investigar? Eu não sei. Porque a nossa formação não é essa. (...)
>
> Promotor 3 – Eleger o que investigar é poder. É a maior moeda política que a polícia tem a oferecer aos governantes toda vez que tomam posse. (...)
>
> Promotor 5 – A polícia fala assim: "vocês não querem investigar o caso do ladrão de galinha...". Vocês só querem investigar quando vai para o Jornal Nacional...
>
> Promotor 4 – Eu vou dar um exemplo aqui que é bem do senso comum: é como se passasse uma linha aqui nessa mesa. Daqui para lá é a polícia, daqui para cá nós resolvemos criar um sistema de investigação próprio. E por que fazemos essas coisas? A gente tem o controle da atividade policial, a gente é o autor da ação penal... E a gente sabe que o delegado não tem formação para investigar um crime, por exemplo, contra administração pública. Você acha que um agente da polícia vai entrar dentro da secretaria para apreender alguma coisa? Nunca!
>
> Promotor 6 – E ai da sociedade se não fosse assim. A polícia hoje não tem um indiciamento de caso de tortura no DF.»

Os relatos dos promotores de Justiça sugerem um importante ponto de tensão entre duas organizações. Na divisão de competências, a diferenciação funcional conduziu historicamente a especializações em tarefas específicas. A Polícia Civil autodescreve-se e realiza sua auto-observação como organização que comunica por meio de decisões relacionadas à investigação dos fatos. Na busca da verdade real, a verdade policial emerge como fase inicial, que permite subsequentes decisões de outras organizações que participam na construção jurídico-penal dos fatos.

Admitir-se que outras organizações concorrem na investigação supõe avaliação negativa sobre o papel desempenhado pela organização policial. A produção de novos programas jurídicos consubstanciados em legislações que tipificam novos delitos incrementa a possibilidade de atuação das organizações. A definição das prioridades organizacionais depende não apenas da estrutura hierárquica (organograma), mas também da cultura organizacional (premissa decisória).

2.5 Quem sabe investigar? Saber policial, saber jurídico e cultura organizacional

Os relatos dos promotores de justiça contrastam com a fala de delegados e de agentes de Polícia. Os delegados ressentem das investidas do MP em um campo em que os promotores não estariam treinados. A trajetória da Polícia é confrontada com a do MP. A polícia sofreria do «mal da subserviência», em alusão às constantes interferências políticas.

Já o MP teria investido no que é avaliado como estratégia equivocada: recrutamento de jovens recém egressos das universidades, sem suficiente amadurecimento para compreender a investigação e as dificuldades enfrentadas pela Polícia (Misse, 2010).

Na fala de um dos delegados de Polícia, o controle da investigação teria objetivo não explicitado, porém evidente. O inquérito policial é fonte de poder:

> «Delegado 2 – Mais eu vou dar um choque de realidade *pra* vocês dois que tão começando, mas nós três aqui pensamos mais ou menos igual, depois de 10 anos e muita coisa que a gente viu... (...) Mas existe uma guerra mais ou menos aberta, por poder, não por interesse da sociedade, envolvendo internamente na polícia agentes e outras classes, e delegados. Dentro do segmento policial polícia civil, polícia militar. Num plano mais amplo, polícia civil, PM, Ministério público. Na verdade, nenhum desses segmentos *tá* querendo nada além de dinheiro. A gente fala *poder* mas é *dinheiro*, com todas as letras. Porque o MP quer fechar a investigação porque investigar é bom, porque você pode chantagear o governador, o vice-governador, a, b, c, d – (...) dizendo no plano teórico – garantir que a sua instituição não vai ser atacada... então se os agentes dominam a investigação, se eles engolem os delegados, fazem o delegado sumir, que é o plano deles, não sei se *tá* certo ou se *tá* errado, [discordâncias] aí quanto mais poder você tiver, mais dinheiro, mais salário você vai poder ter. Então todo mundo quer isso, mas efetivamente ninguém, ou quase ninguém, pouquíssima gente quer trabalhar. (...)»

2.6 O juiz e o inquérito policial

Nos relatos dos magistrados a investigação aparece como tema alheio à atividade judicial. Como já mencionado, o modelo do juiz que conduz a investigação (juiz instrutor) foi adotado na França, expandindo-se para outros países. Atualmente é questionado e reformado (Machado e Gomes Júnior, 2011a; Machado e Gomes Júnior, 2011b). No Brasil, durante um longo período no século XIX, as funções de investigação foram exercidas por um magistrado (juízes de paz) (Holloway, 1997; Souza, 2003 e 2010). Nas falas, aparece de forma recorrente não apenas o distanciamento da investigação, mas também as razões jurídicas que o justificam:

> «Juiz 4 – Eu acho que a gente não tem tanta proximidade, como ela falou, com inquérito *pra* que a gente tenha esse controle ainda na fase de inquérito, porque a atividade jurisdicional ela é... o juiz só age se provocado, então é preciso que depois que haja a violação, que chega a nosso conhecimento por meio de provocação de alguém por meio de uma ação, por meio de uma outra ação. Esse tipo de fiscalização fica mais a cargo dos promotores de justiça mesmo. Porque eles vão fiscalizar a atividade policial investigativa...
>
> Juiz 2 – Na verdade, na verdade é assim. A gente não só não tem, como não deve ter. Essa é a tendência inclusive da nossa legislação. O projeto que encaminharam lá pro Congresso sobre código penal [processo penal] já acolhe no Brasil aquela teoria de que o juiz é apenas de garantia da fase do inquérito policial. É *pra* cada vez mais o juiz se distanciar da fase de investigação porque ela é regida ao Ministério Público como lembrou ela aqui. (...)
>
> Juiz 3 – O cartório já manda direto pro MP. Eu não tomo conhecimento do que é inquérito.
>
> Juiz 2 – Eu costumo dizer que o juiz só vai olhar se for curioso, se tiver curiosidade em relação àquele inquérito porque (...) não dá tempo de abrir um inquérito policial.»

2.7 Entre o sistema policial e o subsistema jurídico-penal: cultura organizacional e comunicação

Há extensa pesquisa que aponta a discricionariedade das práticas policiais. A moldura normativa constitui-se apenas o ponto de partida. As representações sociais sugerem o universo simbólico que orienta as práticas (Costa, 2010; Mingardi, 1992; Oliveira, 2003; Walker, 1993).[6] Comenta Souza que o conceito de discricionariedade foi definido por Aurelino Leal, chefe de Polícia carioca, na década de 1910, como autonomia da esfera policial em relação ao direito. A discussão, na época, vinculava-se ao empenho em difundir uma

---

6 Confrontar com análise da organização policial e as formas de semi-ilegalidade (Luhmann, 2010: 313-314), o que não deveria se limitar, obviamente à Polícia.

certa forma de autonomia do campo policial, com regras próprias, e ao mesmo tempo, considerada fonte do direito. Como se fora um universo particular de legalidade. Não se sabe ao certo a influência que esta concepção exerceu na cultura policial, mas pode ser uma pista para a compreensão da leitura policial sobre a esfera da legalidade (Souza, 2003: 295). Pesquisas com outras organizações jurídicas também sugerem a importância da discricionariedade para interpretação da cultura organizacional (Machado, 2011).

A interação entre a Polícia e o Ministério Público pode ser importante para compreender as decisões e performance das organizações. Em pesquisa etnográfica com a Polícia da cidade do México, foram identificadas dinâmicas de abuso policial alimentadas pela estratégia que se espera do Ministério Público. A formalização dos procedimentos busca coincidir com a descrição dos tipos penais. Além disso, os policiais assumem distintos papéis no desempenho das funções de investigação. O discurso policial dirigido às demais organizações do subsistema jurídico-penal muitas vezes leva à simulação do trabalho de investigação e obedece a lógicas próprias, segundo expectativas sobre o papel a ser desempenhado, não correspondendo exatamente às supostas evidências apresentadas. Por outro lado, a formação acadêmica pode ser interpretada, também, como ameaça ao saber tradicional, à acumulação de práticas construídas em um universo próprio, paralelo ao mundo do direito. Os policiais recém ingressados podem sugerir novas interpretações sobre as formas de atuação, colocando em cheque as lealdades policias, o que é interpretado como risco para a coesão do grupo policial (Azaola Garrido e Ruiz Torres, 2009: 323-345).

As interações entre os membros de distintas organizações policiais e jurídicas podem ser interpretadas pela diferenciação do subsistema jurídico-penal. A cultura policial é condicionada por práticas e um saber específico nem sempre orientadas pela codificação jurídica. A leitura sistêmica da discricionariedade remete à existência de sistemas concorrentes que motivam as práticas policiais. Nem sempre a codificação jurídica orienta as decisões das organizações policiais (Andersen, 2003: 151-182; Luhmann, 2010: 437-476; Nobles e Schiff, 2001: 197-201).[7]

A acumulação dos saberes policiais, «dos tiras», estabelece hierarquias e micropoderes na rede de relações entre os atores que disputam o poder de nomeação da «verdade policial» (Lima, 2003).[8] Os delegados de polícia reivindicam o papel de tornar inteligíveis (tradutor) os saberes policiais ao

---

[7] As premissas decisórias atuam como codificação organizacional (Luhmann, 2010: 279).

[8] Quando realizamos a pesquisa sobre a atuação da Promotoria Anticorrupção, na Espanha, uma imagem semelhante apareceu de forma recorrente nos relatos dos sujeitos entrevistados. Os tiras seriam o «olho da rua» (*El ojo de la calle*) (Machado, 2007b).

mundo do direito, construindo discursivamente a necessidade de conectar o mundo da polícia ao direito.

O promotor também surge como profissional especializado nesta divisão do trabalho de construção, ou reconstrução, da verdade. O profissional com expertise para levar a investigação ao Judiciário na imagem simbolizada na metáfora do bastão. Nessa interseção, ou passagem de bastão, surgem os conflitos e disputas. Compreensivelmente mais acentuadas que entre agentes de Polícia e promotores de justiça. Nas interações organizacionais entre membros de diferentes organizações, a concepção de campo surge como categoria que complementa a análise sistêmica. Dominar ou pretender dominar o saber jurídico significa competir na nomeação jurídica dos fatos investigados no campo jurídico-penal (Bourdieu, 2001).

Em términos sistêmicos, a tradução da prática policial aos códigos do subsistema jurídico-penal abre duas frentes de conflito. Entre agentes de Polícia e delegados de Polícia; entre delegados e promotores. Os agentes criticam as dificuldades de acesso ao Judiciário para levar adiantes as investigações. O trabalho cotidiano muitas vezes depende de decisões de outras organizações, premissas decisórias para a comunicação da organização policial. Nas falas dos agentes aparecem os aspectos pragmáticos da investigação policial, o modelo de enfrentamento com a criminalidade, a eficácia na repressão do crime. Os delegados vivenciam o duplo pertencimento a estes dois mundos.

A atuação concreta do «delegado jurista» é representada depreciativamente, como um «defensor público», com discursos repletos de significados jurídicos, com preocupação com tendências jurisprudenciais e dogmáticas. O delegado, por outro lado, valoriza exatamente a sua função de mediador entre estes dois mundos. O sentido de eficiência na produção da verdade policial é contrastado com tradução das informações aos códigos do subsistema jurídico-penal. A tradução do saber do tira, consubstanciado em investigações concretas à codificação jurídica repercutiria na aceitação do material probatório produzido pelas demais organizações do subsistema jurídico-penal. As decisões da Polícia reduzem complexidade e ensejam novas decisões de outras organizações.[9]

Os processos de socialização organizacional e profissional e as pautas culturais são conformados pela interpenetração entre sistemas psíquicos e sistemas sociais. As mensagens do subsistema jurídico-penal também são importantes na construção das individualidades e subjetividades (Luhmann, 1990). A aceitação ou valor conferido às investigações associa-se à conformidade jurídica das técnicas utilizadas. A comunicação jurídica valoriza o

---

[9] A análise remete ao papel da polícia como filtro importante na seletividade do subsistema jurídico-penal (Oliveira, 2003; Mingardi, 1992).

respeito a garantias individuais (programa constitucional). A eficiência deveria ter como anteparo os direitos fundamentais.

2.8 Do inquérito ao arquivamento: o bastão com o promotor de justiça

Nos relatos dos magistrados, o primeiro passo aparece sob o comando do promotor de justiça. Um dos entrevistados relata experiência de cidade satélite (Ceilândia). A pedido dos promotores de justiça os inquéritos passaram a tramitar diretamente entre delegacias e MP, agilizando os procedimentos. Aparecem os relatos de eventuais divergências, quando o juiz discorda da interpretação do promotor e remete os autos ao procurador-geral de Justiça para revisão (art. 28 do CPP). Predomina, contudo, a confiança nas opções jurídicas do promotor. O arquivamento é retratado como *prosecutor's business*:

> «Juiz 4 – Eu não tenho tempo nem de ler os pedidos de arquivamento. Pediu arquivamento eu homologo, é, fazer uma sentença de homologação de arquivamento. Aí às vezes os promotores vêm e falam assim ah, você viu que eu pedi um arquivamento dum processo, fiquei meio em dúvida... falei não vi, você pediu, eu arquivei. ...
>
> Juiz 4 – É, não vou aplicar... tem um artigo que se o juiz entender, o promotor pediu arquivamento mas eu entendo que é crime, eu mando pro procurador geral, *pra* ele oferecer denúncia, ou designar um promotor... eu não faço isso, não aplico...
>
> Juiz 1 – Eu dificilmente faço isso...
>
> Juiz 2 – Muito pelo contrário, você tem que confiar no profissional que trabalha com você.
>
> Juiz 4 – Pela confiança, lógico...
>
> Juiz 1 – Eles fazem a triagem.»

Os relatos são relevantes para a compreensão da comunicação das organizações que participam da divisão do trabalho jurídico-penal. As decisões dos tribunais, forma de comunicação organizacional, não prescindem de premissas decisórias. As imagens colhidas a partir dos sistemas de interação (grupos focais) sugerem algumas pistas sobre divisão de competências jurídico-penais. A opção pelo arquivamento da investigação pelo promotor de justiça surge como decisão que, em regra, não é confrontada pelo magistrado.

2.9 Cultura organizacional, mitos e interações organizacionais: magistrados, promotores e delegados de Polícia

Nas interações entre os distintos atores, os relatos dos magistrados sugerem proximidade com os promotores de justiça. As narrativas surgem marcadas pela identidade construída desde os bancos das universidades. A opção por uma ou outra carreira parece fruto do acaso, o que acaba também, revelando a construção subjetiva das hierarquias entre organizações do subsistema jurídico-penal (Bonnelli, 2003b). Em outra ocasião descrevemos a estratégia institucional do movimento das associações do MP em se aproximar do MP como estratégia de conquista de poder no campo jurídico-penal (Machado, 2007a, 2007b, 2011). Pesquisas sobre as profissões jurídicas apontam e marcam diferenças entre promotores de justiça, magistrados e delegados de Polícia. A formação universitária conforma capital simbólico relevante para compreensão das interações, na medida em que estabeleceria os profissionais com diferentes níveis de formação acadêmica (Bonnelli, 2003b). A proximidade originada nos bancos universitários aparece nos relatos:

> «Moderador 1 – E no caso de cada um de vocês no âmbito de trabalho de vocês, como é que acontece esse contato juiz e promotor (...)
>
> Juiz 2 – É diário.
>
> Juiz 1 – Vai vendo a ética do profissional, verificando se ele é correto...
>
> Juiz 3 – A seriedade dele, por exemplo, o que dar *pra* perceber, *né*. Se realmente *tá* acompanhando tudo, o processo direitinho, é verificar se ele tem atuado, tem visto lá atrás, seguido passo a passo, tudo... se *tá* atento ao processo, então isso faz com que a gente tenha confiança no profissional. E na realidade, o promotor de justiça, ele é o dono do crime, da ação penal. Então cabe a ele decidir. Ele que tem que ir atrás. O magistrado, ele é uma figura imparcial, ele não pode tomar o lugar do ministério público. Por isso que eu acho que esse acordo feito dos inquéritos, direto, tal, Ministério Público é o mais certo. Ele que vai ali colher as provas *pra* embasar a questão judicial do processo. Ele não quer denúncia. Se ele não está convicto de que houve o crime, que magistrado que vai?...
>
> Juiz 1 – Nós tiramos a burocracia excessiva do inquérito com uma simples medida.
>
> Moderador 1 – É quase que um distanciamento mesmo *né*, do juiz...
>
> Juiz 3 – Porque não cabe, não compete ao juiz fazer inquérito. Isso é função do MP.
>
> Juiz 4 – (...) Mas quem viveu a vida inteira em Brasília, e mora aqui, estudou, fez faculdade aqui, estudou *pra* concurso... a gente acaba conhecendo os promotores que trabalham com a gente há muitos anos, muitas vezes de época de faculdade, amizade de, *pra* concurso, aí acabou de um passar *pra* promotor, o outro *pra* juiz, e trabalhando juntos hoje. Então tem isso também. Brasília tem essa característica.»

A sintonia entre magistrados e promotores não aparece com os delegados de Polícia. Ao contrário, nos relatos do trabalho de campo, o magistrado, não raramente, apoia-se no critério do promotor de justiça para avaliar as medidas cautelares. Há uma certa desconfiança no trabalho da Polícia. O promotor de justiça atuaria como mediador principal. As representações sociais sugerem o papel relevante das interações organizacionais para a comunicação das distintas organizações do subsistema jurídico-penal:

> «Juiz 1 – Infelizmente, até o promotor que já passou, um dos promotores que já passou lá na minha vara, ele disse o seguinte. *Tô* saindo do crime porque passei na promotoria de controle externo da polícia. Depois que eu passei lá, eu não consigo mais confiar em nenhum inquérito policial, porque lá eu vi coisa assim do arco da velha. Que eu imagino, porque aqui nós já pegamos testemunhas de furto, de roubo, que chegam aqui e falam totalmente, mas totalmente divorciado do que teriam relatado. (...)
>
> Juiz 1 – (...) Quando eles têm uma investigação grande, que o inquérito *tá* tramitando lá e eles vão deflagrar depois de escuta telefônica, vão deflagrar uma operação grande, eles vêm ao meu gabinete, junto com o promotor. O promotor normalmente fala "olha, eu conheço o delegado, pode confiar", e aí são feitas várias operações nesse sentido, prisão, busca e apreensão...»

A organização burocrática e a profissionalização das carreiras jurídicas configuram processos funcionais para a autopoiese do sistema jurídico. No Brasil, as pesquisas com profissões jurídicas sugerem tendência de insulamento em relação ao mundo da política. O *ethos* profissional remete a dinâmicas próprias nas organizações (Bonnelli, 2002, 2003a e 2003b; Machado, 2011).

A ausência de garantias para atuação da polícia é um dos aspectos do modelo criticado por promotores, juízes e até mesmo pelos delegados de Polícia (Machado, 2007a; Sadek, 2003). Nos relatos de magistrados e promotores de justiça, o MP, exatamente por dispor das mesmas garantias constitucionais do magistrado teria, supostamente, mais condições para dirigir a investigação.

As interferências políticas surgem como déficits de insulamento organizacional e profissional. Se a Polícia civil é uma organização que deveria atuar funcionalmente a partir da codificação jurídica, as irritações muitas vezes bloqueiam o fechamento operacional, potencializando a abertura cognitiva. Assim, a Polícia parece representar caso prototípico de organização polifônica, programada pela codificação jurídica e política. Por um lado, integra as políticas de segurança pública do Estado; por outro, a investigação conduzida está a serviço de outras organizações do subsistema jurídico-penal (Andersen, 2003).

Há evidências que sugerem aceitar a viabilidade desta interpretação, reiterada nas representações sociais:

> «Juiz 1 – (...) O delegado de policia sério, ele é perseguido. Eu já vi muito delegado de polícia fazendo investigação... ele não tem inamovibilidade. Se ele *tá* incomodando o poder político ali...
>
> Juiz 4 – Tiram ele dali, manda ele lá...

> Juiz 1 – Ligam pro governador, e transferem ele *pra* grande São Paulo... quem tem a garantia como o juiz? O promotor. Por isso que eu acho que a figura do delegado tem que desaparecer! E deixar na mão do Ministério Público.
>
> Juiz 3 – Eu acho que a segunda opção sua é melhor que a primeira. (...)
>
> Juiz 1 – É isso que me incomoda... os delegados ficam como figuras que sobram nisso tudo, porque o importante é o promotor e o chefe de investigação. O delegado, um ou outro que realmente atua, e você quando ouve eles, em juízo, você percebe que ele não *tá* por dentro daquilo.»

As representações sociais sugerem interações que se aproximam da tipologia proposta por Seidl (2005: 148-150). As relações entre agentes de Polícia e delegados configuram interações decisórias. Além disso, as interações entre agentes/delegados e promotores/magistrados são preparatórias para as decisões organizacionais. Em algumas situações, os relatos sugerem que as interações informais entre os membros das distintas organizações envolvidas no inquérito policial são relevantes para a tomada de decisões (Seidl, 2005: 148-150).

2.10 Cultura e organização policial: interações organizacionais entre o delegado e o agente

Nos relatos dos agentes de Polícia, o papel do delegado de Polícia no modelo brasileiro vincula-se às finalidades do inquérito policial, à teleologia da investigação: a produção da verdade. A verdade policial, na análise de Lima (Lima, 2003). Nas imagens sugeridas nas representações sociais podem ser encontradas pistas sobre as interações organizacionais e premissas decisórias da organização policial. Os relatos sugerem a existência de delegados operacionais e cartorários.

O delegado operacional é representado como figura pró-ativa, comprometida com os saberes policiais e racionalidade instrumental do inquérito policial: a investigação. Já o delegado cartorário é descrito na tipologia dos agentes como burocrata, muitas vezes perdido na teia construída de atos oficiais, formalização de termos e procedimentos, com a pretensão de conferir caráter para-judicial ao inquérito policial. Como um resquício formalista que remete ao modelo anterior, em que a investigação era conduzida por um magistrado, que acumulava funções que apenas ao longo da história foram repartidas a distintos funcionários do Estado.

Na avaliação dos agentes, o delegado, gestor da Delegacia de Polícia, deveria providenciar as condições materiais e humanas para que o agente investigador, o profissional da investigação na fala dos agentes, pudesse de fato desempenhar a sua função, a verdadeira «razão de ser» do inquérito policial.

A leitura sobre o papel do delegado de Polícia surge nos relatos sobre a atividade diária na delegacia. A formação jurídica não é desprezada. Ao contrário, teria função importante: atender demandas da investigação segundo a lógica do Estado de Direito. Os agentes relatam a relevância da interação com membros de outras organizações. Durante a investigação, muitas vezes, há necessidade de medidas cautelares que dependem de autorização judicial, o que demanda intervenção do delegado de Polícia, circunstância que valorizaria a formação jurídica do delegado. Não raramente faz-se necessária a interação com promotores e magistrados, papel que os agentes assumiriam nas rotinas da delegacia:

> «Agente 2 – É, eu acho que o delegado ele exerce um papel fundamental na delegacia, ele, assim, *né*, minha opinião, o delegado tem que atuar junto com as sessões... (...)
>
> Agente 2 – Eu conheço delegados que atuam realmente junto com as sessões. (...)
>
> Agente 1 – Que a gente chama delegados operacionais.
>
> Agente 2 – Então, por exemplo, o chefe de sessão, ele vai lá, conversa, o delegado, doutor, olha, tão precisando que o senhor faça uma requisição aí de uma escuta telefônica *oh*, o caso é esse, o delegado *tá* ali, interagindo, sabe o caso, então você tem, vamos dizer assim, uma equipe coesa, *né*, onde agentes e delegados trabalham, o delegado trabalha na investigação, ele não só disfarça, *né*, (...)
>
> Agente 2 – Exatamente, eu conheço, eu converso muito com um delegado que é muito amigo meu e a gente sempre conversa (...). Ele trabalha muito com a sessão e você vê que derruba o crime: derruba, derruba quadrilha, derruba e às vezes quando a sessão atua sozinha é mais complicado (...)
>
> Agente 4 – (...) Quem faz investigação é a gente (...), eu não *tô* dizendo que o delegado não possa participar, o MP tem até brigado *pra* poder ter esse direito também, creia-se até que vai conseguir (...). Se o agente investigador precisa duma viatura, o chefe tem que correr atrás, tem que tentar conseguir.»

Os agentes de Polícia ressentem do distanciamento com os delegados de Polícia. A hierarquia não é discutida, e inclusive é ressaltada como importante para a corporação. Mas também revela certo distanciamento. As barreiras simbólicas construídas pela distribuição de cargos segundo a aproximação com o mundo do direito marcariam a diferença com o *ethos* policial.

> «Agente 2 – Então a gente vê às vezes, vê um agente que tem, é, vou até usar a palavra medo, mas, é receio de chegar no delegado, pedir isso e achar que ele vai interpretar de uma outra maneira que não...
>
> Agente 1 – Tem delegado também que já chega e fala "não quero agente na minha sala". (...)
>
> Agente 1 – Oh, na verdade, o delegado, ele se sente o rei.»

Entre os agentes de Polícia predomina a visão que valoriza a figura descrita (conceito nativo) como delegado operacional. A definição associa-se à sintonia com os objetivos da investigação, com a «atividade-fim», a razão de ser do inquérito policial. O delegado cartorário aparece muitas vezes, na fala dos agentes, como um antagonista, antes que um parceiro.

> «Agente 1 – Na minha opinião, eu acho que todos os delegados, eu, na minha opinião, acho que todos os delegados deveriam ser operacional sim, entendeu? Porque, porque tem situações que a gente *tá* na rua e fica em dúvida, *vamo* entrar, *vamo num vamo*, quando o delegado operacional ele *tá* ele fala assim vamos e seja o que Deus quiser, eu arco com a consequência, você entendeu? (...).»

Os delegados operacionais seriam raros, na visão dos agentes de Polícia. A formação profissional focaria em trabalhos burocráticos do inquérito, fazendo com que ele tivesse pouco domínio das técnicas de investigação, do *know how* acumulado na rua, saber «dos tiras».

> «Agente 2 – Dentre os delegados, você conta poucos operacionais, poucos delegados operacionais.
>
> Agente 3 – São raros, mas é justificado porque o trabalho dele é despachar inquérito, é ficar impondo inquérito, ele não tem uma experiência de rua, de investigação. Ele precisa de inquérito, de presidir um inquérito. Ele quando vai *pra* rua, ele exercendo sua autoridade, quer planejar uma coisa que ele desconhece, aí ele fica (...), e ele nem planeja e atrapalha todo o serviço.»

2.11 «*Advogadização*» da profissão do delegado de Polícia[10] e os acoplamentos entre as organizações policiais e jurídicas

A formação jurídica do delegado de Polícia não é, contudo, objeto de críticas unânimes entre os agentes de Polícia. Aquele aparece como primeiro filtro (ou primeiro filtro jurídico). Nas percepções dos agentes de Polícia, a proximidade excessiva contaminaria, de alguma forma, o filtro jurídico da investigação. O envolvimento não seria totalmente salutar e impediria a correção de eventuais equívocos. O saber «dos tiras», materializado no inquérito policial deve ser traduzida à codificação jurídica para que o trabalho possa ter um prosseguimento futuro (metáfora do bastão).

> «Agente 1 – Mas eu acho que o delegado que fica na delegacia ele *tá* se tornando um defensor público, entendeu? Por exemplo, você chega com um flagrante e o delegado chega e ele *tá* tão processual que ele fica assim: "Ah a jurisprudência tal, a jurisprudência tal, não, então isso não é flagrante!" Então leva embora que isso não é flagrante. Então, ou seja, a função de delegacia é prender ele, *num tá*, *tá* indo na função de defensor público. Ele não *tá* mais

---

[10] Expressão utilizada por Beato (1999).

> prendendo, entendeu? Esses delegados que tão só em gabinete. Ele coloca tanto empecilho no flagrante que ele começa nessa jurisprudência tal, nessa jurisprudência tal, aí a gente fala "doutor, a gente *num* tem tempo *pra* jurisprudência não". Então, é isso que a gente fala *pro* doutor, entendeu. A gente fala "doutor agente *num* tem que ficar discutindo jurisprudência não, sua função é prender, agente tem é que prender". Quem vai soltar é juiz se ele quiser lá na frente. Vamos prender, vamos fazer o flagrante, então o operacional é diferente.
>
> Agente 2 – O que tem que ir *pra* rua, se tiver que ir, é um delegado semioperacional, aquele que foi criado e gosta do gabinete, que fique no gabinete, que faça registro no cartório. (...)
>
> Agente 4 – Eu gosto de chegar *pro* delegado e apresentar *pra* ele um flagrante e ter nele uma pessoa isenta *pra* que ele me aponte alguma coisa que não *tá* boa. Quando se fala de filtro, aí sim isso é um filtro. E o delegado é o primeiro filtro. Porque nós *tamo* ali no calor da coisa e nós somos operacionais, *num* é que nossa função é só prender...
>
> Agente 4 – Então quando ele chegar *pra* mim e falar, "parceiro, olha, esse ato policial não foi legal", e a gente vai começar a repensar. As ações já foram feitas, se ele *tá* comigo envolvido, com certeza. *Tá* envolvido, aí o que vai acontecer... Não vai ter interface, eu prefiro realmente que ele chegue e vamos sentar aqui, vamos conversar. (...).»

Entre os agentes de polícia, se o magistrado preside a audiência (o processo penal), o promotor conduz a denúncia, o delegado dirige o inquérito policial, o agente seria o verdadeiro chefe da investigação. A participação efetiva do delegado, rotulado como operacional, daria mais credibilidade à investigação, relata um dos entrevistados. Porém, a proximidade retiraria a capacidade de análise do delegado, pois este estaria também envolvido em eventuais equívocos. Porém, defende-se também que o envolvimento do promotor de justiça ajudaria para que este compreendesse mais da dinâmica da investigação. Além disso, daria mais respaldo às ações da polícia.

Os agentes de Polícia ressentem que a direção da carreira e o planejamento das investigações estejam sob o comando de profissionais sem formação «na rua», na investigação direta dos fatos. Alguns dos relatos surgem marcados por certo desânimo com a carreira. Cada vez mais jovens entrariam sem um compromisso de longo prazo. O objetivo seria buscar outro concurso público. A unificação da carreira de agentes e de delegados surge como opção a ser pensada e que poderia ajudar para o aprimoramento das investigações no Brasil.

O exemplo da polícia norte-americana surge como modelo a ser pensado para o Brasil, pois haveria uma evolução na carreira, e todos teriam esta experiência com o que é definido como razão de ser da investigação policial. A unificação estimularia o perfil operacional, descrito e idealizado como delegado comprometido com a investigação policial. Um dos relatos recorda o projeto de âmbito federal que coloca em discussão a unificação das carreiras.

> «Agente 2 – Pode ter havido a carreira única porque hoje quem está, quem está dirigindo a polícia e planejando as operações são pessoas que não passaram pela rua, como que você passa, não passa pela rua, você não investiga, você não faz flagrante, você vai dirigir, operacionalizar, eu acho um erro que, que essa estrutura um erro. Essa estrutura é um erro, agora poderíamos citar alguns exemplos, por exemplo, a policia americana acho que seria um exemplo, a pessoa começa na rua, e como que ela ai ter autoridade *pra* falar... vai lá e prende essa pessoa que ela *tá* em flagrante, como que ele vai ter essa autoridade de experiência se ela num passou por isso? Eu acho que a polícia americana seria um exemplo.»

Os relatos dos agentes de Polícia sugerem que o MP deveria investigar. Aparecem as experiências em que o MP teria construído relações com a Polícia Miliar para cumprir diligências que seriam atribuição da Polícia Civil. Outro relato sugere, em sintonia com as percepções dos delegados, que o MP não quer investigar. O desejo é apenas por «holofotes», em alusão à exposição na mídia de alguns poucos casos.

> «Agente 2 – Talvez eu esteja chovendo no molhado, mas São Paulo, o MP lá eles estão fazendo uma interface forte com os PMs e tão quase substituindo, aí, a Polícia Civil com os PMs. O MP diligência, em certas investigações que eles estão tomando frente, estão pedindo apoio à Polícia Militar. Mas eu acho que o MP...
>
> Agente 3 – Ele não quer, ele não quer investigar. Eu acho que tem que investigar. Eu acho que o objetivo dele, eu acho que o objetivo, o objetivo é holofote. A polícia hoje *tá* com holofote. Quem faz o flagrante, quem investiga é a Polícia Civil. Todo mundo quer isso. Todo mundo quer a mídia...»

3. PROFISSIONALIZAÇÃO, JOGOS DA JUSTIÇA E SUBSISTEMA JURÍDICO-PENAL

3.1 Profissionalismo e autopoiese

A análise do profissionalismo no mundo do direito ganha em densidade com as ferramentas da teoria sistêmica. Enquanto a abordagem tradicional da sociologia das profissões enfatiza estruturas e capacidade de adaptação às mudanças do entorno, o enfoque sistêmico focaliza os processos internos relacionados à autopoiese dos sistemas sociais (Rogowski, 1995: 128).

O mundo corporativo, por exemplo, é reconstruído a partir do sistema jurídico, e os profissionais da área desempenham um papel importante, ao criarem novos discursos, figuras retóricas e argumentação que auxiliam na reconstrução de questões econômico-corporativas a partir de novos significantes jurídicos. Com a proeminência do direito nos processos decisórios do sistema econômico, os advogados corporativos assumem um papel importante como consultores especializados das empresas. O impacto das consultas jurídicas depende, contudo, dos processos internos dos sistemas econômico e jurídico. A diversificação dos escritórios especializados e tendência de ampliação do quadro profissional com outros especialistas, como contadores e peritos contábeis relacionam-se à evolução do sistema jurídico.

O fechamento social dos grupos e profissões específicas, na forma de monopólio de oportunidades econômicas, é usado contra a concorrência; esforços para manter e incrementar privilégios em relação aos concorrentes. As relações intraprofissionais também são afetadas, na medida em que as definições das tarefas e funções são construídas como divisão do trabalho (Rogowski, 1995: 128-132). Não há intervenção direta e recíproca entre os sistemas econômico e jurídico. A ressonância e o ruído podem levar a operações internas a partir da codificação e programação de cada sistema social.

A divisão do trabalho jurídico no mundo policial também gera disputas internas. O saber policial é reivindicado especialmente pelos agentes de Polícia. Os procedimentos e técnicas dependem de um saber especializado, *expertise*, nem sempre exposto e difundido em livros, mas aprendido com o pragmatismo, transmitido entre os pares que compartilham a experiência da investigação. As tensões intraprofissionais aparecem nos relatos de que nem sempre o delegado teria o comprometimento com a instrumentalidade do inquérito policial. Os rótulos «delegado cartorário» e «delegado defensor» sugerem tensões na representação do papel que deveria ser desempenhado pela Polícia. O «cartorário» perde-se no emaranhado burocrático das repartições, o foco é diluído nas rotinas internas e sem o pragmatismo reivindicado pelos agentes. O «defensor» estaria ainda mais distante do mundo policial. Orientado pela codificação jurídica, privilegiaria a programação condicional em detrimento da programação finalística do inquérito policial, na forma de prioridades internas definidas pela cúpula, ou ecoadas pelo Executivo, ou deixadas a cargo do delegado chefe de cada delegacia (premissas decisórias).[11]

A relevância da investigação criminal para a tomada de decisões de outras organizações, como o Ministério Público e o Judiciário, remete à dife-

---

[11] As tensões entre a codificação jurídica e a codificação policial aparecem nas análises de Monet (2006). A similitude das funções, os poderes conferidos, a influência da hierarquia e o isolamento social produzem em todas as partes um conjunto de pautas de atuação e de valores. A solidariedade interna deriva da necessidade de proteção mútua contra a curiosidade do público e da hierarquia. Monet faz interessante comentário sobre a cultura policial inglesa: «Os policiais ingleses costumam dizer que não se poder fazer a polícia com o Código permanentemente sob os olhos». Em relação à aos policiais franceses, comenta o autor que a «(...) ignorância das leis que devem fazer respeitar só se iguala ao desconhecimento dos próprios usuários». A cultura policial tende ao conservadorismo intelectual, privilegiando o pragmatismo. O que se apresenta como inovação tende a suscitar reações de rejeição (Monet, 2006: 153-155).

renciação entre investigar, acusar e julgar. A diferenciação interna do subsistema jurídico-penal indica tendência de que o Ministério Público controle diretamente a fase inicial, executada pela polícia, afastando-se a figura do juiz instrutor (Machado, 2007a e 2007b). A discussão repercute diretamente na análise da autopoiese da organização ministerial. Apenas os sistemas sociais determinam como as comunicações se tornam parte do sistema. As organizações fecham-se a operações que não sejam por elas determinadas, o que se aplica inclusive para organizações integradas em redes, pois nas operações internas diferenciam-se as decisões da organização (sistema) das decisões de outras organizações (entorno). Na medida em que as organizações não controlam, ou controlam de forma frágil, as decisões a partir das quais novas decisões serão tomadas, não devem surpreender eventuais conflitos. A divergência na construção jurídica dos fatos aparece na diferenciação entre a decisão do Ministério Público e a decisão de outras organizações que participam da divisão do trabalho jurídico-penal (entorno). As decisões da organização Ministério Público, subsequentes à finalização da investigação, como o arquivamento, a determinação de novas diligências ou a denúncia por capitulação distinta da sugerida no relatório policial evidencia diferentes premissas decisórias. E estas não se limitam à diversidade das observações de segunda ordem das comunicações jurídicas.

A análise das representações sociais a partir dos grupos focais sugere tensões e disputas entre os profissionais que integram as distintas organizações do subsistema jurídico-penal. Na fala dos delegados de Polícia, o que confirma pesquisas já realizadas, valoriza-se o papel de um profissional da área jurídica no mundo policial. A fase de investigação depende da condução do procedimento segundo a programação condicional (organização) formatada pela constituição e legislação (direito positivado). O protocolo a ser seguido depende de um saber específico que, na divisão do trabalho jurídico-penal, foi conferido ao delegado, o presidente do inquérito policial. O fechamento social (conceito reformulado por Rogowski, 1998) surge nas pressões das associações profissionais de classe e *lobbys* especializados para a manutenção do procedimento, sob a condução do delegado.

Outra interpretação sob o enfoque e com as ferramentas da sociologia das profissões é a sugerida por Sugarman, também inspiradora para análise das interações organizacionais entre a Polícia, o MP e o Judiciário. O autor focaliza as disputas e rivalidades entre advogados e contadores como estudo de caso para ilustrar os significados culturais e políticos destes profissionais como comunidades distintas, porém interdependentes. O autor busca recuperar e superar a versão de hegemonia da contabilidade sobre o direito, enfatizando as relações e os significados culturais e políticos. Contabilidade e direito estão tão intrinsecamente juntos que os contadores não podem se ver livres dos advogados sob pena de cometerem suicídio profissional. Os discursos do direito não foram os únicos e centrais na consolidação da contabilidade e das subjetividades profissionais dos contadores. Existem muitos conflitos entre e no interior de sistemas discursivos, e múltiplas possibilidades de significados. Como todos os indivíduos, os profissionais participam de diferentes mundos e com discursos que oferecem imagens e identidades (Sugarman, 1995: 235).

A reflexão, contextualizada para a advocacia corporativa, pode sugerir reflexões importantes para pensar a ressonância e o ruído entre os sistemas sociais e as organizações diferenciadas internamente no subsistema jurídico-penal. Parafraseando o título do artigo de Sugarman: quem coloniza quem? A verdade policial parece sempre provisória; aguarda a confirmação da verdade judicial... Os esforços de aproximar as decisões da Polícia à formatação e à codificação do sistema jurídico sugerem a colonização da Polícia pela comunicação jurídica. Parte da literatura no campo da segurança pública sustenta exatamente a peculiaridade da cultura jurídica nacional e a posição da Polícia na divisão do trabalho jurídico-penal (Lima, 2003).

Mas a leitura merece ser aprofundada. Os casos são selecionados e filtrados pela Polícia. As decisões da Polícia, no encadeamento estabelecido pela rede de organizações e procedimentos processuais, ensejam decisões subsequentes de outras organizações. O MP e o Judiciário, em grande parte, decidem (comunicam) a partir de prévias decisões de outras organizações. No caso, as decisões da organização Polícia. Quem coloniza quem? Sob o enfoque autopoiético, a questão merece ser reformulada. As premissas decisórias para a comunicação das organizações policiais não correspondem exatamente às premissas decisórias de outras organizações, como o Ministério Público e o Judiciário. E não se trata unicamente de quem coloniza quem na rede estruturada pela programação condicional das decisões das organizações envolvidas.

Apontar a inferioridade da verdade policial pode ser significativo do ponto de vista das autodescrições do Ministério Público e do Judiciário. Mas, pode-se avançar e sustentar que a verdade ministerial também seria provisória, em compasso de espera pela verdade judicial. Todas essas são observações de segunda ordem. As organizações observam as decisões de outras organizações a partir de suas premissas decisórias. A comunicação jurídica não é irrelevante; trata-se de programação condicional de todas as organizações analisadas (máquinas não triviais). Mas não é suficiente para observar a forma como comunicam a Polícia, o Ministério Público e o Judiciário. Todas as decisões são reconstruídas internamente segundo a semântica (ou semânticas) de cada organização.

3.2 Organizações, comunicação jurídica e comunicação policial

A análise dos discursos de profissionais do mundo policial sugerem diferentes referenciais (mapas) cognitivos. Os atores sociais orientam-se por diferentes comunicações, que conferem sentido à ação social (sistemas sociais), o que permite observar a existência de sistemas concorrentes (Teubner e Paterson, 1998: 451-455).

A autopoiese enseja a compreensão da coexistência de múltiplas interpretações do direito, e explica situações em que o direito é desafiado como sistema normativo. Deve-se considerar a forma como é traduzida a comunicação jurídica, bem como a existência de diferentes sistemas de comunicação que comunicam reflexivamente (Nobles e Schiff, 2001: 197-200). Em interpretação que privilegia a análise empírica na abordagem sistêmica, o interesse recai sobre os significados que os atores atribuem a suas ações a partir de sua participação em sistemas comunicativos (Nobles e Schiff, 2001: 200-202).[12]

Na agenda da reforma da justiça criminal, um dos aspectos mais importantes é identificar a maneira como a Polícia comunica. Pesquisas empíricas apontam as autoimagens, cultura e importância das atitudes nas patentes inferiores, descritas como «cultura da cantina», ao se referir a um conjunto de valores alternativos que propiciam um sistema de comunicação próprio (Nobles e Schiff, 2001: 204).[13] Na leitura proposta por Nobles e Schiff, questionam-se as dificuldades e oportunidades que surgem com a má tradução. Exemplo de espaços em que podem ocorrer ruídos na tradução dos sentidos comunicados são os congressos que reúnem policiais, juristas e outros profissionais da área jurídica e das ciências sociais para debater a justiça criminal. Para a autopoiese o significado não está nos grupos de interesses com diferentes valores, mas nos sistemas comunicativos.

A análise pode auxiliar na compreensão dos sistemas de comunicação que permitem que um policial comunique que uma determinada prisão foi «boa», seja legal ou ilegal. O que eles consideram como uma boa prisão e porque comunicam desta forma? A resposta proposta por uma abordagem de interesses e valores não é suficiente. Exemplo disso é considerar que os tribunais podem validar como legais várias das ações da Polícia (Nobles e Schiff, 2001: 202-208). Porém, ambas as categorias formam parte do sistema jurídico. Os policiais que falam do sistema jurídico sabem que estão

---

12 Por concentrar-se nos processos comunicativos (processos de produção de sentido), acusa-se a autopoiese de negligenciar outras explicações para a ação social, especialmente aquela que focaliza interesses e cultura. Questiona-se, então, onde deve ser buscado o sentido das ações senão na linguagem e na comunicação (Nobles e Schiff, 2001: 200-202).

13 A interpretação dos autores da abordagem sistêmica conduz ao problema de pesquisa: como a Polícia comunica no interior do sistema de justiça crimina? Assim, a polícia seria melhor compreendida como sistema, no qual esta constitui-se como corpo próprio por meio da diferenciação de sistemas de comunicação ou a Polícia poderia ser melhor compreendida como indivíduos fragmentados e envolvidos em diferentes sistemas de comunicação. Estas questões são importantes para o debate sobre a reforma da Polícia, pois vai além da dimensão individual (sanções, expulsões etc.) (Nobles e Schiff, 2001: 204 e ss.).

se referindo aos códigos e precedentes jurisprudenciais. No mesmo sentido, os policiais expressam sua frustração diante da lei e dos advogados quando se referem à «Ways and Means Act» (Reiner, *apud* Nobles e Schiff, 2001: 209). A expressão, quando usada entre os pares, comunica que suas ações não são legais. A abordagem sistêmica faria o questionamento: a qual sistema pertence as comunicações desses atores? A questão pode ser reformulada nos seguintes termos: há uma compreensão local da comunicação jurídica (problema intrassistêmico) ou há um sistema rival operando, na medida em que as ações concretas decorrem de comunicações não jurídicas (problema intersistêmico).

As abordagens propostas são úteis para a reflexão sobre as consequências do modelo sistêmico e para análise dos discursos. Mas não enfrentam um problema central: os sujeitos da pesquisa integram organizações que comunicam por meio de decisões. A divisão do trabalho jurídico-penal supõe a diferenciação interna do sistema jurídico a partir de organizações que interagem e comunicam entre si. Os sistemas psíquicos não são determinados pelas comunicações dos sistemas sociais, incluídos tanto o sistema jurídico quanto as organizações; são igualmente autopoiéticos.

Além disso, a concorrência entre o sistema policial e o subsistema jurídico-penal, aspecto central da interpretação de Nobles e Schiff, deve ser repensada como sistemas que conformam ambientes recíprocos. A Polícia, o Ministério Público e o Judiciário são organizações que possibilitam a diferenciação funcional do subsistema jurídico-penal. E, como organizações, apenas parte da programação e codificação jurídico-penal configura premissas (condicionais) das decisões das organizações (comunicação). O organograma, recrutamento de membros, divisão interna e hierarquia de funções e tarefas também são premissas relevantes. Apenas a organização pode reconhecer suas operações como decisões organizacionais. Em outras palavras, nem tudo o que faz o policial é comunicado como próprio da organização (decisão). A comunicação está acima das individualidades dos membros das organizações. O que não invalida o esforço em identificar nos discursos (observação de segunda ordem) a atuação de sistemas concorrentes.

CAPÍTULO 4

MINISTÉRIO PÚBLICO E O CONTROLE EXTERNO DA ATIVIDADE POLICIAL EM BRASÍLIA: INTERAÇÕES ORGANIZACIONAIS, CULTURA E DECISÕES

Nos últimos anos, há um crescente interesse pela atuação das organizações que integram o sistema de justiça. Exemplo disso são as pesquisas realizadas no Brasil desde meados da década de 1990.[1] O Ministério Público é uma das instituições que despertou interesse dos pesquisadores, seja em razão da peculiaridade de seu desenho institucional, seja em virtude da notoriedade explorada pelos meios de comunicação (Arantes, 2002: 13-18; Cavalcanti, 1999: 15-19; Bonelli, 2002: 139-145; Macedo Júnior, 1999: 103; Machado, 2007a: 22; Machado, 2007b: 10; Sadek, 2000: 11; Sanches Filho, 2000: 185-188; Silva, 2001: 21-24).

---

[1] Entre estas, destaco algumas sobre o MP: *surveys* realizado com promotores de justiça e procuradores da República (Sadek, 1997; Sadek e Castilho, 1998); pesquisa com as promotorias de justiça de defesa da cidadania no Paraná e no Pará (Cavalcanti, 1999; Debert, 2000); pesquisa sobre a atuação dos promotores de justiça na atividade de controle externo da atividade policial na Bahia (Sanchez Filho, 2000); pesquisa qualitativa com promotores de justiça de São Paulo (Silva, 2001); as relações entre MP e política no Brasil (Arantes, 2002); pesquisa sobre a construção institucional do MP pela definição organizacional de frentes de atuação (Machado, 2007a); pesquisa comparativa sobre o MP brasileiro e o MP espanhol (Machado, 2007b); pesquisa sobre a atuação do MP em políticas criminais sob uma perspectiva crítica (emancipatória) do direito social à segurança pública (Suxberger, 2010).

Há uma diversidade de modelos institucionais. Os exemplos e experiências concretas demonstram que o modelo idealizado constitucionalmente constitui apenas o ponto de partida. O desempenho das funções relaciona-se a distintas variáveis. Fatores organizacionais jogam um papel relevante, na medida em que a distribuição das tarefas entre os integrantes da organização passa pela estruturação burocrática (burocracia no sentido weberiano) das diversas funções institucionais (Machado, 2007: 27-45; Machado, 2007b: 15-25; Weber, 1993: 701-706).

A análise da evolução do Ministério Público brasileiro revela uma notável complexidade organizacional, com a criação de Centros de Apoio (realidade estadual) e promotorias especializadas em distintas áreas de atuação, especialmente voltadas à defesa de interesses difusos e coletivos. Nesse sentido, as interações organizacionais que promovem uma redistribuição interna das funções institucionais pressupõem tomadas de decisão sobre os temas relevantes, a alocação de recursos escassos, humanos e materiais. Por outro lado, áreas deixam de ser consideradas prioritárias. Integrantes de áreas que nunca estiveram na pauta das prioridades institucionais ressentem da ausência de recursos para o desempenho das atividades (Debert, 2000: 209-257; Machado, 2007a: 205-220; Sanches Filho, 2000: 185-208).

A abordagem sistêmica da identidade organizacional utiliza-se da metáfora do mapa que orienta a tomada de decisões pelos membros. A coexistência de múltiplas identidades, eventualmente conflitantes, remete às estratégias para a comunicação oficial (Seidl, 2003). As pesquisas sobre o Ministério Público no Brasil confirmam que não há autodescrições homogêneas. Nem todos os modelos observados autodescrevem-se como organizações primordialmente voltadas à defesa de interesses difusos e coletivos. Apesar das mudanças nas premissas decisórias, na forma da legislação que ampliou o leque de funções e instrumentos de atuação e a redefinição das funções distribuídas aos ofícios, a mudança identitária depende de outras premissas, nem sempre evidenciadas em textos, como a cultura organizacional.

Neste capítulo, pretendo analisar uma função específica do Ministério Público brasileiro: o controle externo da atividade policial. A escolha deve-se ao inegável interesse pelo desempenho desta função, evidenciado pela definição de prioridades do Conselho Nacional do Ministério Público.[2] Muito se discute sobre os limites da atuação do Ministério Público, os conflitos com a Polícia e a eficácia ou ineficácia do desempenho desta função. Algumas perguntas pertinentes ao leitor interessado no tema: O Ministério Público

---

[2] Conferir Nota Técnica do Conselho Nacional do Ministério Público sobre o controle externo das polícias (Controle externo... disponível em: http://www.cnmp.gov.br/noticias_cnmp/2010/controle-externo-das-policias-cnmp-expede-nota-tecnica-e-recomendacao/. Acesso em 20.07.2010.

tem desempenhado de forma eficiente esta função? Mas, o que se constitui o controle externo da atividade policial? Obviamente, todas essas questões mereceriam uma análise detida. O objetivo, porém, é mais modesto.

A partir de pesquisa exploratória realizada no Distrito Federal (DF) sobre as representações sociais de profissionais da área jurídica em relação ao desempenho do MP no âmbito criminal e, especialmente, no exercício da atividade de controle externo da atividade policial, busco adensar as pesquisas sobre a forma como comunicam as organizações do subsistema jurídico-penal. Por isso, será relevante abordar a construção interna (cultura organizacional) do conceito de controle externo, razão pela qual o debate jurídico não será o foco da argumentação.[3]

Do material empírico produzido durante a pesquisa, seleciono as representações sociais materializadas nas entrevistas realizadas em Brasília. Do ponto de vista metodológico, analiso a documentação interna da organização pesquisada, bem como o discurso de profissionais que integram diferentes organizações do subsistema jurídico-penal. Os relatos sinalizam pistas sobre premissas decisórias (cultura organizacional) que permitem adensar o conhecimento sobre a forma de comunicação das organizações que participam da definição jurídico-penal (Luhmann, 2005, 2007, 2010).

1. REPRESENTAÇÕES SOCIAIS SOBRE A ATUAÇÃO DO MP NA ÁREA CRIMINAL E O CONTROLE EXTERNO DA ATIVIDADE POLICIAL: NOTAS PARCIAIS DE UMA PESQUISA EXPLORATÓRIA

Entre 2006 e 2007, realizamos com o apoio da Fundação Escola Superior do Ministério Público do Distrito Federal (FESMPDFT) pesquisa exploratória (Thiago Pierobom [coordenador], Antonio H. G. Suxberger e Bruno Amaral Machado) sobre as representações sociais de profissionais da área jurídica quanto ao desempenho do Ministério Público em diversas áreas de atuação no Distrito Federal.[4] Na primeira fase (quantitativa) foram enviados questionários aos seguintes profissionais:

---

[3] A teoria das organizações propicia ferramentas para contrapor a organização-resposta à organização-construção. Para isso, é relevante a análise que considera a cultura organizacional e pautas que orientam a ação coletiva no interior das organizações (Croizier, 1992; Berger & Luckmann, 1999; Machado, 2007a: 27-34; Machado, 2007b: 15-18).

[4] Reproduzimos aqui diversas partes do relatório de pesquisa e das entrevistas e análises contidas em uma das monografias elaboradas a partir do trabalho coletivo (Mallet Raup, 2008; Ribeiro, 2008). Ver descrição sobre a amostra, metodologia e relatório da pesquisa quantitativa elaborada pelo estatístico René Mallet Raup (2009). Não consideramos nesta análise sexo, tempo de carreira e formação acadêmica, pois não houve discrepância significativa em relação às questões analisadas neste artigo. Esclarece Mallet Raup: «Optou-se pela pesquisa

Atuação do profissional	Número de questionários encaminhados	Número de questionários respondidos	Percentual de resposta
Desembargador	35	8	22,9%
Delegado de Polícia	106	19	17,9%
Defensor Público	131	22	16,8%
Juiz	230	23	10,0%
Oficial da PM	200	169	84,5%
Total	1.052	243	23,1%

Na fase qualitativa, optamos pela realização de entrevistas semiestruturadas, que contou com a participação dos seguintes profissionais da área jurídica: 9 membros do Poder Judiciário, 7 defensores públicos, 10 delegados de Polícia e 4 oficiais da Polícia Militar.[5] Para os fins deste artigo, selecionamos unicamente as repostas relacionadas à investigação criminal pelo MP, ao relacionamento entre MP e Polícia e o controle externo da atividade policial. Da fase qualitativa, utilizamos as entrevistas semiestruturadas que permitem contrastar a resposta aos questionários e, assim, confrontar determinadas imagens sugeridas na pesquisa quantitativa.[6]

---

exploratória não probabilística através de questionários autopreenchidos devido à dificuldade de se obter controle de uma eventual amostra aleatória. No caso dos Desembargadores, Juízes de Direito e Defensores Públicos, optou-se pelo envio de mala direta com resposta paga a todos os profissionais. No caso dos Agentes de Polícia, devido a seu número, foram enviados 350 formulários para a Associação dos Agentes da Polícia Civil, a qual encarregou-se de distribuir os formulários entre os agentes. A distribuição dos formulários iniciou-se em 22 de agosto e foram considerados todos os formulários recebidos até 30 de novembro de 2007. O número de questionários enviados e de respondidos encontra-se na tabela abaixo. Pela insuficiente participação foram excluídos da análise quantitativa os agentes de Polícia» (Raupp, 2008: 1). Ver descrição do projeto, coordenadores e estudantes que participaram em: Ribeiro (2008).

[5] No item 4 as tabelas e dados da pesquisa quantitativa foram extraídos diretamente do relatório estatístico elaborado por René Mallet Raup (2009). Por outro lado, as entrevistas semiestruturadas citadas diretamente bem como a síntese da pesquisa qualitativa (percepções dos sujeitos da pesquisa) encontram-se na monografia elaborada por Juliana L. Ribeiro (2008: 24 e ss). Outros profissionais foram entrevistados, não interessando diretamente a este artigo. Conferir descrição detalhada da pesquisa e dificuldades enfrentadas para a aplicação dos questionários e entrevistas na referida monografia (Ribeiro, 2008: 1-18). Alteramos a numeração do relatório de pesquisa para atender aos objetivos deste artigo (Raupp, 2008).

[6] Conferir monografia que analisa o controle externo da atividade policial e relatório de pesquisa (contém entrevistas utilizadas neste item) em: Ribeiro, 2008: 23 e ss.

1.1 Investigação criminal pelo Ministério Público

1.1.1 A eficiência das investigações criminais realizadas pelos próprios órgãos internos da polícia, envolvendo desvios cometidos por seus Policiais, pode ser influenciada pelo corporativismo?

Atuação do profissional	SIM	NÃO	S O	S R	TOTAL
Defensor Público	20 (90,9%)	2 (9,1%)	-	-	22
Delegado de Polícia	7 (36,8%)	11 (57,9%)	-	1 (5,3%)	19
Desembargador	7 (87,5%)	1 (12,5%)	-	-	8
Juiz de Direito	20 (87,0%)	1 (4,3%)	2 (8,7%)	-	23
Oficial da PM	130 (76,9%)	33 (19,5%)	6 (3,6%)	-	169
TOTAL	184 (76,4%)	48 (19,9%)	8 (3,3%)	1 (0,4%)	241

1.1.2 No caso de investigação de crimes cometidos por Policiais, a intervenção do Ministério Público pode alcançar resultados mais satisfatórios em relação à investigação realizada pelos próprios órgãos internos da polícia?

Atuação do profissional	SIM	NÃO	S O	S R	TOTAL
Defensor Público	17 (77,3%)	5 (22,7%)	-	-	22
Delegado de Polícia	3 (15,8%)	15 (78,9%)	-	1 (5,3%)	19
Desembargador	8	-	-	-	8
Juiz de Direito	20 (87,0%)	-	3 (13,0%)	-	23
Oficial da PM	114 (67,4%)	48 (28,4%)	6 (3,6%)	1 (0,6%)	169
TOTAL	162 (67,3%)	68 (28,2%)	9 (3,7%)	2 (0,8%)	241

Em relação aos itens 1.1.1 e 1.1.2, cotejamos as respostas dos delegados de Polícia, os quais, em sua maioria (57,9%), mencionam que o corporativismo não interfere na eficiência das investigações, com a visão dos demais profissionais da área jurídica. De fato, 57,9% dos delegados entrevistados entendem que a Polícia tem condições de investigar todas as infrações penais. Além disso, 78,9% dos Delegados entendem que, no caso de investigação de crimes cometidos por policiais, a intervenção do Ministério Público não pode alcançar resultados mais satisfatórios em relação à investigação realizada pelos próprios órgãos internos da Polícia. Esta visão contrasta com os demais profissionais da área jurídica que participaram da pesquisa.

No campo policial no DF a pesquisa sugere divergência entre os servidores públicos que integram as Polícias Civil e Militar. A maioria dos oficiais da Polícia Militar (76,9%) entende que as investigações criminais de desvios praticados por seus agentes, quando apuradas internamente, podem ser influenciadas pelo corporativismo. Assim, a intervenção do MP pode alcançar resultados mais satisfatórios (67,4%).

Entre os juízes que responderam ao questionário, predomina a visão de que o envolvimento do MP nas investigações envolvendo crimes cometidos por policiais melhoraria a qualidade da investigação em relação à investigação interna (Corregedorias) (87%). Entre os defensores públicos que participaram da fase quantitativa, 90,9% apontam o corporativismo da Polícia como fator que influencia nas investigações criminais de integrantes da própria Polícia. Além disso, 77,3% dos defensores públicos entendem que a participação direta do Ministério Público nas investigações de crimes cometidos por policiais, altas autoridades do Poder Executivo e crime organizado com infiltração no próprio Estado podem acarretar resultados mais satisfatórios para o esclarecimento dos fatos.

1.1.3 No caso de investigação de crimes cometidos por altas autoridades do Poder Executivo, a intervenção do Ministério Público, por não estar sujeito a pressões externas de outros Poderes Estatais, pode alcançar resultados mais satisfatórios que a investigação Policial?

Atuação do profissional	SIM	NÃO	S O	S R	TOTAL
Defensor Público	17 (77,3%)	5 (22,7%)	-	-	22
Delegado de Polícia	5 (26,3%)	11 (57,9%)	1 (5,3%)	2 (10,5%)	19
Desembargador	6 (75,0%)	1 (12,5%)	1 (12,5%)	-	8

Juiz de Direito	13 (56,5%)	7 (30,4%)	3 (13,1%)	-	23
Oficial da PM	144 (85,2%)	17 (10,1%)	8 (4,7%)	-	169
TOTAL	185 (76,8%)	41 (17,0%)	13 (5,4%)	2 (0,8%)	241

1.1.4 As investigações envolvendo o crime organizado, que possui infiltração no próprio Estado, poderiam ter maior êxito se fossem conduzidas por membros do Ministério Público?

Atuação do profissional	SIM	NÃO	S O	S R	TOTAL
Defensor Público	15 (68,2%)	6 (27,3%)	1 (4,5%)	-	22
Delegado de Polícia	1 (5,3%)	17 (89,4%)	-	1 (5,3%)	19
Desembargador	4 (50,0%)	3 (37,5%)	1 (12,5%)	-	8
Juiz de Direito	13 (56,5%)	8 (34,8%)	2 (8,7%)	-	23
Oficial da PM	109 (64,4%)	42 (24,9%)	15 (8,9%)	3 (1,8%)	169
TOTAL	142 (58,9%)	76 (31,5%)	19 (7,9%)	4 (1,7%)	241

Uma das questões recorrentes na fala dos membros do Ministério Público na pesquisa que realizamos refere-se à ausência de independência da Polícia para investigar os membros do governo ou os delitos com ramificações no Estado (crime organizado e corrupção política) (Machado, 2007a: 207-214 e p. 294-296). Em outras palavras, a imagem da Polícia (no discurso dos participantes da pesquisa) surge associada à vinculação direta com o Executivo. Neste sentido a pesquisa realizada pela FESMPDFT buscou, na fase quantitativa, identificar as percepções sociais de profissionais da área jurídica sobre tais representações identificadas nas entrevistas com os membros do MP.

Entre os delegados de Polícia, predomina a visão de que a participação direta do MP não necessariamente alcançaria resultados mais satisfatórios. Os delegados de Polícia discordam, ainda, que a condução do inquérito policial em casos de crime organizado, com ramificações no Estado tivesse maior possibilidade de êxito se conduzidos pelo MP.

A matéria não é unânime entre os demais profissionais que participaram da pesquisa. A percepção sobre a possibilidade do MP investigar diretamente provoca, inclusive, uma dificuldade de compreensão dos limites desta atividade, conforme sintetiza um dos desembargadores entrevistados:

> «O Ministério Público deve evitar o envolvimento emocional com a prova em um primeiro momento. Às vezes pode comprometer a colheita da prova que irá comprometer a sua própria atuação. Em alguns casos restritos eu até acho difícil um delegado investigar outro delegado, um delegado investigar o seu chefe, um delegado investigar um governador. Há uma certa dificuldade de atuação. Eu acho que nesses casos deve agir o MP, mas com muita cautela. Não querer ser investigador policial, porque o investigador tem que ter uma visão diferente até mesmo para garantir a ampla defesa e o contraditório. Eu ainda não tenho definitivamente uma opinião nesse assunto que é tão complexo.» (Desembargador 2)

1.1.5 A investigação criminal deve ser atribuição exclusiva da Polícia?

Atuação do profissional	SIM	NÃO	S O	S R	TOTAL
Defensor Público	4 (18,2%)	17 (77,3%)	1 (4,5%)	-	22
Delegado de Polícia	16 (84,2%)	2 (10,5%)	-	1 (5,3%)	19
Desembargador	4 (50,0%)	4 (50,0%)	-	-	8
Juiz de Direito	4 (17,4%)	19 (82,6%)	-	-	23
Oficial da PM	53 (31,4%)	106 (62,7%)	8 (4,7%)	2 (1,2%)	169
TOTAL	81 (33,6%)	148 (61,4%)	9 (3,7%)	3 (1,3%)	241

1.1.6 O Ministério Público possui capacidade (conhecimento e habilidade) para investigar crimes?

Atuação do profissional	SIM	NÃO	S O	S R	TOTAL
Defensor Público	14 (63,6%)	6 (27,3%)	2 (9,1%)	-	22
Delegado de Polícia	2 (10,5%)	14 (73,7%)	1 (5,3%)	2 (10,5%)	19

Desembargador	3 (37,5%)	5 (62,5%)	-	-	8
Juiz de Direito	8 (34,8%)	10 (43,5%)	5 (21,7%)	-	23
Oficial da PM	68 (40,3%)	56 (33,1%)	45 (26,6%)	-	169
TOTAL	95 (39,4%)	91 (37,8%)	53 (22,0%)	2 (0,8%)	241

1.1.7 Sem prejuízo da investigação Policial, o Ministério Público deve ter poder para investigar diretamente crimes para promover a ação penal pública?

Atuação do profissional	SIM	NÃO	S O	S R	TOTAL
Defensor Público	12 (54,6%)	9 (40,9%)	1 (4,5%)	-	22
Delegado de Polícia	-	17 (89,4%)	1 (5,3%)	1 (5,3%)	19
Desembargador	3 (37,5%)	5 (62,5%)	-	-	8
Juiz de Direito	15 (65,3%)	7 (30,4%)	1 (4,3%)	-	23
Oficial da PM	113 (66,9%)	44 (26,0%)	12 (7,1%)	-	169
TOTAL	143 (59,4%)	82 (34,0%)	15 (6,2%)	1 (0,4%)	241

Em relação aos itens 1.1.5, 1.1.6 e 1.1.7, as respostas dos delegados de Polícia sugerem desconfiança sobre a investigação realizada pelo MP, seja pela exclusividade da função pela Polícia, seja pela falta de capacitação técnica dos membros do MP para investigar. Entre os delegados entrevistados, 84,2% entendem que a investigação criminal deve ser atribuição exclusiva da Polícia. Além disso, 73,7% assinalam a falta de capacidade de o Ministério Público conduzir investigações; ainda, 89,4% dos delegados de Polícia entendem que o MP não deve ter poderes investigatórios na área criminal. Mais uma vez, a pesquisa sugere divergências entre os servidores que integram o campo policial. A maioria dos oficiais da PM concorda que a investigação não deve ser atribuição exclusiva da Polícia (62,7%). Porém, nota-se pouca segurança se o MP de fato estaria preparado para investigar (40,3% dos entrevistados acreditam que o MP estaria capacitado). A maioria dos oficiais entende que o MP deve ter poderes para investigar diretamente (66,9%).

Entre os juízes que participaram da fase quantitativa da pesquisa, 65,3% entendem que o MP deve ter poderes para investigar diretamente, e a investigação não deve ser exclusiva da Polícia (82,6%). Entre os desembargadores que participaram da fase quantitativa da pesquisa, 50% entendem que a investigação criminal deve ser atribuição exclusiva da Polícia. Também merece análise o fato de que a maioria dos desembargadores nega a possibilidade de o MP investigar diretamente, apontando também a ausência de capacidade investigadora.

1.2 Ministério Público e Polícia

1.2.1 É importante a existência de órgão externo à Polícia que fiscalize suas atividades?

Atuação do profissional	SIM	NÃO	S O	S R	TOTAL
Defensor Público	22	-	-	-	22
Delegado de Polícia	16 (84,2%)	2 (10,5%)	1 (5,3%)	-	19
Desembargador	8	-	-	-	8
Juiz de Direito	22 (95,7%)	1 (4,3%)	-	-	23
Oficial da PM	154 (91,1%)	9 (5,3%)	6 (3,6%)	-	169
TOTAL	222 (92,1%)	12 (5,0%)	7 (2,9%)	-	241

1.2.2 O controle externo da atividade Policial realizado pelo MP acarreta intervenção indevida no trabalho da polícia?

Atuação do profissional	SIM	NÃO	S O	S R	TOTAL
Defensor Público	-	21 (95,5%)	-	1 (4,5%)	22
Delegado de Polícia	10 (52,6%)	7 (36,8%)	1 (5,3%)	1 (5,3%)	19
Desembargador	-	7 (87,5%)	1 (12,5%)	-	8
Juiz de Direito	3 (13,0%)	18 (78,3%)	2 (8,7%)	-	23

Oficial da PM	36 (21,3%)	106 (62,7%)	22 (13,0%)	5 (3,0%)	169
TOTAL	49 (20,3%)	159 (66,0%)	26 (10,8%)	7 (2,9%)	241

1.2.3 Você acha que o MPDFT tem exercido de forma eficiente o controle externo da atividade Policial sobre a Polícia Civil do Distrito Federal?

Atuação do profissional	SIM	NÃO	S O	S R	TOTAL
Defensor Público	5 (22,7%)	11 (50,0%)	6 (27,3%)	-	22
Delegado de Polícia	4 (21,0%)	11 (58,0%)	4 (21,0%)	-	19
Desembargador	2 (25,0%)	1 (12,5%)	5 (62,5%)	-	8
Juiz de Direito	2 (8,7%)	11 (47,8%)	10 (43,5%)	-	23
Oficial da PM	22 (13,0%)	82 (48,5%)	64 (37,9%)	1 (0,6%)	169
TOTAL	35 (14,5%)	116 (48,2%)	89 (36,9%)	1 (0,4%)	241

1.2.4 Você acha que o MPDFT tem exercido de forma eficiente o controle externo da atividade Policial sobre a Polícia Militar do Distrito Federal?

Atuação do profissional	SIM	NÃO	S O	S R	TOTAL
Defensor Público	5 (22,7%)	9 (40,9%)	8 (36,4%)	-	22
Delegado de Polícia	2 (10,5%)	9 (47,4%)	8 (42,1%)	-	19
Desembargador	1 (12,5%)	1 (12,5%)	6 (75,0%)	-	8
Juiz de Direito	2 (8,7%)	11 (47,8%)	10 (43,5%)	-	23
Oficial da PM	88 (52,1%)	59 (34,9%)	22 (13,0%)	-	169
TOTAL	98 (40,7%)	89 (36,9%)	54 (22,4%)	-	241

Em relação aos itens 1.2.1 a 1.2.4, a pesquisa sugere que, embora predomine a visão de que é fundamental a existência de órgão externo de controle da atividade policial, para os delegados de Polícia que participaram da pesquisa, o controle externo realizado pelo MP acarreta intervenção indevida no trabalho da Polícia. Quanto à avaliação do desempenho da função do MP no controle externo da atividade policial, predomina a imagem de que o MP não tem desempenhado de forma eficiente esta função (entre os que possuem opinião definida). Para os delegados de Polícia que participaram da pesquisa, 84,2% entendem que é importante a existência de um órgão externo à Polícia que fiscalize suas atividades. Contudo, da forma como é exercido pelo MP acarretaria intervenção indevida no trabalho da Polícia (52,6%); entre os delegados, predomina, ainda, a visão de que o MP não desempenha de forma eficiente o controle externo das atividades da Polícia Civil (58%), avaliação um pouco melhor em relação ao controle da Polícia Militar (47,4%).

Os oficiais da PMDF também concordam que é importante a existência de órgão externo de controle da atividade policial (91,1%). Porém, o que sugere outra divergência com os delegados de Polícia, a maioria dos oficiais (62,7%) acredita que o controle externo da atividade Policial realizado pelo Ministério Público não implica intervenção indevida no trabalho da Polícia.

Ainda avaliando a pesquisa quantitativa, 100% dos desembargadores entrevistados creem necessária a existência de órgão externo à Polícia que fiscalize suas atividades, o que não se constituiria em intervenção indevida no trabalho da Polícia. Porém, o desempenho da função pelo MP está distante da ideal. Entre os desembargadores, 62,5% apontam a eficácia do controle externo das atividades da Polícia Civil pelo MPDFT, avaliação um pouco melhor em relação ao controle externo da PMDF.

As representações colhidas na fase qualitativa permitem aprofundar um pouco mais as imagens sobre o desempenho do MP nesta área de atuação. A avaliação negativa quanto ao desempenho desta função é explicitada por um dos desembargadores entrevistados:

> «Não há efetivamente este controle. O controle que o Ministério Público faz sobre a atividade policial é se ela está cumprindo a sua função institucional, instaurando inquéritos. Eu penso que o Ministério Público deveria estar muito mais preocupado se a Polícia não estaria exorbitando o seu poder em detrimento do cidadão. Eu gostaria de ver o Ministério Público atuando mais nessa área de direitos humanos, e quem atua nessa área é a OAB.» (Desembargador 3)

Entre os magistrados entrevistados, a visão recorrente é a de que o MP deve exercer o controle externo da atividade policial. Há especial referência à necessidade de diferenciar o controle da «ingerência indevida»:

> «É legítimo, pois estabelecido pela própria Constituição, e adequado, tendo em vista que a Polícia realiza diligências investigatórias para fornecer subsídios à propositura da ação penal, cujo titular é o Ministério Público. Mas não me parece que o Ministério Público tem realizado esse controle a contento, talvez porque ainda não há uma disciplina clara sobre quais seriam as funções ou os poderes do Ministério Público por ocasião do controle externo da atividade policial.» (Juiz 4)

Um dos entrevistados sugere as razões que desaconselham o controle externo da atividade policial pelo MP (Ribeiro, 2008):

> «Como me coloquei contra o controle externo do MP e do Judiciário, também me coloco contra o controle externo das autoridades policiais, pois a ingerência ministerial, ainda que finalística, na atuação da Polícia acaba por desrespeitar a separação de funções entre as diversas instituições. A Polícia deve ter um órgão interno, uma Corregedoria, para exercer um controle finalístico da sua atividade. Temo que esse tipo de controle represente uma guerra de vaidades, uma interferência desnecessária de uma instituição em outra.» (Juiz 1)

Entre os delegados de Polícia entrevistados, a crítica se dirige não exatamente à possibilidade do exercício do controle externo pelo MP, previsto constitucionalmente, mas à forma como é exercido. O receio quanto ao exercício desta função pelo MP está no que é representado como «confusão» entre o «controle externo» e o «controle interno» e nas «ingerências administrativas».

> «O Ministério Público não se preocupa com o controle externo da Polícia como instituição, principalmente, com a existência de agentes do crime organizado infiltrados dentro da Polícia, ingerência política dentro da Polícia (...). Com isso o Ministério Público não mexe, porque ele tem medo. (...) Na verdade, ao exercer o controle externo, o Ministério Público confunde suas atribuições com as da Corregedoria de Polícia.» (Delegado 10)

Confirmando pesquisas já realizadas com os delegados de Polícia (Cavalcanti, 2003: 141-164) e as percepções colhidas na fase quantitativa, os delegados entrevistados criticam a possibilidade de o MP realizar investigações diretamente. As razões são variadas: desde constitucionais (o poder constituinte originário não teria conferido tal poder ao MP, conforme sintetizado por um dos entrevistados – Delegado 4); ausência de estrutura e capacidade do MP para exercer tal função (Delegado 6); desconhecimento pelos promotores da estrutura da Polícia e distanciamento dos promotores de justiça das delegacias de Polícia (Delegados 1 e 3, respectivamente) (Ribeiro, 2008: 36-39).

1.2.5 Há necessidade hoje de uma maior integração entre Polícias Civil e Militar do DF e o MPDFT?

Atuação do profissional	SIM	NÃO	S O	S R	TOTAL
Defensor Público	19 (86,4%)	1 (4,5%)	2 (9,1%)	-	22
Delegado de Polícia	18 (94,7%)	1 (5,3%)	-	-	19
Desembargador	5 (62,5%)	-	3 (37,5%)	-	8
Juiz de Direito	22 (95,7%)	-	1 (4,3%)	-	23
Oficial da PM	164 (97,0%)	3 (1,8%)	2 (1,2%)	-	169
TOTAL	228 (94,6%)	5 (2,1%)	8 (3,3%)	-	241

1.2.6 Deve haver a subordinação funcional direta da polícia ao Ministério Público?

Atuação do profissional	SIM	NÃO	S O	S R	TOTAL
Defensor Público	2 (9,1%)	20 (90,9%)	-	-	22
Delegado de Polícia	-	19	-	-	19
Desembargador	1 (12,5%)	5 (62,5%)	2 (25,0%)	-	8
Juiz de Direito	3 (13,0%)	18 (78,3%)	2 (8,7%)	-	23
Oficial da PM	28 (16,6%)	126 (74,5%)	15 (8,9%)	-	169
TOTAL	34 (14,1%)	188 (78,0%)	19 (7,9%)	-	241

1.2.7 Você acredita que uma postura ativa do Ministério Público na fase das investigações, indicando linhas de investigação e fornecendo instruções específicas para a condução da investigação nos inquéritos policiais, acarreta maior probabilidade de sucesso na ação penal por ele ajuizada?

Atuação do profissional	SIM	NÃO	S O	S R	TOTAL
Defensor Público	13 (59,1%)	7 (31,9%)	1 (4,5%)	1 (4,5%)	22
Delegado de Polícia	3 (15,8%)	15 (78,9%)	1 (5,3%)	-	19
Desembargador	6 (75,0%)	2 (25,0%)	-	-	8
Juiz de Direito	15 (65,3%)	6 (26,0%)	2 (8,7%)	-	23
Oficial da PM	96 (56,8%)	47 (27,8%)	25 (14,8%)	1 (0,6%)	169
TOTAL	133 (55,2%)	77 (32,0%)	29 (12,0%)	2 (0,8%)	241

A pesquisa quantitativa sugere quase unanimidade entre os profissionais entrevistados de que é necessária mais integração entre o MP e a Polícia. Também predomina a visão de que não deve haver subordinação da Polícia ao MP. Sinaliza-se, ainda, que, com exceção dos delegados de Polícia, os demais profissionais selecionados para a pesquisa acreditam na maior probabilidade de sucesso na ação penal quando o MP assume uma postura ativa durante a investigação.

Entre os delegados de Polícia entrevistados, há total discordância em relação à integração da Polícia à estrutura do MP. Na fala dos delegados de Polícia há especial referência «à missão institucional de cada um». A integração deveria ser incentivada. A subordinação ou vinculação funcional, contudo, é rechaçada. A imagem predominante na fala dos delegados é a de duas instituições igualmente relevantes, com atribuições específicas e definidas.

No campo judicial não há a aparente unanimidade sugerida na fala dos delegados de Polícia que participaram da pesquisa. Na divisão das competências jurídicas, chama a atenção a fala de um dos desembargadores entrevistados, que aproxima as funções da Polícia e do MP:

> «Da mesma forma que o Ministério Público pode investigar, eu penso que o Delegado de Polícia pode oferecer denúncia em alguns casos. Eu acho que o Ministério Público não deveria ter a exclusividade da ação penal. Antigamente, antes da reforma, nos acidentes de veículo, nós tínhamos o processo

> judicialiforme. Ele dava tão certo! A própria portaria do Delegado já instaurava a ação penal, havia uma celeridade em tudo aquilo. Naquela época em que o Delegado de Polícia tinha a atribuição para a propositura da ação penal, ele se esmerava muito mais na colheita da prova. É a mesma coisa que justifica o Ministério Público investigar, como ele vai denunciar, ele vai se esmerar na busca da prova (...). Eu acho que não tem inconveniente nenhuma os dois estarem na mesma instituição. A instituição poderia chamar «a instituição da persecução penal.» (Desembargador 1)

Um dos desembargadores entrevistados ressalta as deficiências do controle externo exercido pelo MP, sugerindo a subordinação da Polícia judiciária ao Ministério Público, pois este é o destinatário de sua atividade (desembargador 3). Porém, reconhece que «o controle causa desencontro das atividades» e que «seria melhor uma regulamentação específica sobre o que se entende por controle», pois «a Polícia acha que o Ministério Público excede e o Ministério Público acha que a Polícia não quer se submeter à norma constitucional». No discurso dos desembargadores participantes da pesquisa qualitativa, aparece de forma clara a ausência de definição exata dos limites e contornos exatos do controle a ser exercido, fonte, muitas vezes, das disputas institucionais. Um dos entrevistados, inclusive, não vê o caminho da subordinação da Polícia ao MP ou incorporação da Polícia ao quadro do MP como caminho a ser trilhado:

> «No fundo, todos nós somos ferro e fogo da mesma instituição, o Estado. É o Estado que paga a magistratura, o Ministério Público e os Delegados. Todos nós somos servidores públicos. O nosso objetivo é servir ao público. (...) Então não me parece que juntar Ministério Público e Delegado dentro da mesma instituição possa trazer qualquer benefício ao sistema que já temos.» (Desembargador 2)

Esta última visão diverge totalmente da retratada por um dos juízes entrevistados, o qual, inclusive, propõe a extinção da carreira de delegado de Polícia e sua incorporação ao MP, o que traria mais eficiência ao sistema de justiça criminal (Juiz 5). Esta proposta não é acolhida, porém, pelos demais juízes e desembargadores entrevistados. Em síntese, na imagem construída sobre a divisão de competências jurídicas, não deveria haver vinculação ou subordinação da Polícia ao MP (Ribeiro, 2008: 26-31).

As representações sociais dos atores que participam da divisão do trabalho jurídico-penal não autorizam a imediata transposição das imagens para a descrição das respectivas identidades organizacionais. As autodescrições organizacionais relacionam-se à forma como as organizações comunicam, por meio de decisões. Porém, as interações organizacionais são fundamentais para a compreensão das dinâmicas internas das organizações modernas (Seidl, 2005). E por isso, obviamente, as representações sociais propiciam pistas sobre a forma como são configurados os sistemas de interação entre distintos atores que integram diferentes organizações. Mostram-se, assim, relevantes para a observação (de segunda ordem) sobre a forma como comunicam as organizações.

2. REDEFININDO O CONTROLE EXTERNO DA ATIVIDADE POLICIAL: O CASO DO NÚCLEO DE CONTROLE EXTERNO DA ATIVIDADE POLICIAL (NCAP) DO MPDFT

Pesquisas empíricas realizadas com membros do Ministério Público brasileiro (federal e estaduais) constituem-se em importante referencial para compreensão da forma como se comunica esta organização. As decisões das organizações pressupõem premissas decisórias, tais como a forma como as tarefas são conferidas e distribuídas legalmente e o recrutamento e profissionalização de seus membros. A programação condicional, definida pela constituição, leis e portarias internas, coexiste com a programação finalística, na forma do planejamento estratégico, cada vez mais presente na pauta de atuação das procuradorias-gerais de justiça e estimuladas, quando não instadas, pelo Conselho Nacional do Ministério Público.

Essas não são as únicas premissas relevantes para compreender como comunica, por meio de suas decisões, a organização Ministério Público. A cultura organizacional, forma como a organização lida com os processos decisórios, configura premissa não passível de decisão. Da mesma forma, as rotinas cognitivas referem-se a como o entorno é definido pela organização. Por rotinas cognitivas entende-se não aquilo que percebem todos os indivíduos envolvidos na organização, mas as identificações registradas pelo uso reiterado nas comunicações, e que podem ser recuperadas segundo a necessidade (Luhmann, 2010: 219).

2.1 Metodologia do estudo de caso

Duas importantes pesquisas quantitativas de alcance nacional, realizadas em meados da década de 1990, constituem o ponto de partida. No *survey* realizado com membros dos Ministérios Públicos estaduais, duas questões merecem atenção. Por um lado, a falta de recursos materiais da polícia (91%) e o mau desempenho desta instituição (88%) são apontados pelos promotores e procuradores de justiça como os fatores mais importantes para o bom funcionamento da administração da justiça no Brasil (Sadek, 1997: 49). As percepções sociais sugerem visão crítica sobre a eficiência da atividade policial. Por outro lado, ao relacionar as áreas prioritárias nos últimos dois anos, o controle externo aparece apenas em 5.º lugar. Na ordem das prioridades, aparece atrás das seguintes áreas: crime, administração pública, serviços de relevância pública e patrimônio público (Sadek, 1997: 59).

As representações sociais colhidas na pesquisa quantitativa com membros dos Ministérios Públicos estaduais não diferem substancialmente daquelas que aparecem no *survey* realizado com membros do Ministério Público Federal. Entre os obstáculos ao bom funcionamento da administração de justiça no Brasil, a falta de recursos materiais da polícia e o mau desempenho da polícia são apontados como os fatores mais importantes (93% e 85%, respectivamente) (Sadek e Castilho, 1998: 12).

De acordo com o *survey* realizado com o MPF, entre os obstáculos a uma adequada prestação jurisdicional, a Polícia aparece como grande vilã. Do total de entrevistados, 71,5% consideram muito importante a demora na apuração pela Polícia e 64,5% apontam o despreparo técnico de policiais (Sadek e Castilho, 1998: 23).

Há visão igualmente crítica sobre o desempenho da Polícia. Porém, ao relacionar as áreas prioritárias nos últimos dois anos, o controle externo aparece apenas em 7.º lugar. Na linha de prioridades, surge atrás das seguintes áreas: crime, fiscal da lei, patrimônio público, controle da administração pública, meio ambiente e serviços de relevância pública e patrimônio público (Sadek e Castilho, 1998: 29).

De fato, transcorreram vários anos da realização das pesquisas referidas e seria importante a realização de novos *surveys*, especialmente em razão do crescimento das instituições e renovação dos quadros. Porém, em pesquisa recente, realizada pela Conamp com membros do Ministério Público brasileiro, o controle externo da atividade policial aparece como a função mais criticada pelos próprios membros, somando o maior número de avaliações como ruim ou péssimo (26%) (Ministério da Justiça, 2006: 102).

As pesquisas sugerem autocrítica sobre a atuação do MP. A Polícia aparece como instituição bastante criticada. Nesse sentido, a necessidade de implementar o controle externo da atividade policial surge a partir de experiências vivenciadas e, muitas vezes, relaciona-se à construção de prioridades na agenda do MP brasileiro. Embora escassas as pesquisas sobre a atuação do MP na área de controle externo da atividade policial, os estudos já realizados permitem aprofundar o conhecimento sobre as dinâmicas internas e interações organizacionais a partir de experiências concretas.

Em pesquisa realizada na Bahia no final da década de 1990, há evidências de que o empenho pela implementação desta atividade esteve relacionado menos à política institucional que ao voluntarismo político de determinados promotores e procuradores. Aliada à iniciativa de alguns membros do MP estadual, a consolidação desta atividade também foi condicionada por outras variáveis. Do ponto de vista político não seria interessante assumir posição de resistência às ações de fiscalização da violência e abuso de poder da Polícia.

Porém, apontou-se que esta atividade estaria longe de ser prioritária do MP da Bahia (Sanches Filho, 2000: 185-208).

Já tive oportunidade de abordar o processo de expansão do MPDF por meio da criação de promotorias de justiça especializadas em diversos âmbitos de atuação (Machado, 2007a: 291-299). A área de controle externo da atividade policial também mereceu atenção de administrações anteriores do MPDFT. Nesta pesquisa seleciono o Núcleo de Controle Externo da Atividade Policial (NCAP) do MPDFT para conhecer as representações sociais dos membros do MP sobre o desempenho da atividade de controle externo da atividade policial. Para isso, optei pela realização de entrevistas semiestruturadas com os promotores que integraram o NCAP desde a sua criação.

O critério para definição do número de participantes da pesquisa foi a saturação. Decidi não entrevistar os promotores de justiça criminais lotados nas distintas promotorias de justiça nas circunscrições territoriais do DF, o que pode ser objeto de futura pesquisa, embora muitos dos promotores que integraram o NCAP estão (ou estiveram) lotados em promotorias de justiça criminais.

Assim, entre maio e julho de 2010 entrevistei 10 promotores de justiça que integraram o NCAP. O guia de entrevista constituiu-se apenas no ponto de partida, pois as «conversas» tangenciaram inúmeros aspectos não imaginados inicialmente, o que foi extremamente rico para análise final.[7] Analiso também a literatura organizacional, na forma de estatísticas, portarias e ações propostas. Em março de 2013, entrevistei os integrantes do NCAP designados para o cargo a partir de agosto de 2010. A atualização da pesquisa permitiu identificar a mudança ou persistência de determinadas percepções sobre o desempenho da atividade.

2.2 A decisão que cria e regulamenta o NCAP: comunicação organizacional, organograma e novas premissas decisórias

No MPDFT o Núcleo de Controle da Atividade Policial foi criado pela Procuradoria-geral de Justiça, por meio da Portaria 799, de 21.11.1996. Nas considerações iniciais do documento, além da referência aos fundamentos constitucionais e legais para o controle externo, o texto menciona especialmente que cabe à Polícia investigar todas as infrações penais; porém, afirma-se ser «inegável que tem havido *discrição* na fase policial» (itálico no original), seja na forma direta, mediante a omissão do registro das ocorrências, seja na forma indireta, quando arquivados diretamente na Polícia ou não investigados devidamente.

---

[7] Em agosto de 2010, com a posse da procuradora-geral de Justiça do MPDFT Eunice Amorim Carvalhido, foram designados novos integrantes para o NCAP.

A justificativa para a criação do Núcleo segue na imagem assim definida: «Para impedir tais acontecimentos, a atividade policial investigadora deve ser controlada, na forma da lei, pelo Ministério Público. Sem esse controle o Ministério Público torna-se cúmplice das arbitrariedades» (MPDFT, 1996: 2). O Núcleo seria integrado por um procurador de justiça e até três promotores de justiça, com atribuições em todo o Distrito Federal, estabelecendo-se vínculo direto com a chefia de gabinete do Procurador Geral de Justiça. A iniciativa tinha como objetivo suprir o que é retratado pelos promotores que participaram no processo de criação do Núcleo como esforço pela implementação de formas efetivas de controle da atividade policial. O documento previa expressamente a possibilidade de investigação direta por meio do Procedimento Administrativo Investigatório Supletivo. A avaliação era a de que a forma idealizada de controle, a ser exercido pelas promotorias de justiça criminais, não teria cumprido a função constitucional. Fazia-se necessária a concentração das funções em um Núcleo, subordinado diretamente à Procuradoria-geral de Justiça.

Nos relatos dos participantes da pesquisa aparecem as dificuldades na interação com a Polícia, o que sugere análises diversas. Relata-se a insuficiência de controles internos efetivos e a deficiência do controle externo da atividade policial exercido pelas instituições que deveriam desempenhar a função. Se tal relato aparece especialmente na fala dos primeiros integrantes do Núcleo, um caso específico foi o estopim para a criação do NCAP. Em 1996, a partir de informações sobre irregularidades em delegacia situada na Ceilândia, um grupo de promotores de justiça foi designado especialmente para o controle externo. Naquela oportunidade, policiais civis impediram a realização da atividade de controle. Alguns dos entrevistados relembram o contexto em que foi criado o NCAP:

> «Pelo que tenho conhecimento, isso se deu após um episódio envolvendo um delegado de polícia e um grupo de promotores de justiça que resolveram inspecionar a 15ª DP, logo após a entrada em vigor da Lei 9.099/1995, para verificar se os termos circunstanciados estavam sendo instaurados adequadamente. Na ocasião, o delegado convocou seus colegas, que fizeram uma barricada humana na delegacia, elaborando a famosa doutrina segundo a qual "o controle externo é aquele feito da porta para fora da delegacia". Pelo que sei, após esse episódio, sentiu-se a necessidade de criação de uma promotoria, ou de um núcleo de promotores, com atribuições exclusivas para tratar do tema do controle externo.» (Promotor de Justiça 6)

> «A criação do Núcleo se deveu às inúmeras denúncias de abuso de autoridade, tortura, extorsão e outros crimes que chegavam ao conhecimento do Ministério Público e cuja apuração, no âmbito policial, era falha e quase sempre não resultava em nada, haja vista o corporativismo das instituições policiais. Mas um caso foi o estopim, aconteceu na Ceilândia, não houve um enfrentamento, mas os promotores designados para uma inspeção foram impe-

> didos de entrar em uma delegacia. O argumento era de que o controle era "da porta para a rua".» (Promotor de Justiça 4)
>
> «O NCAP foi criado por volta de 1997, como decorrência da constatação da necessidade de um controle concentrado das atividades policiais e subsequente aos problemas enfrentados no controle das atividades da 19ª DP, em que o Delegado utilizava a estrutura da Delegacia para, em procedimentos preliminares de investigação, cobrar cheques sem fundos emitidos contra o comércio.» (Promotor de Justiça 7)

A resistência apontada ao controle externo da atividade policial foi um evento significativo para a organização MPDFT. Ao longo da década de 1990 houve uma diversificação das frentes de atuação, por meio da criação e regulamentação da atuação de diversas promotorias de justiça especializadas na defesa de direitos e interesses difusos (Machado, 2007a; Machado, 2007b). O incidente foi processado pela organização com a decisão, por meio da portaria da PGJ e estrutura burocrática, que mitigou a independência funcional, ao sugerir estratégia institucional em relação a uma das tarefas constitucionais a serem desempenhadas. A transformação poderia ser identificada em outros Ministérios Públicos, e acabaria fomentando o debate, especialmente nos anos 2000, sobre a necessidade de discutir os limites da independência funcional quando se estabelecem políticas institucionais (Arantes, 2002; Sadek, 2000).

Sob o enfoque sistêmico, nota-se a evolução da organização MP, com modificação do organograma interno e cadeia hierárquica, pois a unidade vincula-se diretamente à cúpula do MPDFT. A mudança no organograma, premissa decisória, não significa necessariamente uma mudança na forma de comunicação da organização em relação ao controle externo, conforme sugerem os relatos dos sujeitos da pesquisa (Luhmann, 2010). A comunicação da organização em relação ao controle externo apenas pode ser adequadamente debatida quando se consideram outras premissas, como a cultura organizacional.

2.3 A idealização de um novo formato organizacional: entre a atuação estratégica e a independência funcional

O modelo idealizado nunca chegou a contar com o procurador de Justiça. A vinculação à Procuradoria Geral de Justiça gera discussão e debate entre os promotores que já integraram o NCAP. A discussão não interessa unicamente aos membros do MP. Se o modelo brasileiro é elogiado pelo insulamento em relação ao Executivo e pela ausência de hierarquia, critica-se a dificuldade em se estabelecer uma política institucional, pois cada promotoria de Justiça acabaria, no seu formato original, atuando como ilha, não vinculada a diretrizes institucionais (Arantes, 2002: 13-18). O modelo vinculado à Procuradoria Geral permitiria a construção de formas de atuação institucional. A solução encontrada também não é unânime entre os entrevistados. Parte dos entrevistados/ participantes identifica a solução encontrada como alternativa para a construção de uma política de relacionamento institucional. Outros são céticos e identificam no modelo uma ofensa ao princípio do promotor natural, com riscos, inclusive, para as prerrogativas institucionais:

> «Naquele momento, havia a necessidade de tornar efetiva a ordem constitucional de controle externo da atividade policial. Havia, porém, mais discordâncias que concordâncias com a criação do órgão, tanto no ambiente interno do MPDFT, quanto no externo. Neste caso, a resistência oferecida pela polícia era muito grande, por questão político-corporativa. Internamente, havia colegas que se opuseram. Contudo, aprendi que as resistências internas tinham a ver com a falta de conhecimento, por uns, e a falta de interesse em assumir novas responsabilidades, por outros. O órgão foi criado, então, como forma de ser uma primeira estrutura atuante nessa matéria. Penso que nenhuma promotoria deve ter vinculação a nenhum órgão mandante, mas somente àquele que for o seu titular. Desse modo, o Núcleo foi criado como núcleo e assim permanece até os dias atuais, certamente porque, se transformado em Promotoria, haverá perda de ingerência. O Núcleo deve ser Promotoria e, como tal, com membros titulares.» (Promotor de Justiça 5)

> «Creio que a experiência é positiva, mas vejo muitas fragilidades do nosso controle. Por um lado o Núcleo investiga, o que é muito bom. Mas não há uma definição clara, está capenga. O NCAP pode investigar qualquer crime. Mas se outro órgão também inicia uma investigação o inquérito será distribuído e vai para o promotor natural. Já tivemos discordância, o colega entende que não há elementos e quando vemos já houve até o arquivamento. Não é nada generalizado, mas já ocorreu. Por outro lado, a estrutura tem suas vantagens e desvantagens. Uma vantagem: não personaliza. Porque, você sabe, se quem está no NCAP trabalha muito, surgem os problemas com a Polícia. Se não, surgem os problemas internos... Na verdade esta estrutura, da forma como está, é única no país. Nos Estados temos alguns Centros de Apoio Operacional, mas sem atribuições executivas, em Goiás, Minas Gerais, no Rio de Janeiro. Aqui é um órgão vinculado à Procuradoria Geral, mas também executivo. E olha, tivemos oportunidade de debater muito com os colegas em vários seminários, eventos em conjunto, e eles criticam, não acreditam na viabilidade do nosso modelo. Criticam mesmo, dizem, olha vocês abrindo brechas para atacarem as nossas prerrogativas. Que estória é essa? E a inamovibilidade?» (Promotor de Justiça 1)

> «A atividade de controle externo exige especialização e atuação em equipe e, não raras vezes, gera confronto com os policiais. A atuação no controle externo traz maiores implicações na vida pessoal do membro, uma vez que as representações contra o membro na CG do MPDFT e no CNMP, bem como as ameaças e confrontos geram desgastes. Em razão disso, é importante a rotatividade no Núcleo de Controle Externo. O NCAP também colabora na política institucional da PGJ de controle externo da atividade policial. Por esses motivos, talvez, ainda, seja interessante a vinculação.» (Promotor de Justiça 2)

«Na prática a vinculação é apenas cosmética, mas serve para diluir responsabilidades. Como não há uma política de atuação institucional, que demonstre que esse ou aquele atuar não é uma coisa própria deste ou daquele Promotor, a vinculação se faz importante na medida em que serve de anteparo, institucionaliza a atuação do Núcleo. Não se pode desconhecer que parte da atuação do NCAP combate crimes violentos praticados por policiais que não raramente utilizam a intimidação, a ameaça e a violência como método.» (Promotor de Justiça 7)

«Creio que o NCAP deve estar vinculado à Procuradoria Geral. Se o NCAP puder ser ocupado com base no critério da antiguidade, pode ser que o resultado seja insatisfatório, pois as relações entre MP e polícia civil são extremamente delicadas e, a depender da atuação (ou falta de atuação) do colega promotor de justiça, o resultado pode ser desastroso. O fato de o PGJ poder nomear os promotores do NCAP não constitui incremento indevido do poder político do PGJ, até porque ocupar aquela promotoria é um ônus, tendo o PGJ imensa dificuldade em preencher as vagas, dado o desinteresse de muitos dos colegas.» (Promotor de Justiça 6)

Em 2005 houve reformulação das funções do NCAP, que passou a ser órgão de coordenação da política interna de controle externo da atividade policial e centro de apoio operacional aos demais órgãos de execução do MPDFT (MPDFT, 2005). Na justificativa da portaria menciona-se especialmente a necessidade de ampliar e aperfeiçoar as funções do Núcleo, com melhores condições materiais e humanas. O texto busca, ainda, explicitar que o controle externo da atividade policial não se restringe ao Núcleo, devendo ser exercido também pelas promotorias de justiça com atribuições na área criminal.

O atendimento ao público foi uma das práticas institucionalizadas desde o início das atividades do NCAP. As reclamações trazidas diretamente pelo público originaram algumas das investigações iniciais. As comunicações diretas por promotores de justiça com atuação na área criminal também alimentaram boa parte das ações do NCAP. A análise da literatura interna (portarias, relatórios, estatísticas) sugere que o controle externo concentrado, rótulo que surge nos relatos dos entrevistados, seria implementado pelos contatos institucionais e, também, por meio de ações civis e penais.[8] As ações civis públicas e ações de improbidade constituem-se em importantes instrumentos jurídicos.

A ação de improbidade administrativa transformou-se em um dos principais instrumentos de judicialização da política no Brasil (Arantes, 2002: 152). No NCAP, recorda um dos entrevistados que integrou o órgão no início das atividades, que a primeira ação de improbidade foi proposta contra o então governador Joaquim Roriz, por irregularidades em concurso para o cargo de

[8] Ver análise histórica e legal sobre o conceito de controle externo no *Manual Nacional do Controle Externo da Atividade Policial* (Controle..., 2010: 29-49).

delegado de Polícia. No decorrer dos anos, foi criada a 3.ª Promotoria de Justiça do NCAP, com atribuições cíveis, incrementando estrutura existente. As greves deflagradas pela Polícia Civil foram objeto de ações civis públicas nos últimos anos. O controle penal é operacionalizado pelas investigações diretamente realizadas pelos integrantes do NCAP e posterior propositura de ações penais. Embora seja possível identificar um crescente número de ações propostas, os participantes da pesquisa criticam o Judiciário e a morosidade aparece como entrave importante.

2.4 Representações sociais sobre o desempenho do controle externo: autocríticas

A forma como comunica a organização não é indiferente às interações organizacionais, conforme sugerem as percepções sociais e imagens dos integrantes da organização. Uma das questões recorrentes na descrição das atividades desempenhadas pelos membros que integram o NCAP é a ausência de estímulos para integrá-lo e a dificuldade em encontrar promotores de justiça com interesse em participar, o que explicaria, segundo esta visão, porque as promotorias que fazem parte do NCAP foram quase exclusivamente ocupadas por promotores de justiça adjuntos. As representações dos participantes da pesquisa propiciam algumas pistas sobre as expectativas em relação ao exercício desta atribuição constitucional e refletem ceticismo quanto ao exercício desta função:

> «Sem a pretensão de ofender aqueles que lá estiveram ou que venham atuar, digo: esse controle é medíocre. Muito ajudaria se o promotor atuante na matéria criminal zelasse, com rigor, pela tramitação do IP, evitando devoluções inócuas (baixas). Se ele mesmo, na promotoria, adotasse um regime de trabalho sério quanto à tramitação do IP e buscasse antecipar o oferecimento das denúncias, ou mesmo o arquivamento, já seria um ato respeitável de controle externo. Também ajudaria se nossos colegas não permitissem a continuidade das prisões noticiadas nos Autos de Prisão em Flagrante que não são lavrados por delegado, não contém informações seguras e sérias sobre o fato, quando há a dispensa de testemunhas importantes que estiveram no local do crime, mas que simplesmente foram ignoradas e sequer foram qualificadas. Os colegas deveriam denunciar os policiais pelos crimes de falso testemunho ou de denunciação caluniosa, eis que é isso o que muito frequentemente resta demonstrado na instrução. Também deveria denunciá-los pelas frequentes formas de abusos de autoridade e tortura. Nossos colegas deveriam restringir ao máximo suas requisições de prisões cautelares, de quebras de sigilos... fundadas em representações policiais fáticas e juridicamente insubsistentes. Se me pergunta se foi prioridade do MP, sinceramente... nunca foi (...).» (Promotor de Justiça 5)

> «O controle externo da atividade policial tem sido pouco efetivo. Os promotores às vezes têm medo de ir à Delegacia, pois sabe que, chegando lá, encontrarão agentes e delegados raivosos com nossa instituição e prontos a se

oporem e a reagirem a qualquer atitude mais enérgica do Promotor. Estamos no ambiente deles, sozinhos, e nada podemos fazer, naquele momento, se alguma determinação nossa não for atacada. (...) A relação do Núcleo com a Polícia Civil sempre foi melindrosa. A verdade é que os agentes e delegados não aceitam ser investigados pelo MP e não gostam de interferência em seus trabalhos. Buscam, através de *habeas corpus*, não comparecer ao Núcleo para prestarem depoimento ou para serem submetidos a reconhecimento. Nas visitas às delegacias, demonstram que não querem colaborar com as inspeções realizadas pelo MP. (...) Creio que a relação do Núcleo com a PMDF é mais fácil, talvez em virtude do princípio hierárquico que vigora nesta última instituição. Normalmente, os policiais investigados comparecem ao Núcleo para prestar depoimento ou ser submetidos a reconhecimento. Acredito que a PMDF tem mais respeito e menos resistência em relação ao MP.» (Promotor de Justiça 4)

«O controle externo deveria ser prioridade, mas não é. A prioridade é a atuação processual. O controle externo é visto como um trabalho extra, "voluntário", que o promotor de justiça proativo realiza, quando, na verdade, essa função é tão importante e obrigatória (é um dos incisos do art. 129 da CF/1988, tal e qual a obrigação de promover a ação penal) quanto o comparecimento a audiências e a redação de peças processuais. Controle sistemático do destino dado às ocorrências policiais pela delegacia; controle do poder de fato da polícia sobre os crimes que ficam encobertos e sobre os crimes que são levados ao conhecimento do titular do exercício da ação penal. (...) Acho que, no final, também faltou uma política mais direta e veemente no relacionamento com a polícia.» (Promotor de Justiça 6)

«O MPDFT tem exercido esse controle de forma frágil, espasmódica, episódica e com base no voluntarismo. As falhas: estudo dos inquéritos apenas quando vêm acompanhados de "relatório final" do delegado; falta de cobrança rigorosa de maior qualidade e legalidade na atuação policial (nesse compasso, o promotor que efetivamente faz o controle externo é mal visto pelos policiais, como sendo "durão", "arbitrário" etc.); conivência com atrasos, inquéritos mal conduzidos e ilegalidades policiais; falta de mobilização social para informar às pessoas sobre os seus direitos; falta de mobilização institucional para destacar a importância do controle externo. Mas alguns avanços também tivemos: cada vez vejo mais colegas preocupados em imprimir maior qualidade ao inquérito policial, controlando o seu desenvolvimento efetivamente; também percebo preocupação de alguns colegas com o controle das ocorrências policiais e os bens apreendidos.» (Promotor de Justiça 7)

«(...) Muita gente está copiando o nosso modo de atuar. Os simpósios de controle externo trouxeram promotores de diversos cantos do país que levaram o nosso modelo para as suas regiões. (...) Mas é possível melhorar. O NCAP precisa, ainda, ser melhor estruturado com agentes para realizar trabalho de campo. O NCAP, com um total de quatro membros poderia ter atribuição exclusiva para todos os crimes praticados por policiais civis. Essa medida fortaleceria o NCAP, uma vez que a dispersão existente hoje provoca atuação isolada do promotor criminal em casos não compartilhados com o NCAP. É preciso ainda o investimento em tecnologia para que o NCAP se torne também

> um núcleo de inteligência. (...) Acho que não são todos os colegas que encaram o controle externo com uma visão institucional prioritária. Alguns realizam projetos pilotos notáveis, outros não o fazem. Mas, sem justificar o injustificável, é preciso ver a realidade das promotorias criminais. Elas precisam *de* melhorar estrutura. O MP se especializou muito em outras áreas e deixou a sua essência um pouco de lado.» (Promotor de Justiça 2)
>
> «O controle externo não é prioridade do MPDFT na medida em que entrou no "automático". Estamos fazendo controle externo, mas não estamos pensando o controle externo, não existe um programa. Isso acarreta desequilíbrio na ação porque o cenário muda a cada instante. (...) Temos até algumas iniciativas importantes de colegas, que fazem, por exemplo, o controle de ocorrências policiais. Mas soa como iniciativa individual.» (Promotor de Justiça 7)
>
> «(...) Para o controle efetivo, acho que o principal é a conscientização dos promotores criminais de que o melhor controle da atividade policial é aquele exercido no próprio inquérito policial, quando o membro do MP analisa o andamento das investigações, impede baixas inúteis, solicita pressa na conclusão das investigações, requisita outras providências indispensáveis, vislumbra a ocorrência de corporativismo quando a apuração envolve policiais. Na verdade, o controle externo não é prioridade, justamente porque a maioria dos membros sabe que, no dia a dia, em face de todas as dificuldades para o controle, tal controle é meramente simbólico e incapaz de mudar ou sanar as inúmeras irregularidades e abusos cometidos pelas nossas polícias. (...) Creio que, no início, à época de sua criação, o Núcleo foi tratado como prioridade pela administração. Nas últimas administrações, sobretudo porque outras demandas igualmente relevantes também passaram a ter prioridade, o controle externo foi relegado a segundo plano, a despeito da iniciativa isolada de alguns promotores que procuram exercer suas atribuições nesta área.» (Promotor de Justiça 4)

Em 2011, o controle externo foi objeto de regulamentação detalhada pelo Conselho Nacional do Ministério Público, ao disciplinar o exercício do controle difuso e concentrado a ser exercido pelos Ministérios Públicos. A partir desta iniciativa, em agosto de 2011, o Conselho Superior do MPDFT publicou a Resolução 121/2011, que dispõe sobre o controle externo da atividade policial, investigação criminal, fiscalização da execução penal e do cumprimento de medidas sócio-educativas no âmbito do MPDFT. O documento relaciona detalhadamente os procedimentos que devem ser adotados, inclusive a forma de realização das inspeções às delegacias de Polícia. A mudança provocou críticas e fomentou sugestões entre os membros, o que levou à realização de reunião em 2012 para discutir os termos da resolução, quando foi formada comissão para discutir a forma ideal para o desempenho da atividade. Ao reafirmar a função constitucional de controle externo da polícia, o documento reforça que a atribuição deve ser exercida pelas promotorias criminais; e não exclusivamente pelo NCAP.

A decisão que disciplina detalhadamente a forma de exercício do controle externo pode modificar a forma como o MPDFT se autodescreve no desempenho da atividade de controle externo. Os primeiros relatos sobre a experiência em cumprir as diretrizes estabelecidas sugerem possíveis resistências de algumas delegacias, o que também é significativo sob o enfoque das interações organizacionais entre a Polícia e o MP. As críticas de parte dos promotores ao detalhamento excessivo da forma de exercício da tarefa também é significativo para a compreensão da cultura organizacional.

Em março de 2013, atualizei a pesquisa e entrevistei os membros que passaram a integrar o NCAP a partir de agosto de 2010.[9] As principais críticas identificadas nos relatos dos promotores de justiça persistem. A vinculação à Procuradoria Geral de Justiça não surge como problema. Sequer se questiona possível limitação à independência funcional. O apoio institucional, muitas vezes é imprescindível para a atuação em casos envolvendo questões institucionais ou a cúpula. Contudo, a estrutura disponibilizada é insuficiente para o desempenho das inúmeras atividades. Um dos integrantes relata sua experiência:

> «(...) Acho que o aspecto que pode ser considerado atrativo é o fato de ser a atividade no NCAP exercida particularmente na área penal, o que atrai uma maior atenção dos membros por essa área, já que muitos não enxergam na área cível uma atividade prioritária para o MP. Mas acho que para por aí, já que as dificuldades para o exercício da atividade no NCAP são enormes e definitivamente atuar contra policiais não é atrativo para promotores. Hoje o NCAP conta com uma secretária e um analista para cada membro. Existem também estagiários de nível superior e nível médio, além de um Chefe de Setor. A estrutura não é a mais adequada. Para a configuração de um Núcleo ideal necessitaríamos de muito mais estrutura. Para se ter ideia, nem um carro temos à disposição no NCAP. O vínculo com a PGJ acaba sendo positivo, pois traz maior legitimidade ao nosso trabalho. Não sofremos nenhuma ingerência da PGJ em nosso trabalho. Temos total independência e, nas questões mais sensíveis, assinamos as peças como assessores da PGJ. Também, quando temos que tratar de assuntos institucionais pedimos a intervenção da PGJ.» (Promotor de Justiça 10)

Uma das maneiras de mapear as identidades organizacionais é a pesquisa da forma como comunicam as organizações, por meio de decisões. A opção pelo modelo centralizado de controle externo, vinculado à Procuradoria Geral de Justiça, supõe avaliação crítica quanto ao desempenho da atividade. As inúmeras dificuldades, materiais e humanas, para implementar a função, levou à reconstrução das atividades desempenhadas pelas distintas unidades. Não houve um fortalecimento da estrutura do NCAP, comparativamente a outras

---

[9] Foram entrevistados os três integrantes do NCAP até a finalização da pesquisa, em abril de 2013.

unidades criadas na última década no MPDFT. Ao longo da última década, as modificações das portarias que disciplinam o exercício do controle externo da atividade policial sugerem reforçar o papel desempenhado pelas promotorias de justiça criminais, descentralizando as atribuições do NCAP, que ficaria com as questões institucionais e de maior complexidade ou gravidade. Porém, a mudança sugerida na literatura interna (portarias) não parece ter sido implementada da forma como comunicam (decidem) as outras unidades da organização. Na linguagem sistêmica, as mudanças nas premissas condicionais e finalísticas não mudam automaticamente a semântica organizacional. A cultura organizacional relacionada ao desempenho desta função obviamente é uma variável relevante. Iniciativas e práticas de controle assumidas por poucos promotores de Justiça, como o controle das ocorrências policiais e de outros atos policiais, são avaliadas como positivas para o exercício do controle externo. As rotinas de visitas às delegacias de controle são criticadas porque não teriam alterado substancialmente o exercício do controle. As visitas seriam meramente formais. Na avaliação dos integrantes do NCAP, o controle externo ainda não seria prioridade institucional:

> «Infelizmente, o controle externo da atividade policial nunca foi prioridade institucional. Os colegas também não fazem o controle externo da atividade policial, pois esse tipo de trabalho sobrecarrega, mais trabalho, e expõe o membro. O trato com a Polícia sempre foi complicado. Eles não aceitam o controle externo e o promotor de justiça prefere permanecer na sua zona de conforto. Age como se fosse uma espécie de ponte entre a Polícia e o Judiciário. Na verdade, a grande maioria não exerce a titularidade da ação penal, incluídas as cautelares, da forma como deveriam, assumindo o controle da investigação. Eu posso te dizer que apenas 3 ou 4 promotores exercem verdadeiramente o controle externo e são muito mal vistos pela Polícia. Ultimamente, com a exigência de relatório por parte da nossa Corregedoria, os membros passaram a fazer visitas as Delegacias, mas posso te garantir que em sua maioria são visitas apenas de cortesia. Nesse ponto merece destaque, a Resolução 121 do nosso Conselho Superior praticamente replicou a antiga Portaria 1.295/2005. Não houve nenhuma modificação prática, apenas a exigência de visitas de inspeções às Delegacias que não eram realizadas. (...) É preciso intensificar o controle na parte em que a polícia escolhe de forma aleatória e discricionária aquilo que vai investigar e levar adiante. Precisamos assumir também a iniciativa das medidas cautelares de cunho pessoal e real. As atividades desenvolvidas no Núcleo ainda não são bem conhecidas dos promotores. Alguns membros enviam qualquer assunto relacionado à Polícia, por menor que seja, deixando de exercer o controle externo da Delegacia que lhe compete. O Núcleo deve direcionar sua atuação para questões mais grandiosas, a exemplo das recentes prisões envolvendo policiais que nunca sofreram uma punição disciplinar sequer. Apesar das dificuldades, acredito que o exercício do controle externo acabou atraindo a atenção de mais membros dentro da nossa instituição nos últimos anos, muito também por conta da PEC 37. A tarefa é árdua e sempre será, mas precisamos nos unir, com a força da legislação que nos ampara,

exercendo o controle ainda que de forma tímida, mas nunca deixando de exercê-lo.» (Promotor de Justiça 10)

«Infelizmente, o controle externo da atividade policial não é prioridade institucional tampouco se encontra na iminência de se tornar. É atribuição exercida de forma concreta por alguns poucos membros que, por iniciativa própria, desde sempre buscaram acompanhar de forma mais estreita o exercício da atividade policial em suas circunscrições. Com as regulamentações normativas acima mencionadas, houve incremento na realização de atividades rotineiras como a visita a delegacias de polícia, ainda sem a sistematização necessária para produção de efeitos mais palpáveis. A determinação de diligências no âmbito do IP também tem despertado maior atenção de parte dos promotores depois da atuação da CG/MPDFT e das alterações nos sistemas informatizados de lançamentos de manifestações ministeriais (SISPRO). Persiste, entretanto, o hábito das «baixas cegas», que demonstram, em regra, descomprometimento do titular da ação penal com os elementos informativos que fundamentarão sua decisão de denunciar ou de arquivar o IP. Não há também a adoção de comportamento sistemático na documentação das falhas policiais e das providências adotadas pelo promotor, salvo raras exceções.» (Promotor de Justiça 11)

O NCAP assumiu também a persecução penal dos crimes de tortura no Distrito Federal, o que supõe mais atribuições. A atuação cível, principalmente por meio das ações de improbidade, enfrenta a morosidade judicial e o risco efetivo da prescrição. Na prática, a atuação depende da colaboração da Corregedoria da Polícia Civil, constantemente exposta a pressões políticas. Não raramente, ocorrem ameaças veladas ou explícitas aos corregedores que decidem assumir postura firme na atuação contra os desvios e abusos policiais. Na avaliação da reação da Polícia aos abusos, nem sempre a resposta é adequada. O policial «operacional» muitas vezes surge como escusa para a atuação ilegal, avalia um dos entrevistados. Nos relatos aparecem também as iniciativas legislativas que visam restringir a atuação do MP na investigação criminal. As constantes referências à PEC n. 37 estão associadas à resistência da polícia ao controle de suas atividades:

«Nem a Polícia nem a Corregedoria veem com bons olhos o NCAP. Temos uma relação cordial hoje em dia, mas é perceptível que existe um esforço mútuo para a manutenção dessa cordialidade. Como disse, a Polícia tem dificuldade em aceitar o controle externo e enxerga como ingerência o nosso trabalho no NCAP. Não temos contato com as associações de classe e qualquer medida do MP em questões mais sensíveis é objeto de ataque, principalmente pelos Sindicatos, por meio de notas muitas vezes injuriosas, do tipo "esses promotores querem é aparecer..." ou "aqui botamos promotor pra fora das Delegacias... não tem essa historinha de controle não". A nossa PCDF é uma instituição muito política e corporativista, com muitas brigas internas entre os diversos cargos existentes e disputas por postos, gratificações e poder. A minha impressão é de que a PCDF está mais preocupada em não se expor perante a sociedade e buscar cargos e posições do que banir dos seus quadros os policiais criminosos. Aqueles que agem com truculência no bojo das suas atividades ou que praticam agressões e até mesmo tortura, não são vistos como criminosos. Pelo contrário, são elogiados como policiais operacionais. Parece que é meio cultural dentro da PCDF a aceitação desse tipo de conduta. Já os policiais que praticam extorsão, desvio de dinheiro, lavagem de dinheiro etc... até causam algum desconforto dentro da PCDF, mas geralmente são pessoas muito "populares" entre os policiais e bem relacionadas externamente no meio político e empresarial, sendo que a cúpula da PCDF, dependente desse apoio político e empresarial, prefere fazer vista grossa a esses acontecimentos, mantendo seu projeto de poder dentro da instituição. A Corregedoria segue o mesmo rumo, já que é subordinada à Direção Geral. Nesses últimos 3 anos tentamos dar ao trabalho no NCAP/NCT um aspecto mais concreto e prático. Percebemos que teorizar o trabalho no Núcleo não é a melhor estratégia. Dessa forma, conseguimos alguns bons resultados na área cível (improbidade administrativa). O problema é a morosidade da Justiça. As medidas para serem efetivadas necessitam do transito em julgado e isso pode demorar por mais de 10 anos, com riscos concretos de prescrição. Geralmente as vítimas dos policiais são pessoas envolvidas com a criminalidade e tem muito medo de delatar um policial. Às vezes os fatos chegam ao conhecimento da Corregedoria de Polícia, independentemente da vítima delatar, que instaura um procedimento administrativo, sem controle por parte do MP, e o arquiva. Todos os álibis falsos apresentados pelos policiais são aceitos ou o procedimento dormita por vários anos, sem diligências, nos armários da CGP. Nos últimos 5 meses tivemos êxito em varias ações contra policiais, que sempre agiram livremente, mas, para que isso ocorresse, uma Delegada da Corregedoria precisou desarquivar os procedimentos arquivados e "desenterrar" os procedimentos suspensos. Ela entrou em contato diário conosco no NCAP, derrubou os álibis falsos apresentados, indiciou os policiais e pediu a prisão deles. Resultado... ela e a Corregedora perderam o cargo em 4 meses. (...) Em suma, para que se obtenha resultado positivo, é preciso que apareça uma heroína como essa e que tenha interesse em trabalhar conosco. O NCAP, na sua atual estrutura, sem esse apoio da polícia, não tem condições de obter esses resultados. Para que isso começasse a mudar, seria necessário um servidor de confiança da própria PCDF trabalhando conosco, acesso a sistemas de informações da PCDF, pelo menos acesso ao *Millenium* e um corpo técnico de servidores do próprio MP para análise de dados e vínculos. Talvez isso possa explicar um pouco a dificuldade em se encontrar promotores para trabalhar no NCAP, além do medo e falta de vontade de deixar a zona de conforto e a rotina de uma promotoria. Tenho muito receio do futuro do Núcleo com a promulgação da PEC 37 e do próprio controle externo. Se a PEC passar, o próximo passo será a criação de um Conselho da Polícia, aos moldes do CNJ e CNMP, com sérios e graves reflexos no controle externo. Precisamos atentar para a importância do controle externo para a atuação do MP na área penal. Trazer a Polícia para trabalhar conosco, demonstrando interesse pela eficiência da persecução penal, deixando de lado comportamentos hostis. Atuar com firmeza em casos de condutas da Polícia que demandem uma resposta judicial e conversar em situações em que seja possível sanar eventuais erros e equívocos.» (Promotor de Justiça 10)

«A reação da Polícia Civil à atuação do NCAP não é positiva. Os delegados de polícia sentem-se constrangidos com o controle de sua atividade pelos promotores de justiça, apesar da previsão constitucional e legal. Os promotores de justiça são vistos como burocratas a obstaculizar o trabalho da polícia, sobretudo daqueles nichos denominados de "operacionais" dentro da instituição. Aparentemente, com a renovação dos quadros da polícia civil e maior exigência dos concursos públicos de ingresso, tem-se verificado uma maior aceitação dos delegados ao papel de fiscalização do MP sobre sua atividade. Infelizmente, o sentimento de corporativismo policial ainda prevalece ao senso ético de que os faltosos devem ser adequada e duramente responsabilizados. A Polícia Militar demonstra maior respeito pela atuação do MP, acredito que em razão de sua disciplina e hierarquia mais rígidas. As associações de classe, em especial as de agentes de polícia, desempenham de maneira atécnica e popularesca as suas atribuições. Pautam-se unicamente pelo emprego de retórica para desestabilizar politicamente setores da polícia que contrariam interesses dos dirigentes que se encontram à sua frente. São, como esperado, corporativistas ao extremo. Inflamam movimentos grevistas apesar de decisões judiciais contrárias. Por óbvio, não respeitam o controle externo realizado pelo MP. As vitórias conquistadas e que merecem destaque, a meu ver, são as sucessivas decisões judiciais que declaram ilegalidade dos movimentos grevistas de policiais. As várias ações penais ajuizadas contra policiais civis e militares, inclusive com afastamento dos cargos ou até mesmo prisão cautelar, ações de improbidade que resultaram na perda do cargo de agentes policiais ímprobos e nas demais consequências cíveis previstas na Lei de Improbidade Administrativa. O acompanhamento das atividades da Corregedoria de Polícia de forma aproximada e concreta, recomendações diversas expedidas à Polícia Civil para correção da legalidade de alguns procedimentos adotados.» (Promotor de Justiça 11)

A atualização do trabalho de campo permite lançar algumas interpretações pertinentes quanto à identidade do MPDFT. As mudanças implementadas – do ponto de vista do reforço do papel das promotorias de justiça criminais (unidades organizacionais) no exercício do controle externo da atividade policial – sugerem que a exigência de relatórios (documentação) das atividades de controle externo e incremento no cuidado na fiscalização dos atos investigatórios levariam a uma mudança na semântica organizacional no que tange a esta função constitucional. As representações sociais colhidas no campo recomendam cautela nesta interpretação. Não se trata apenas de reforçar as críticas que aparecem nos relatos e narrativas. A concorrência de múltiplas funções e a escassez de recursos materiais e humanos, as dificuldades enfrentadas pela resistência ao controle externo (concentrado) e a ausência de cultura profissional marcada pela proximidade com os membros de outra organização (Polícia Civil) ou, até mesmo, a percepção negativa quanto à eficácia das rotinas sugeridas no extenso documento que discrimina roteiros para a fiscalização não podem ser desconsideradas (Resolução e Recomendação do CNMP e do CSMPDFT).

Os documentos que discriminam minuciosamente os caminhos e roteiros nas atividades de controle externo concentrado condensam comunicações organizacionais (decisões) quanto ao controle externo da atividade policial. Não esgotam, contudo, as possibilidades de observação das decisões organizacionais. A reconstrução de práticas supõe muito mais que a alteração dos textos que reafirmam as tarefas distribuídas entre as diferentes unidades no interior de uma determinada organização. As representações sociais documentadas no trabalho de campo permitem ir além das premissas decisórias tradicionais, condicionais e finalísticas. A comunicação jurídica, os planos estratégicos e a afirmação de prioridades institucionais são insuficientes para compreender como comunicam as organizações se desconsiderada a cultura organizacional. O repertório de práticas e rotinas de atuação, os valores e mitos organizacionais estabilizam a memória organizacional. Configuram reserva semântica que confere sentido à tomada de decisões. Na concorrência com outras atribuições, o controle externo surge como tarefa não registrada como prioridade das promotorias criminais. A atuação descrita como tradicional, vinculada ao Judiciário sobrepõe-se a outras funções, tarefas.

Na reconstrução da trajetória do NCAP, apesar das recorrentes críticas às reações das associações policiais e de algumas unidades da organização policial civil, destaco o empenho dos sujeitos da pesquisa em destacar o papel da Corregedoria de Polícia Civil nos últimos anos, o que também é representativo do ponto de vista das interações organizacionais. A construção de estratégias de atuação conjunta supriria as limitações estruturais e humanas enfrentadas pelo NCAP para o desempenho de todas as suas atividades. Nas narrativas não raramente surgem comparações com outras unidades que teriam mais condições materiais e humanas para o desempenho das funções previstas nas portarias. O apoio institucional, ainda que relevante, intui-se (o dito e o interdito!), estaria aquém das inúmeras frentes de atuação e desafios da unidade.

Em um quadro ainda marcado pela gestão da escassez, a construção de nova frente de atuação conjunta com a Corregedoria dependeria da construção de alianças tópicas, limitadas por lideranças organizacionais sujeitas a conjunturas que variam a todo instante, da necessidade de resposta a constantes ingerências políticas, a pressões internas das associações de classe etc.

2.5 Representações sociais sobre as interações organizacionais entre a Polícia Civil e o Ministério Público

2.5.1 Experiências comparadas: interações organizacionais e representações sociais

Algumas das pesquisas centradas sobre as relações entre profissionais que competem no campo jurídico no Brasil revelam que as interações entre membros do MP e delegados de polícias no Brasil estão marcadas por disputas e críticas recíprocas (Bonelli, 1999: 27-28; Sanchez Filho, 2000: 194-205; Debert, 2000: 220-227; Silva, 2001: 102-103). Os policiais, incapazes de alterar a relação de dominação, sentem-se estigmatizados pela formação acadêmica, aparentemente de qualidade inferior.[10]

No *survey* realizado com os delegados de polícia (Polícia Civil) em 2002, 94% dos entrevistados rejeitaram a interferência do MP na atividade policial e 84,6% posicionaram-se contrários à criação de grupos de investigação dentro do próprio MP (Sadek, 2003: 24). No espaço aberto para que os delegados pudessem acrescentar comentários à pesquisa, o MP foi a instituição mais criticada. Os delegados ressentem-se tanto da intervenção «indevida» na investigação e no inquérito policial, quanto das maiores garantias e do poder conferidos a promotores e procuradores (Cavalcanti, 2003: 149-152). Enfraquecidos com a engenharia institucional consolidada após a CF/1988, pesquisas realizadas com delegados de polícia revelam que esses profissionais apontam a perda de força e a imagem negativa da categoria, desprestigiada perante a sociedade (Bonelli, 1999: 39; Bonelli, 2002: 289). A prerrogativa de presidir o inquérito policial, fundamento da autoridade do delegado de polícia, constitui-se, também, em importante ponto de tensão com o MP.

Em pesquisa realizada sobre as relações inter-organizacionais entre o MP e organizações que integram o sistema de justiça, tivemos a oportunidade de aprofundar e discutir questões abordadas em pesquisas anteriores (Machado, 2007a: 207-214).[11] Na pesquisa realizada com os membros do MPF em Brasília em 2004, a grande maioria dos procuradores da República entrevistados representa de forma negativa a proximidade da Polícia com o Executivo.[12] Uma vez mais, a tensão interprofissional aparenta estar associada à ressonância recíproca das comunicações dos sistemas político e sistema jurídico. A imagem da Polícia como órgão que sofre interferência direta do governo é compartilhada pelos próprios delegados de polícia. No *survey* realizado em 2002 com delegados de polícia do Amapá, Bahia, Distrito Federal, Goiás, Pernambuco, Paraná, Rio de Janeiro, Rio Grande do Sul e São

---

[10] «A acusação dos promotores encontra evidências empíricas, mas a diferenciação subjetiva parece maior do que a objetiva. Criticar os delegados é um fator de coesão para os promotores e de construção de seu carisma grupal. A reafirmação de sua posição superior foi legitimada pela preservação da isonomia salarial com os juízes, equivalência rompida com os delegados» (Bonelli, 2003b: 55).

[11] Sobre a metodologia da pesquisa com procuradores da República em Brasília e promotores de justiça no MPDFT, conferir: Machado (2007a: 45-50); Machado (2007b: 25-30).

[12] Analisando a evolução profissional da Polícia Civil em São Paulo, observa Bonelli: «(...) o fato de ser uma carreira armada traz para os governantes a preocupação constante de mantê-la sob seu controle, evitando a temida insubordinação com o controle hierárquico e a burocratização. Essas características realimentam a ambiguidade do apego dos delegados ao *ethos* do profissionalismo» (Bonelli, 2002: 25, itálico no original).

Paulo, a interferência política na cúpula da instituição foi apontada por 72,6% dos entrevistados como obstáculo muito importante ao bom desempenho da Polícia Civil (Sadek, 2003: 20).

No discurso dos participantes da pesquisa, o controle externo da atividade policial também surge como fator de tensão entre as carreiras. Embora recorrente na fala dos entrevistados a necessidade de insistir na tese de que o MP pode e deve investigar, os participantes apresentaram uma visão complexa da interação com a Polícia Federal. Na construção de estratégias de interação, as relações pessoais seriam decisivas. A ausência de suficiente estrutura para a Polícia desempenhar suas funções aparece também nos relatos dos participantes da pesquisa, retratada em imagens como «O governo sucateou a Polícia», ou «a quem interessa uma Polícia bem aparelhada?». Por outro lado, nos relatos aparecem também as parcerias bem sucedidas e imagens como: «Apesar de tudo a Polícia tem uma estrutura [para investigação] que nós não temos». Em alguns dos casos, a interação com a Polícia permitiu aprofundar investigações de difícil elucidação. «Aproximar a Polícia do MP é uma alternativa», afirmam alguns dos entrevistados. Segundo essa lógica, seria possível exercer controle mais eficaz da atividade policial, trazendo-a para trabalhar próxima do MP, superando os ciúmes suscitados pelo controle externo. A experiência das chamadas forças-tarefas compostas por delegados de Polícia Federal e procuradores da República para investigação de crimes com alta complexidade demonstra como a organização-resposta se mostra insuficiente para o desempenho das atribuições definidas em lei (Bernoux, 1985; Croizier e Friedberg, 1992; Friedberg, 1993).

Na pesquisa realizada com promotores de justiça do MPDF (integrantes das promotorias de justiça de defesa do meio ambiente, ordem urbanística e patrimônio público), também abordamos as relações entre a Polícia Civil e o MPDFT (Machado, 2007a: 294-296). De fato, a interação entre promotores de justiça e policiais civis no DF nem sempre está marcada pela perfeita sintonia. O controle externo da atividade policial pelo MP, previsto pela CF/1988 (art. 129, VII), é um dos pontos mais sensíveis. Por um lado, os policiais questionam as investigações eventualmente realizadas pelo MP e a forma como os promotores pretendem efetivar a fiscalização do trabalho da Polícia.[13] Por outro lado, a partir das entrevistas realizadas, constatamos que os próprios membros do MPDFT (participantes da pesquisa) reconhecem as

---

[13] Especialmente no que se refere ao controle externo da atividade policial, conferir: «O objectivo das corporações policiais era amarrar a investigação criminal, assegurando-se-lhes uma reserva de mercado típica do modelo econômico que distribuiu inúmeros monopólios às corporações estatais» (Ribeiro, 2000: 278-279).

dificuldades para implementar essa atribuição do MP.[14] Os obstáculos existentes para investigar a criminalidade tradicional, relatam alguns dos entrevistados, agravam-se quando estão envolvidas pessoas que integram a elite local (poderes político e econômico). Na prática, a Polícia teria papel fundamental na seleção dos casos investigados, diminuindo a autonomia do MP. A subordinação direta da Polícia Civil ao Executivo local aparece nos relatos como um dos grandes entraves para a apuração das denúncias. Alguns dos promotores entrevistados comentam a avaliação negativa sobre as relações com a Polícia e salientam a existência de profissionais realmente interessados em investigar quando os fatos envolvem também integrantes do poder político e econômico.[15] Os participantes da pesquisa relatam que a ausência de Polícia Especializada, dotada de recursos materiais e humanos, explica, em parte, o funcionamento deficiente da Polícia. A Polícia Técnica é, contudo, destacada como aliada importante nas investigações, já que estaria menos exposta às ingerências do Executivo local. A dificuldade em se contar com a Polícia Civil levou à construção de estratégias diferenciadas para investigação de determinados fatos delituosos. Buscar o máximo de informações a partir de inquéritos civis, colhendo elementos suficientes tanto para futuras ações civis quanto para instruir ações criminais é relatada por um dos promotores entrevistados. A limitação à autonomia do MP, sobretudo em matéria criminal, decorre, segundo parte dos entrevistados, da dependência da prova colhida pela Polícia na fase pré-processual. Nos relatos dos participantes da pesquisa, a atividade do MP acabaria se tornando de fato burocrática, muitas vezes limitada às informações previamente filtradas pelos delegados de polícia.

A análise de experiências vivenciadas em outros países pode ser interessante para a compreensão das peculiaridades de cada caso. O modelo norte-americano é interessante, especialmente a concepção adotada nos Estados, pois, em regra, não há constituição de carreira burocrática nos moldes existentes no continente europeu, inspirando-se na concepção de legitimidade democrática dos membros do MP. No que tange à distribuição de competências jurídicas no campo penal, no modelo norte-americano as funções de investigação e acusação não estão separadas. Na prática, na maioria dos casos a polícia investiga, o que não impede que investigações sejam realizadas diretamente pelo MP. Embora não seja a regra absoluta, a investigação é compartilhada entre o Ministério Público e a polícia, tanto na esfera estadual quanto na federal. No âmbito federal a relação entre MP e polícia nos Estados Unidos

---

[14] Sobre as dificuldades no relacionamento entre membros do MP e delegados de polícia no DF, conferir: relato de Ivana Farina *in* Sadek (1997: 25); Ribeiro (2000: 278-279).

[15] Como ilustração das constantes ingerências pelo Executivo, alguns dos promotores de justiça relatam que os delegados responsáveis pela DEMA (Delegacia do Meio Ambiente) são transferidos a outras delegacias quando investigam assuntos que possam incriminar integrantes do poder local.

não tende a ser especialmente conflituosa, pois ambas carreiras estão estruturadas burocrática e hierarquicamente. Na divisão de funções e construção de significados sobre os papéis desempenhados pela polícia e pelo Ministério Público, pesquisas realizadas evidenciam a existência de conflitos, especialmente na esfera estadual (Díez-Picazo, 2000: 76-80).

De fato, no âmbito estadual a relação é mais complexa, vez que se trata de duas organizações com responsabilidades perante o eleitorado. Em outras palavras, duas instituições submetidas ao *accountability vertical*, já que tanto o *district attorney* quanto o chefe de Polícia local (estados do oeste) são escolhidos pelo voto popular. Em consequência, há, não raramente, uma atribuição recíproca de erros na condução da investigação e da acusação. Tal situação, aparentemente, vincula-se à forma de recrutamento dos chefes das instituições. Assim, surgem, eventualmente, tensões entre membros de duas organizações politicamente responsáveis perante o eleitorado.

As tensões entre Polícia e Ministério Público não são tão raras quanto se imagina. Ao analisar projeto-piloto de Persecução penal comunitária, evidenciou-se que os diferentes critérios usados pelos promotores de justiça revelam distanciamento com os investigadores. Ou, por outro lado, as prioridades estabelecidas pelo Ministério Público muitas vezes esvaziavam as linhas de ação da polícia. Nesse sentido, o projeto indicou as vantagens da interação entre a comunidade, a polícia e o Ministério Público. Pesquisas sobre o controle jurídico-penal da atividade policial apontam que são escassos os casos de condenação nos Estados Unidos. Aponta-se a relutância de determinadas autoridades, principalmente os promotores de justiça nos Estados da federação norte-americana em processar os policiais. Tal fato decorreria da interação estabelecida entre promotores de justiça norte-americanos e a polícia. Ambas precisariam trabalhar em cooperação, já que não há hierarquia. Caso a polícia decida complicar as investigações coordenadas pelos promotores, haverá prejuízos para as pretensões políticas, razão pela qual foi proposta a criação de promotores especiais para o abuso de poder na atividade policial. Com a notícia de abusos policiais ao longo da década de 1990, foi aprovado o Crime Bill, de 1994, que possibilita ao MPF a condução de investigações das práticas policiais que violem a constituição ou outra lei federal (Costa, 2004: 171-174).

O caso italiano é especialmente interessante pela mudança radical operada pela Constituição italiana do pós-guerra. O MP italiano desvincula-se do Executivo, aproximando-se do Judiciário a partir da criação de mecanismos legais que conferiram autonomia à instituição. Como decorrência do processo de insulamento do Poder Executivo, houve uma mudança nas relações entre o MP e a Polícia, órgão que na engenharia institucional italiana deve prestar contas tanto ao governo quanto à magistratura (Díez-Picazo, 2000: 128-130;

Guarnieri, 1984: 21-30; Guarnieri, 1997: 183-185). Se durante o regime fascista o peso maior era do Executivo, configurando a Polícia o principal *gatekeeper* do sistema de justiça criminal, com a constituição republicana do pós-guerra e a reforma do código de processo penal o MP ganhou uma posição proeminente na direção da Polícia[16] (Vogliotti, 2004: 454).

Por outro lado, o novo regime constitucional não imprimiu uma mudança imediata nas práticas e hábitos dos atores jurídicos. Manteve-se uma concepção burocrática da magistratura requerente, marcada pela espera passiva do resultado das investigações. A partir da década de 70, alimentou-se o debate sobre a necessidade de dar efetividade ao art. 109 da Constituição, que trata da dependência da Polícia em relação ao MP. Além disso, o Código de 1988 reforçou a relação de subordinação da Polícia em relação à magistratura. Porém, uma mudança importante, na visão de Vogliotti, foi a evolução cultural da magistratura. Em outras palavras, houve um processo de redefinição e *ressignificação* das práticas jurídicas entre os membros da magistratura requerente. Assim, no decorrer da década de 1970 os *inputs* do sistema de justiça criminal passaram também a serem definidos e geridos pela magistratura. E o ápice ocorreu com a chamada «Operação Mãos Limpas» (Vogliotti, 2004: 454-455). Porém, desde 2001, com a vitória da coligação de direita, a magistratura passou a sofrer ataques. Acentuou-se a *mediatização* da segurança pública e potencializou as demandas por maior poder de controle pela polícia do território e da população. Além disso, nota-se uma forte política governamental para melhorar a imagem da Polícia perante a opinião pública. Os *slogans* também mudaram. A contrapartida às «Operações Mãos Limpas», no modelo atual é a chamada «Operações Ruas Livres». No plano legislativo, há projetos legislativos que diminuem a autonomia do MP, em prol de uma Polícia mais ativa durante as investigações (Vogliotti, 2004: 456-457). Por certo, a interação entre Polícia e MP não se dissocia das interferências diretas do governo, materializadas nos esforços de alteração da engenharia institucional italiana, conferindo maior poder à Polícia, com vínculos diretos com o Executivo. Na pesquisa realizada por Vogliotti, destaca-se, contudo, que na divisão diária de atividades no campo jurídico-penal, há razoável sinergia e ausência de tensões mais importantes entre Ministério Público e Polícia, o que se traduz na distribuição das tarefas de investigação. À Polícia é conferida razoável autonomia para os casos mais graves. Já os fatos mais complexos são dirigidos diretamente pelo Ministério Público. Porém, o envolvimento direto do MP na investigação, critica Vogliotti, acabaria enfraquecendo o papel do MP no controle da legalidade da investigação (Vogliotti, 2004: 489 e 499-501).

---

[16] Na Itália não existe uma Polícia Judiciária sob a dependência exclusiva da Magistratura. As funções de Polícia Judiciária são exercidas pelos mesmos quadros com competência administrativa e securitária (Vogliotti, 2004: 476 e ss.).

Contrapondo-se ao modelo italiano, o MP francês historicamente esteve vinculado ao Executivo. Os membros do MP francês são agentes do Poder Executivo perante os tribunais, manifestando a subordinação hierárquica na dependência de cada um dos promotores de justiça em relação ao ministro da Justiça. Internamente, cada membro do MP se subordina ao superior hierárquico respectivo, regra atenuada tanto pelo livre uso da palavra em audiência quanto pela impossibilidade de substituição do promotor que exerça a ação penal em um caso específico. A dependência hierárquica do MP complementa-se pelo princípio da oportunidade da persecução penal, o que enseja grande margem de discricionariedade e críticas por ofensas ao princípio da igualdade perante a lei, imparcialidade e independência da acusação pública (Díez-Picazo, 2000: 113-120; Pauner Chulvi, 1999: 189-199; Rassat, 1967: 13; Vellani, 1965: 23).

Em pesquisa realizada sobre a interação entre o MP e a Polícia na França, evidenciou-se que, embora a interação seja muitas vezes retratada como conflituosa, o cotidiano é marcado pelas relações de confiança entre promotores de justiça e policiais. Na prática, as organizações conferem grande margem de autonomia aos agentes que desempenham o trabalho de campo (Mouhanna, 2004: 502 e ss.). Porém, as práticas jurídicas no campo jurídico-penal também são alteradas pela complexidade advinda com a especialização da Polícia e criação dos assim chamados *Services Regionaux de Police Judiciaire*. Na prática, constituem-se em 19 serviços especializados para áreas urbanas e rurais para crimes mais graves e complexos. Um oficial do referido *Service Regionaux* pode trabalhar com diferentes membros do MP francês (Mouhanna, 2004: 508-510). Assim, a mídia denuncia guerra entre as polícias, cada qual buscando mais notoriedade, o que acaba gerando debates sobre quem controla a atividade policial. Se é certo, avalia Mouhanna, que legalmente o MP é responsável pelo controle da atividade policial, na prática, porém, uma visão crítica deve considerar a submissão da magistratura e do MP ao aparato policial. Na distribuição de funções, a insuficiência de estrutura material e humana faz com que o MP raramente assuma a direção das investigações, o que pode estar associado também à falta de habilidades específicas ou vontade de desempenhar a função. De forma semelhante ao que foi constatado no caso italiano, não há uma relação conflituosa generalizada; ao contrário, nota-se uma relação cooperativa (Mouhanna, 2004: 512-518).

2.5.2 Controle externo da Polícia no Distrito Federal: representações sociais sobre as interações com a Polícia

Nas pesquisas realizadas sobre o MP no Brasil, há diversas referências à aproximação do campo judicial como estratégia para a conquista da isonomia pelos promotores de justiça (Machado, 2007a: 124-133; Machado, 2007b:

38-45). A identificação com o magistrado e o distanciamento das demais profissões jurídicas consolidou um *ethos* marcado pela diferenciação entre as funções da magistratura e do MP e, especialmente, as profissões que integram o campo policial (Bonelli, 1998: 185-214; Bonelli, 2003b: 31-67).

A proximidade e a identificação entre promotor e magistrado aparecem em outras pesquisas e não é exclusividade das organizações do subsistema jurídico-penal no Distrito Federal (Costa, 2010; Misse, 2010). O que não significa a ausência de tensões e conflitos nas interações organizacionais entre promotores e juízes. Nesta pesquisa, a fala dos promotores de justiça, quando cotejadas com o estudo exploratório (questionário) que colheu impressões de outros atores, sugere que as interações organizacionais são relevantes para compreender como comunica (por meio de decisões) a organização MPDFT no exercício do controle externo da atividade policial.

Nas falas dos participantes surgem as experiências na interação com a Polícia. A figura do «mau policial» é contraposta às dificuldades que a própria Polícia enfrenta para a investigação interna. Também aparece na fala dos entrevistados, especialmente entre os que ocuparam o NCAP nos últimos anos, sinais de mudança no relacionamento institucional. Os anos de experiência do NCAP teriam aumentado a vigilância sobre os atos da Corregedoria e, indiretamente, incrementado as formas de controle interno. Assim, os avanços também são celebrados:

> «Então, existe certa resistência da cúpula da Polícia em relação ao controle externo e à investigação direta pelo Ministério Público. Mas, isso não é generalizado não. Há uma parte da Polícia que aceita bem a atuação do Ministério Público. Mas mesmo com a resistência policial não há obstáculos ao trabalho do Núcleo, pois existem dispositivos legais e constitucionais que autorizam a nossa atuação. Mas eu diria que um dos problemas é a falta de diálogo, de comunicação mesmo. Às vezes tentamos agendar encontros, reuniões e não conseguimos. Mas não há uma resistência institucionalizada da Polícia contra o Núcleo, as delegacias normalmente atendem as requisições, a Corregedoria, em regra, também não cria obstáculos. Creio que houve um avanço, e tanto o MP quanto a Polícia trabalham para que haja maior comunicação entre as duas instituições.» (Promotor de Justiça 1).

> «(...) Na verdade, fui pego de surpresa quando me chamaram para atuar no Núcleo (princípios de 2000). Sinceramente, não queria jamais ir para esta Promotoria. (...) Havia informações de colegas que por lá passaram sobre as ameaças de morte que sofriam. (...) Com o tempo, passei a ter mais segurança sobretudo porque passei a trabalhar em conjunto com a Corregedoria da PCDF, que na época era exercida por um delegado muito sério. Apurei alguns crimes de abuso de autoridade, tortura, extorsão, homicídios. Senti que o Promotor de Justiça era respeitado e o bom policial temia a atuação do Núcleo. O problema eram os maus policiais, que, quase sempre, também eram investigados pelas Corregedorias de Polícia e sempre davam muito trabalho

a estas. Pude perceber que os delegados da PCDF sentiam-se mais seguros quando suas ações eram respaldadas pelos Promotores do Núcleo. Na verdade, eles queriam demonstrar aos agentes investigados que estavam apurando os fatos porque o Promotor de Justiça do Núcleo havia requisitado. (…) Deve-se ressaltar que, à época, o MP não dispunha da estrutura de hoje. Não havia o Núcleo de Combate ao Crime Organizado nem o Setor de Inteligência. Éramos somente dois ou três promotores, dois secretários e dois policiais militares para fazer diligência. Uma estrutura bastante amadora, sem um mínimo de condições de realizar investigações de maior envergadura.» (Promotor de Justiça entrevistado 4)

«(...) Eu já sabia que seria muito difícil atuar naquele órgão, especialmente considerando que as carreiras policiais no Brasil não são organizadas e não têm suas condutas oficiais pautadas em princípios constitucionais de obediência e submissão ao regime do Estado de Direito e das garantias aos indivíduos que dele decorrem. (…) Acredito que haveria considerável redução das formas abusivas de atuação policial, criminais e administrativas, se houvesse punição imediata no ambiente interno das instituições policiais. Mas isso, atualmente, se mostra impraticável, especialmente porque o corpo de servidores é, também, eleitor juntamente com sua família e amigos e é importante ter não perder esses votos. Por isso, qualquer um que venha atuar no Núcleo deve se esforçar para fazer o melhor possível e alcançar resultados pontuais, mas sem esperar por muito. Tivemos avanços, no começo. Hoje não. Estamos paralisados, inertes.» (Promotor de Justiça 5)

«Mas também é difícil, nem posso dizer que pensamos de forma uniforme. Alguns colegas mais antigos, que estiveram no NCAP relatam que havia divergências inclusive dentro do nosso MP, havia inclusive quem colocasse em dúvida o nosso poder de investigação. Sobre a violência policial existe uma cultura arraigada de que alguma violência sempre vai existir, a Polícia lida com bandidos, etc. Já ouvi isso inclusive dentro do MP. Então, é complicado, existem muitas questões complexas. Mas vejo hoje que muitos colegas apoiam, especialmente os mais novos, documentam, pedem auxílio. Mas não há uma sinergia com os colegas das promotorias criminais. Como temos função executiva, então nós que devemos exercer. Nos estados, até porque os Centros de Apoio Operacional estão na capital, não têm atribuições executivas, a forma de controle é diferente. Aqui os colegas lavaram as mãos. Mas a experiência que tive é positiva, apesar da vinculação à Procuradoria, tem funcionado até hoje, mas pode acontecer que em determinado momento surja algum problema. Os colegas dos estados questionam, alguns inclusive dizem: "Isto é perigoso, e o promotor natural? Estamos colocando em discussão as nossas prerrogativas. E a inamovibilidade?!" Entendo tudo isso. Mas vejo avanço, a gente conta com uma estrutura muito melhor. Antes não havia um centro de inteligência, era complicado demais. Hoje já aperfeiçoamos muitas coisas, mas tudo é lento no Judiciário. As condenações, quando acontecem, demoram muito, muita lentidão.» (Promotor de Justiça 1)

«Minhas expectativas eram a de tentar alterar estruturalmente a atuação da polícia. Isso não foi possível, por diversos fatores (...) dificuldade de conseguir resultados via Judiciário, que é extremamente refratário ao fortalecimento do MP via controle externo da atividade policial. Na maioria das ações penais e não-penais (improbidade, mandados de segurança e outras) ajuizadas, o resultado não era satisfatório. Dificuldade de envolvimento dos colegas promotores de justiça, impossibilidade de tomar decisões, baseadas na minha forma de pensar, que pudessem afetar todo o MP. Além da dificuldade de colheita de provas (no caso do controle externo repressivo, por investigações criminais próprias). O sentimento que restou foi o de frustração, tanto é que pedi para sair do NCAP com apenas 1 ano de atuação. Hoje, sinto que, numa singela promotoria criminal, é possível implantar algumas práticas de controle externo.» (Promotor de Justiça 6).

«Existem várias questões que dificultam a nossa atuação. Para começar a discussão sobre a investigação pelo MP, e a insegurança jurídica pela falta de uma definição do STF sobre a matéria. Mas a investigação também é dificultada pela falta de estrutura material e humana. Temos dificuldade em colher elementos de prova nos casos de violência policial, temos vários casos onde não existem testemunhas ou as que aparecem temem pela própria vida. A jurisprudência também não ajuda muito. Nos crimes sexuais a palavra da vítima tem valor, é considerada. No abuso policial é diferente, a prova é mais complicada. Além disso, existe uma conivência na sociedade com a violência policial. Aquela cultura, a vítima da violência é uma pessoa com um passado na justiça criminal. Já respondeu a um processo criminal...» (Promotora de Justiça 3).

«O NCAP me mostrou que os resultados preventivos da atuação, embora não medidos, são notórios. O fato de um agente público (policial civil ou militar) ter que esclarecer a sua atuação, o torna mais responsável no dia a dia. Nas oitivas, era possível constatar isso, embora, em algumas oportunidades, o agente, quando ouvido, revelava rancor em relação a atuação do MP. Na persecução penal em juízo, os resultados são desanimadores. Vários processos, com prova suficiente para condenar foram sentenciados com a absolvição. Contudo, antes de sair do Núcleo, recebi duas decisões, uma do TJDFT (reforma de sentença absolutória) e outra do juiz *a quo*, com a condenação de 3 policiais militares, no primeiro, e 4 no segundo, pela prática de tortura com a decretação da perda dos cargos de todos eles. (...). A luta para a colheita de provas na fase da investigação e os debates em audiência foram cansativos, uma vez que as testemunhas foram ameaçadas de forma indireta em várias ocasiões. O medo e a insegurança de manter o depoimento estiveram presentes nas vítimas e testemunhas da ação policial. Foram dias de desânimo e de alegria no trabalho no controle externo. Mas, em determinado momento, veio a maturidade pela experiência e mais sabedoria para lutar contra as injustiças. Mas, confesso, que cansei. Posso retornar um dia, mas não queria mais continuar neste momento. A atividade no NCAP não atrai os membros, basta pesquisar quantos já foram convidados e recusaram o convite para atuar lá. Hoje, é difícil conseguir um promotor de justiça para atuar no NCAP. Geralmente, só os adjuntos aceitam o desafio pela possibilidade de ficar um período maior em um mesmo local de trabalho.» (Promotor de Justiça 2)

> «No final, com o tempo, você constrói uma rede de relações institucionais e também há avanços. Mas também mudou a cultura de relacionamento. Na verdade a PM não costuma dar trabalho em casos de tortura, a estrutura deles é melhor, não temos condições. Na civil já existe uma petição pronta do sindicato de que ninguém é obrigado a produzir prova contra si mesmo. E não comparecem aos reconhecimentos. Mas posso dizer que o relacionamento é muito melhor. E isso é muito decorrência da perpetuação do NCAP. Com o passar do tempo superaram muitas rusgas iniciais. A cúpula da Polícia percebe que conseguimos condenações. Para citar um caso específico, a violência policial, a corregedoria sabe que, se eles não investigam rapidamente, nós vamos fazer. E isso é positivo, foi um resultado concreto. Na minha avaliação, existem duas situações hoje. No dia a dia a Polícia não questiona o nosso poder de investigar. Mas continuam levando os casos até o STJ... é parte da estratégia jurídica. Uma consequência disso é o que nos chega da própria Polícia. Eu sei que eles têm dificuldades em investigar alguns agentes, existe proteção corporativa, política também. Então já dizem "Esta estória até passa na Corregedoria, mas no NCAP não!" Então, isso eu vejo como uma mudança.» (Promotor de Justiça 8)

> «A experiência no NCAP foi interessante porque, salvo engano, nós fomos os primeiros no Brasil (um dos primeiros com certeza) a enfrentar a questão. Na época fomos alvos de diversos habeas corpus que questionavam o poder investigatório do Ministério Público e o acesso às instalações policiais, num primeiro momento, e aos documentos dentro das Instituições Policiais. Não havia expectativas criadas, falta uma política de atuação institucional, sempre faltou. Caímos no NCAP com o avião andando e fomos nos afogando com o tempo, cuidando do dia-a-dia sem um planejamento de longo prazo. Com o passar dos meses pareceu claro que o objetivo naquele momento histórico seria o de materializar o NCAP. Desse modo, o TJDFT reconheceu reiteradamente os poderes de investigação e de acesso às instalações policiais e documentos. O resultado, na época, conduziu a afastamentos do Corregedor e de Delegados. (...) A maior falha está na falta de uma política de longo prazo, que seja conhecida do fiscalizado. No mesmo nível da falha anterior, está a ausência de coesão no atuar, de modo que, ao transmitir sentimentos contraditórios, deixa o fiscalizado confuso.» (Promotor de Justiça 7)

A partir dos relatos de alguns dos promotores de justiça que já integraram o NCAP é possível identificar algumas imagens e representações recorrentes. Alguns dos participantes da pesquisa ressaltam o promotor que se desloca de seu gabinete para «inspeções» às delegacias de Polícia. Ou o promotor que assume uma postura proativa, muitas vezes assumindo diretamente as investigações. Nos relatos aparecem, por outro lado, a ausência de mecanismos legais mais efetivos para que o MP possa desempenhar a função de controle externo da atividade policial. A ausência de suficiente programação condicional (legal) e finalística seria um dos entraves que explicaria parcialmente a forma como o MPDFT comunica por meio de decisões relacionadas ao controle externo:

«(...) Esta ideia dos poderes explícitos, que a constituição nos deu poderes, juridicamente falando, até ai não vemos problemas. Mas o nosso instrumental é fraco. Temos poder para requisitar, mas a lei não sanciona adequadamente, e a Polícia discute tudo. Hoje mesmo, no DF, interessa muito mais o controle do banco de dados, e menos as visitas às delegacias. Devemos analisar a peculiaridade de cada Estado. É muito diferente o controle externo a ser exercido pelas promotorias de justiça. Sinceramente, sem demérito nenhum, mas como tive experiência como promotor de justiça estadual, creio que o controle que exercemos é mais efetivo, ainda que não formalizado. Menos papéis e mais resultados, uma conversa muitas vezes resolve o problema, nem há necessidade de termos de ajuste de condutas. Lá tem mais sentido passar em uma delegacia no final da tarde, ver se houve alguma prisão ilegal.» (Promotor de Justiça 1)

«Na minha opinião, o controle externo consiste na supervisão da atividade policial, com a consequente adoção de providências para sanar as irregularidades. Creio que a imagem mais frequente que vem à mente em se tratando de controle externo é aquela do Promotor que se dirige com frequência à delegacia para "fazer uma inspeção". Mas é óbvio que, como muito se tem falado na rede ultimamente, o controle externo exercido pelos promotores criminais engloba o próprio "controle do inquérito policial", através de uma análise minuciosa dos procedimentos policiais, verificando se não está havendo um número sucessivo de baixas, sem realização das diligências requisitadas pelo MP, ou se não está ocorrendo um corporativismo em caso de inquérito instaurados pelas corregedorias. A análise das ocorrências policiais e do número de inquéritos instaurados em virtude delas é outro aspecto que deve ser observado. A atuação investigatória do MP, em caso de crimes praticados por policiais, também é outra vertente do controle externo da atividade policial.» (Promotor de Justiça 4)

«O modelo adotado pelo MP, com um controle concentrado e outro difuso, é o mais correto. Isso não significa que seja eficiente. O problema não está no modelo, está nas pessoas que executam o modelo. O controle compreende ou deveria compreender um programa em que a análise, auditoria, conscientização e o treinamento fizessem parte de uma política institucional visando a aprimorar o trabalho de investigação, seja ele de crimes praticados por integrantes da sociedade civil seja por policiais. A imagem possui pontos desconexos, sem sentido, com ideogramas de culturas distintas, de modo que transmite sentimentos contraditórios.» (Promotor de Justiça 7)

As representações sociais sobre o controle externo da atividade policial refletem a avaliação sobre o desempenho de uma determinada atividade, o que confirma pesquisas já realizadas (Sadek, 1997: 49 e 59; Sadek e Castilho, 1998: 23 e 29). A construção de estratégias para a atuação e a redefinição de prioridades decorrem não apenas da programação condicional e finalística da organização, mas também da cultura organizacional e rotinas cognitivas que orientam os processos decisórios (Luhmann, 2010). O organograma formal, estruturado de forma não hierárquica, e marcado pela autonomia institucional e pela independência funcional explica parcialmente como comunica a «organização MP». Além disso, os ajustes no organograma interno pela criação de novas promotorias de justiça, com atribuições específicas explicam a forma como se autodescreve o MP, orientando os processos decisórios para determinadas áreas, consideradas prioritárias.

Algumas das pesquisas realizadas evidenciam os conflitos entre profissões que ocupam o campo jurídico no Brasil (Bonelli, 1998: 185-214; Bonelli, 1999: 19-42; Bonelli, 2003a: 169-182). Os delegados criticam a intromissão do MP e negam a possibilidade de que o MP investigue diretamente (Cavalcanti, 2003: 141-164). As representações sociais dos participantes/entrevistados evidenciam parte da disputa no campo jurídico, propiciando pistas sobre as interações organizacionais entre o MP, a Polícia Civil e a Polícia Militar no DF:

> «É uma relação cínica. Todos sabem como são persistentes as violações aos direitos por policiais, mas ninguém quer agir. Quem se dispõe a agir fica de mãos atadas. Tem gente nossa que fala como algumas autoridades policiais no nível pessoal, da amizade, e finda por expor e desproteger aquele membro que está fazendo alguma coisa. A PC é extremamente improdutiva e é a que tem os melhores salários. Não colabora com nada, faz resistência a tudo e produz um inquérito medíocre. A PM se faz de amiga e colaboradora. Está dentro da nossa instituição e se vale da inocência da maioria dos nossos colegas para colher e plantar as informações de seu interesse. Sabe tudo sobre nós, enquanto nós nada sabemos quanto a ela.» (Promotor de Justiça 5).

> «Institucionalmente, as relações com o MP são péssimas. Para a polícia civil, relacionar-se com o MP significa obter do MP "parecer" como se o MP fosse parecerista, e não titular do exercício da ação penal, favorável aos "pedidos". Como se a polícia detivesse a legitimidade para pedir cautelares, como se autor fosse de cautelares da polícia. Fora isso, não há colaboração, pelo contrário, há disputa, ciúmes institucionais, resistência ao controle externo, falta de permeabilidade da polícia às normas constitucionais, legais e infralegais sobre o tema; incompreensão da polícia sobre o seu próprio papel e sobre o papel do MP em relação ao tema. É claro que toda essa disputa reflete interesses corporativos-salariais-institucionais: a polícia (delegados) querem se tornar o novo MP, e jamais querem ser controlados por tal instituição. Claro, isso tudo sem prejuízo de experiências individuais de bom relacionamento e compreensão do papel institucional do MP por alguns delegados de polícia. Já com a PM as relações são melhores do que as relações entre MP e a polícia civil, porque a polícia militar tem, entranhada, a noção de hierarquia e de disciplina. Não que o MP exerça qualquer controle hierárquico ou disciplinar sobre a PM, mas a PM tem controle de documentação mais apurado do que a polícia civil (quem fez o que com que viatura onde e quando; quem foi o responsável por uma ação policial etc.). (...) A PM vê os atos de ilegalidade com mais rigor do que a polícia civil. Mas tanto a polícia civil quanto a polícia militar possuem um problema: quando deixam o corporativismo de lado e contribuem para a punição de um policial que agiu com ilegalidade, fazem-no apenas

> quando essa ilegalidade possa projetar uma imagem ruim da instituição (ex: corrupção), e raramente fazem isso quando o agente de polícia, delegado ou policial militar é considerado "operacional" (violento, solucionador de casos complexos, "trabalhador" etc.).» (Promotor de Justiça 6).
>
> «A Polícia Civil age como instituição frente ao MPDFT. O MP não. A relação entre MPDFT e Polícia Civil não existe, na medida em que a Polícia Civil, como estratégia, procurou pessoalizar as relações e conseguiu. As relações com a Polícia Militar são movidas por interesses estratégicos que atendem muito mais aos interesses da Polícia Militar que do Ministério Público. O Ministério Público, atuando como Ministério Público e não como o somatório de interesses e entendimentos pessoais de seus membros, poderia aproveitar melhor essa relação e inseri-las num contexto maior de sua própria atuação. (...) A legislação impõe uma ou várias barreiras na medida em que entrega a cada uma das instituições poderes e deveres distintos. O perfil psicológico do policial militar difere do perfil psicológico do policial civil. As estratégias de inserção da instituição no contexto político também são diferentes e estão diretamente relacionadas aos poderes conferidos a cada uma das instituições. Isso repercute diretamente nos tipos de serviços prestados (lícitos e ilícitos) e na forma como essas instituições se relacionam com as outras.» (Promotor de Justiça 7)

Os relatos surgem marcados pelas críticas ao controle externo exercido pelo Ministério Público e às relações com a Polícia. Na fala dos promotores aparecem também as chamadas experiências bem sucedidas, associadas ao voluntarismo político[17] de promotores de justiça que buscaram criar formas de controle da atividade policial. Um dos promotores que integrou o NCAP nos primeiros anos de sua instalação recorda que o controle das ocorrências policiais passou a ser feito por alguns promotores de justiça. A assessoria de políticas institucionais da Procuradoria Geral de Justiça convocou reunião para debater a prática entre os promotores de justiça criminais. Apesar disso, critica-se que ainda depende da iniciativa individual, não se constituindo em prática institucionalizada. A iniciativa foi inclusive relacionada como prática a ser adotada pelo Manual do Controle Externo da Atividade Policial (Conselho Nacional de Procuradores-Gerais de Justiça, 2010: 17).

Do ponto de vista de política institucional, algumas iniciativas merecem ser analisadas, na medida em que propiciam elementos para a reflexão sobre a forma como decide a organização. A iniciativa retratada no projeto descrito como «Estratégias para a efetivação do controle externo da atividade policial pelos Ministérios Públicos dos Estados e da União» (Conselho Nacional de Procuradores de Justiça, 2010: 13), que originou o *Manual de Controle Externo da Atividade Policial* parece sinalizar no sentido de superação do

---

[17] Conceito criado por Arantes para a descrição da dimensão individual do trabalho desenvolvido por membros do MP (Arantes, 2002). O fenômeno é analisado por Sanches Filho na experiência do controle externo na Bahia (Sanches Filho, 2000: 190).

criticado voluntarismo político. A análise do documento é interessante não apenas pelo seu conteúdo, mas também pelo fato de que resultou de iniciativa do Conselho Nacional de Procuradores de Justiça, e retrata a visão de membros do MP brasileiro que integraram o projeto.[18]

Além da exposição dos fundamentos constitucionais e legais que justificam e definem o controle externo da atividade policial, no documento nota-se preocupação em definir estratégias de atuação a partir da construção interna do conceito de controle externo (conceito nativo). Na classificação das formas de controle a ser exercido, surge no documento a diferenciação entre o controle externo difuso, consubstanciado no controle de ocorrências policias, dos prazos e qualidade dos inquéritos policiais, dos bens apreendidos e propositura de medidas cautelares e o controle concentrado. Este último se daria por meio da propositura de ações de improbidade administrativa, ações civis públicas, procedimentos de investigação criminal, requisições, recomendações, termos de ajustamento de condutas, visitas às delegacias e unidades prisionais e comunicações de prisões em flagrante.[19]

O documento é mencionado especialmente pelos promotores que integraram o NCAP nos últimos anos. Sintetiza parte das discussões do seminário organizado em 2008, no auditório do MPDFT, e que originou a chamada Carta de Brasília. O valor do documento estaria no fato de condensar o ideário predominante entre os promotores que atuam diretamente no controle externo da atividade policial em grande parte dos Ministérios Públicos estaduais. Porém, durante o trabalho de campo algumas questões aparecem de forma recorrente: por um lado, as falas surgem, na sua maioria, carregadas de ceticismo em relação à experiência no desempenho da função. Alguns dos entrevistados/participantes que integraram o NCAP nos últimos anos relacionam experiências bem sucedidas e lembram mudanças no relacionamento institucional em razão da persistência do NCAP na estrutura do MPDFT. Contudo, eventuais

---

18 Na apresentação do projeto nota-se preocupação com a efetividade do controle externo da atividade policial, razão que teria justificado a formação de comissão provisória de estudos. Entre as ações propostas são destacadas: controle das ocorrências policiais, profissionalização do relacionamento institucional, entre outras (Conselho Nacional..., 2010: 17).

19 No documento consta a chamada «Carta de Brasília», resultado de Seminário realizado entre os dias 18 e 20.06.2008, no auditório do MPDFT, em Brasília. Anuncia-se que os enunciados decorreram de aprovação, após amplo debate, pelos membros do MP que participaram do evento. Na «Carta de Brasília» aparecem expressões que permitem aprofundar a análise sobre a visão dos membros que participaram do evento em relação à Polícia e ao controle externo da atividade policial. A referência não é meramente exemplificativa. Ao contrário, surge como anexo importante no texto incorporado em documento formal do Conselho Nacional de Procuradores de Justiça, o que lhe dá a roupagem de justificativa institucional a ser considerada. A terminologia utilizada é relevante, na medida em que contribui para a construção da imagem da Polícia nas representações exteriorizadas no documento.

experiências bem sucedidas associam-se menos a uma política institucional que aos fatores conjunturais ou ao voluntarismo de promotores de justiça.

No desempenho das inúmeras funções institucionais, o controle externo também não aparece como prioridade institucional, o que também é elucidativo sob a perspectiva da cultura organizacional (Berger e Luckmann, 1999: 51-52; Bernoux, 1985: 137-149; Croizier e Friedberg, 1992: 278-302; Luhmann, 2010). As representações sobre o controle externo da atividade policial sugerem também algumas pistas sobre as interações entre organizações do subsistema jurídico-penal, evidenciando tensões com a Polícia.

CONCLUSÕES

Na divisão das atribuições no subsistema jurídico-penal, nem sempre houve uma clara distinção entre as funções de investigar, acusar e julgar. Os processos de diferenciação levaram a soluções híbridas em que o Judiciário muitas vezes assumia a investigação. Da mesma forma, a Polícia, não raramente, como demonstra a experiência inglesa, assumia também a acusação.

Os casos inglês e francês são paradigmáticos de diferentes processos de diferenciação interna do subsistema jurídico-penal. Na Inglaterra, a ação penal privada foi mantida ao longo dos séculos, e a criação do MP é recente, e ainda não experimentou um completo processo de profissionalização. Prevaleceu o modelo da polícia investigadora, com o controle total da fase inicial e primeiro filtro do subsistema jurídico-penal. Na tradição inglesa, a Polícia também se fazia responsável pela persecução penal, e apenas em juízo um órgão oficial era chamado a sustentar a acusação, cujo *input* era atribuição da Polícia. Isso na hipótese de inexistência de uma ação penal privada.

Na França, a adoção do modelo de ação penal pública foi acompanhada do modelo de juiz-instrutor. Caracterizava-se pelo predomínio do juiz de instrução como coordenador dos trabalhos de investigação, delegados à Polícia, sob supervisão e direção do instrutor. O modelo tornou-se paradigma do tipo ideal inquisitivo. A experiência expandiu-se para outros Estados europeus, na esteira do movimento de centralização política e consolidação dos Estados de Direito. Além dos Estados sob influência direta da França, Portugal, Espanha e, em seguida, com os processos de unificação, Alemanha e Itália, também experimentaram o modelo de investigação sob direção do juiz-instrutor.

Nos Estados Unidos, o peculiar processo de diferenciação interna do subsistema jurídico penal sugere nova semântica para a persecução penal.

Reestabiliza-se a figura do promotor-instrutor, coordenador das investigações. A polícia realiza diretamente a investigação, mas sob coordenação e orientação direta do promotor de justiça. O papel ativo assumido pelo promotor de justiça nem sempre implica na redução da discricionariedade policial. Os conflitos – sugerem as pesquisas realizadas – relacionam-se às disparidades dos objetivos que orientam as respectivas organizações.

Nos últimos anos, nota-se paulatina extinção da figura do juiz instrutor nas reformas processuais contemporâneas, transferindo a função de coordenador (instrutor) da fase policial ao promotor de Justiça. Portugal, Itália e Alemanha foram pioneiros nas reformas legislativas que transferiram ao MP função instituída, e reservada ao magistrado, na configuração dos Estados Nacionais na Europa (Machado, 2007a: 81-118).

Nos países que optaram pela mudança, critica-se que a organização responsável pela instrução (MP) não foi dotada de condições materiais e humanas para o desempenho de suas novas atribuições. Na prática, haveria um escasso controle sobre as investigações conduzidas pela Polícia, cuja discricionariedade não foi abalada. As mudanças têm influenciado reformas na América Latina. Porém, o cenário se repete. As novas organizações nem sempre são dotadas de condições para as novas tarefas, o que leva à construção de modelos reais, muitas vezes não coincidentes com os modelos idealizados (organização resposta) (Machado, 2007a: 81-118; Machado, 2007b: 340-360; Machado, 2011: 279-282).

***

No modelo sistêmico as premissas decisórias programam as comunicações organizacionais. As estruturas hierárquicas e os procedimentos para recrutar os respectivos membros, assim como a distribuição das diferentes tarefas previstas no organograma interno, conformam parte das premissas decisórias.

A compreensão das decisões como comunicação organizacional pressupõe adensar o conhecimento sobre a forma como as organizações se auto-observam e autodescrevem, bem como sobre as premissas decisórias, como a distribuição dos papéis e tarefas (organograma), recrutamento dos membros e interações organizacionais. Aprofundar o conhecimento da cultura organizacional significa desvendar parte das premissas decisórias.

Na análise dos sistemas de interação, as pessoas mantêm um papel fundamental, já que a comunicação é estruturada pela presença/ausência. Por outro lado, a interpenetração entre organizações e sistemas de interação permite novas possibilidades de pesquisa empírica, razão pela qual se fala em interações organizacionais. No capítulo 3 a análise parte das representações sociais produzidas por meio de sistemas de interação (Grupos Focais).

Os mitos organizacionais não são incompatíveis com a proposta sistêmica. Na medida em que conformam a cultura organizacional, são relevantes para a compreensão das premissas decisórias e forma de comunicação das organizações. Os discursos dos profissionais da Polícia e do Direito, membros de diferentes organizações, revelam mitos organizacionais. A chamada verdade real parece permear grande parte das falas dos sujeitos da pesquisa.

Entre os magistrados, predomina visão crítica sobre a atuação da Polícia. Embora não haja voz unânime, chega-se a propor a abolição da figura do delegado de Polícia, papel que deveria ser ocupado pelo promotor de justiça. A prova técnica é valorizada como elemento de prova fundamental. O magistrado deve-se manter afastado do conteúdo do inquérito policial, padrão de comportamento que é descrito como tendência contemporânea das reformas processuais penais. Valoriza-se a análise inicial do promotor de justiça em relação ao resultado do inquérito policial. Em regra, não há divergência quanto aos arquivamentos requeridos pelos promotores. Analisando sob o enfoque sistêmico, a decisão do MP reduz complexidade para decisões de outra organização. Ao mesmo tempo, comunica a existência de alternativa.

Entre os promotores de justiça, predomina o ceticismo no papel cumprido pelo delegado de Polícia. O relatório final, peça que culmina a investigação, é descrito como documento que, em regra, não ajuda e muitas vezes atrapalha o promotor. A análise jurídica e o enquadramento do suposto tipo penal gerariam dificuldades dificilmente contornáveis durante a instrução. Os promotores de justiça reivindicam atuação mais relevante na fase do inquérito e defendem que apenas assim os delitos não tradicionais, como os crimes de colarinho branco, poderiam ser devidamente investigados.

Em um ponto a fala dos promotores encontra eco no discurso dos juízes: a falta de autonomia da Polícia impediria investigações sensíveis para o poder local. As interferências políticas enfraqueceriam a atuação isenta da polícia.

O discurso dos delegados de Polícia valoriza o papel de um profissional da área jurídica que conduz o inquérito policial. A referida «*advogadização*» é construída internamente como elemento peculiar do modelo brasileiro que não deveria ser modificado. Ao contrário, seria a tradição da investigação no Brasil. As críticas são dirigidas fundamentalmente aos promotores de justiça, que pouco ou nada compreenderiam das investigações. O saber especializado dos delegados de Polícia estaria exatamente na conexão entre a expertise policial e a formação técnica do jurista. A profissão dos delegados de Polícia constituiria, assim, em forma de acoplamento estrutural entre o mundo policial e o mundo do direito.

Entre os agentes de Polícia predomina o discurso de autovalorização do trabalho policial. A função precípua do inquérito, a investigação, configuraria um campo complexo para quem domina o saber «dos tiras».

O trabalho do agente apareceria na denúncia do promotor, na imagem retórica do «espelho da denúncia». Os relatórios detalhados dos agentes de Polícia forneceriam os subsídios fundamentais para a ação penal. Além disso, na prática, os agentes cumpririam o papel de convencimento do promotor e juiz da linha da investigação, bem como da necessidade de medidas cautelares. A imagem dos delegados de Polícia aparece associada à razão de existir do inquérito: investigação. O delegado operacional é descrito como profissional dedicado à investigação. Antes de um jurista, fala como policial, que apoia material e juridicamente a «apuração dos fatos». O delegado cartorial aparece como profissional que se perderia nos meandros da burocracia, orientado pela codificação jurídica. No afã de conferir juridicidade aos atos de investigação, perderia o foco principal da atividade da Polícia Judiciária.

***

As relações entre MP e Polícia podem ser desvendadas pela análise dos processos de diferenciação interna do subsistema jurídico-penal a partir de diferentes organizações nos distintos contextos analisados. A cultura organizacional, as tradições jurídicas e a distribuição de competências são variáveis relevantes para a compreensão das tensões e estratégias construídas pelos atores que integram as distintas organizações.

A análise das representações permite aprofundar a compreensão sobre significados e imagens em torno de questões concretas e relevantes para a análise das organizações do sistema de justiça. O interesse não é, assim, investigar possíveis «verdades» nas falas reproduzidas nesta pesquisa. Os relatos são relevantes pelo potencial criador de uma determinada realidade; sugerem, ainda, o sentido de determinadas práticas e interações organizacionais.

As representações sociais sobre o controle externo da atividade policial constituem-se em importante elemento para análise, evidenciando parte da disputa entre profissionais que integram o campo jurídico. A pesquisa exploratória realizada no DF evidencia distintas percepções sobre o papel do MP, sugerindo diferenças entre delegados de Polícia e oficiais da Polícia Militar. Entre os magistrados, embora predomine a visão de que o MP deve de fato assumir posição mais atuante na investigação policial, há divergências importantes sobre a forma de controle a ser exercido. O receio de interferências indevidas em assuntos internos da Polícia, recorrente na fala dos delegados de Polícia, também surge na descrição de alguns dos magistrados-participantes da pesquisa.

No estudo de caso do NCAP do MPDFT, as representações sugerem ceticismo sobre o papel desempenhado pela instituição. O discurso dos participantes da pesquisa é duro, apontando deficiências no controle exercido pelo MP. Sugere-se pouca articulação institucional e envolvimento dos promotores de justiça criminais no exercício da atividade. O desprestígio do NCAP surge nos relatos sobre as dificuldades em conseguir promotores de justiça dispostos a integrar as respectivas promotorias. As experiências bem sucedidas são atribuídas ao voluntarismo de poucos, com escassa repercussão institucional.

As imagens e símbolos que surgem nas falas dos entrevistados evidenciam tensões nas interações organizacionais entre o Ministério Público e a Polícia. Por outro lado, permitem avançar algumas linhas sobre possíveis expectativas quanto ao desempenho desta atividade. Se a visão negativa sobre o controle externo da atividade policial predomina na fala dos participantes da pesquisa, isso não parece sinalizar no sentido da extinção do NCAP. Ao contrário, o modelo, embora criticado por alguns pela vinculação direta à Procuradoria-geral de Justiça (elogiado por outros), surge como espaço importante para a construção de política institucional em relação ao tema. Na reconstrução da história do NCAP, apesar das dificuldades institucionais e reiteradas críticas, as falas sugerem mudanças na interação com a Corregedoria de Polícia, o que teria levado a uma atuação mais rápida dos mecanismos de controle interno, o que também é significativo do ponto de vista organizacional.

Porém, na construção das políticas institucionais, os participantes da pesquisa ressentem que o tema não ocupe o centro das prioridades institucionais. A definição dos papéis desempenhados e a discussão dos modelos permeiam também o debate sobre princípios constitucionais, como a independência funcional e a inamovibilidade.

***

As organizações do subsistema jurídico-penal comunicam segundo diferentes premissas? Que premissas orientam os processos decisórios?

As perguntas levam a uma questão prévia, fundamental no itinerário da pesquisa: não há um sistema de justiça criminal, ao menos no sentido autopoiético. As organizações surgem no processo de diferenciação interna do subsistema jurídico-penal e são fundamentais na modernidade. Como sistemas comunicativos, orientam-se por programas e codificação próprias. Nas organizações, a programação condicional, na forma dos programas e códigos jurídicos, coexiste com outros programas (estratégico, finalístico etc.). Além disso, as decisões, forma de comunicação das organizações, dependem de outras premissas decisórias, como organograma interno, forma de recrutamento dos membros e divisão do trabalho. E outras, como a cultura organizacional. Os processos organizacionais e a profissionalização configuram mecanismos de insulamento interno e orientam as decisões pela programação jurídica (Luhmann), condição de validade do jogo jurídico (Bourdieu). A abordagem autopoiética não apenas indica a existência de pautas distintas. As organizações, e não apenas as jurídico-penais, também são sistemas autopoiéticos. E a forma como comunicam, por meio de decisões, não significa a mera transposição da programação e codificação do sistema jurídico. As premissas decisórias remetem exatamente às condições e contextos decisórios. Identificar como estes processos internos operam é certamente uma questão empírica.

No caso das organizações policiais, especialmente nesta pesquisa a Polícia Civil, a forma de comunicação (decisões) pressupõe extenso rol de premissas decisórias. A programação jurídica é relevante, mas não é totalmente explicativa, como sugerem os estudos centrados na discricionariedade da atuação policial. Outras premissas sugerem pistas sobre a forma de comunicação da Polícia Civil. A eleição de prioridades indica o que deve ser investigado, porque e como deve ser investigado. Sugere o que não deve ser investigado, ou que condições são necessárias para que o fato possa vir a ser objeto de uma investigação formal (seletividade). As prioridades indicam como devem ser alocados os escassos recursos materiais e humanos, que profissionais devem ocupar as posições-chave, etc.

Conforme descrição no primeiro capítulo, as organizações podem possuir autodescrições para comunicações formais e outra para a informalidade. Ou, conforme expressamente referido por Luhmann, podem coexistir autodescrições oficiais e cínicas. O que não impede que as organizações restrinjam o uso de autodescrições conflitantes, ao legitimar uma semântica, declarando a outra inválida (Seidl, 2003: 124-144).

A autodescrição da Polícia Civil sugere semânticas distintas (identidades). O inquérito policial, programa (legislação processual-penal) que orienta a comunicação jurídica, tem um significado que vai além do léxico jurídico. A dimensão finalística, na forma de um procedimento dirigido ao esclarecimento preliminar dos fatos sugere que a investigação criminal confere identidade organizacional (Costa, 2010; Misse, 2010; Ratton, 2010). Mas para que as decisões organizacionais sejam comunicadas como juridicamente válidas (direito/não direito) devem atender a premissa condicional (programas jurídicos), o que depende de forma como o subsistema jurídico-penal opera internamente e não do observador externo, de segunda ordem. Possíveis descumprimentos, se de fato ocorrem, podem gerar ruído interno e ressonância nas demais organizações e no subsistema jurídico-penal.

A autodescrição do Ministério Público também sugere semânticas distintas. No caso brasileiro, o MP não mais se autodescreve unicamente como organização jurídico-penal. A autodescrição como defensor dos direitos fundamentais, difusos e coletivos gerou em organizações específicas contradições internas e conflitos, como sugerem as pesquisas de campo (Arantes, 2002; Silva, 2001; Sadek, 2000; Machado, 2007a e Machado, 2007b). A evolução interna pressupõe configurações específicas em cada organização. Não se trata de processo unívoco, observação que também se aplica à análise da Polícia Civil. A priorização da atuação penal também convive com a complexidade da comunicação jurídico-penal e os artefatos semânticos (argumentação interna) que conferem sentido às decisões. A atuação construída internamente como garantista (Ferrajoli, 2001) não se incompatibiliza com a persecução penal, mas pode sugerir critérios mais rígidos de controle dos procedimentos e aceitação da prova. A observação também é válida na análise das organizações policiais. A figura do delegado «defensor», que aparece nos relatos do trabalho de campo também sugere que o léxico jurídico-penal e os artefatos semânticos (garantismo como controle interno) podem gerar contradições internas na autodescrição da Polícia.

As interações organizacionais não são irrelevantes na análise da cultura e identidades das organizações policiais e ministeriais. Na divisão do trabalho jurídico-penal, a exclusividade ou não da polícia na condução do inquérito policial tem relevância nos processos decisórios (comunicação). A divisão de tarefas tem repercussões importantes na organização policial civil. A figura do delegado operacional surge nas narrativas, especialmente dos agentes de Polícia, como o profissional comprometido com a razão de ser do inquérito policial. A codificação e a programação jurídicas não são irrelevantes nos processos decisórios. A figura do delegado «defensor» sugere a prevalência da programação jurídica sobre a programação finalística e «razão de ser» do inquérito policial: a investigação da autoria e materialidade dos fatos. A figura remete ao profissional que orienta sua atuação por pautas jurídicas e que não teria assimilado a complexidade do mundo policial. As semânticas não surgem como conflitantes, pois os processos de profissionalização e organização impõem as regras do jogo do direito. Exatamente por isso, as decisões da Polícia observadas como ilegais (observações de segunda ordem) podem produzir ressonância em outros sistemas sociais, incluídas outras organizações, como o Judiciário e o Ministério Público. Por outro lado, na análise de Seidl, podem existir autodescrições distintas para comunicações formais e informais; e até mesmo autodescrições oficiais e cínicas (Seidl, 2003: 142). E não se trata, obviamente, de crítica dirigida unicamente às organizações policiais...

A investigação criminal constitui premissa decisória de parte das decisões do Ministério Público e do Judiciário. As disputas entre associações profissionais e os argumentos favoráveis ou não ao monopólio sugerem inequívocas conexões com as disputas profissionais no mundo do direito. A abordagem autopoiética permite outra leitura. Como cada organização observa o inquérito policial? As interações organizacionais não são irrelevantes nas tomadas de decisão e não devem ser descartadas. As representações sociais apontam visão crítica de promotores de justiça e magistrados. Transparece desconfiança bastante generalizada, e se reivindica um controle mais próximo do Ministério Público nos processos decisórios da Polícia.

O estudo de caso do NCAP evidencia as decisões do MPDFT em relação ao controle externo da atividade policial. A decisão que cria o NCAP tem como ponto de partida a avaliação crítica sobre o desempenho da atividade. Comunica que esta atividade deveria ser coordenada diretamente pela Procuradoria-geral, o que coloca em questão um das características do organograma (independência funcional) e privilegia outro aspecto, a unidade de atuação. O material produzido no trabalho de campo é relevante para análise das interações organizacionais. As recorrentes e generalizadas críticas quanto ao desempenho da atividade sinaliza que a função não foi registrada na semântica das funções prioritárias do MP. O MP não se autodescreve como organização controladora da atividade policial. As portarias editadas em anos subsequentes comunicam a necessidade de comprometimento das promotorias criminais com o desempenho da função. A necessidade de documentação das tomadas de decisão em relação à atividade e exigência de relatórios, materialização das decisões das unidades, mostra a possibilidade de novas autodescrições da organização MPDFT.

***

A forma «persecução penal pública dos crimes» e a divisão do trabalho jurídico-penal que decorre desta opção nos Estados modernos ensejam contextos marcados pela conflitualidade, vinculados a distintas observações de segunda ordem das comunicações jurídicas. Nas atividades de vigilância e de policiamento ostensivo para a repressão da criminalidade urbana, as decisões tomadas pelas organizações policiais incumbidas desta função, como a Polícia Militar, que realizam, por exemplo, determinada operação, ou que efetuam determinada prisão em flagrante, são potencialmente confrontadas por outras organizações. Na medida em que outras organizações policiais, como a Polícia Civil, em suas decisões, observa o sistema jurídico de forma distinta (observação de segunda ordem) da observação realizada por outra organização policial (Polícia Militar), os conflitos são inevitáveis.

Para as unidades da Polícia Militar, podem ser identificadas diversas consequências de observações inconciliáveis entre as diferentes organizações policiais, desde a desqualificação da construção jurídica realizada inicialmente, que aparece como primeira e «frágil verdade policial militar», inferiorizada em relação à provisória «verdade policial civil», para usar a análise de Lima (2003), até a responsabilização administrativa ou penal dos membros das organizações responsáveis pelas decisões que movimentam outras organizações que participam da divisão do trabalho jurídico-penal.

Da mesma forma, as decisões da Polícia Civil nas inúmeras investigações realizadas pelas suas unidades, por meio do inquérito policial, traduzem observações jurídicas de segunda ordem que podem ser (e são) confrontadas por outras organizações. O MP pode reconstruir a definição jurídica sugerida nos procedimentos investigatórios, documentados em relatórios policiais e despachos de indiciamento e realizar novas observações de segunda ordem sobre a comunicação jurídica nos fatos submetidos ao Judiciário. As denúncias, arquivamentos ou devoluções de inquérito para novas diligências não raramente documentam situações de conflito entre as organizações que participam da divisão do trabalho jurídico-penal. As decisões do Judiciário podem comunicar diferentes observações do sistema jurídico, reconstruindo interpretações anteriores ou confirmando as novas definições apresentadas. Os jogos do direito, regulado pelas normas processuais e os diferentes papéis assumidos pelos atores (programação da comunicação jurídico-penal e premissa decisória para as organizações) possibilitam visualizar os novos canais da conflitualidade nas disputas entre as organizações pela prevalência de suas respectivas observações jurídico-penais. As posições privilegiadas dos tribunais superiores sugerem, assim, o sentido das diferentes verdades, provisórias e constantemente testadas nas disputas entre as organizações jurídico-penais.

A abordagem sistêmica confere novo sentido às disputas pelo monopólio das funções. A reivindicação da exclusividade da investigação pelas associações de polícia, que a PEC 37 – rotulada como PEC da impunidade, rejeitada pela Câmara dos Deputados no dia 26 de junho de 2013, sob forte pressão popular e dos meios de comunicação, personificava como reserva de mercado nas disputas entre as organizações, pode ser reinterpretada (observada) sob o paradigma sistêmico. Afastar outras organizações, como a Controladoria Geral da União, o MP e as Comissões Parlamentares de Inquérito da investigação criminal significa reafirmar o domínio policial em relação aos casos que serão encaminhados ao MP e ao Judiciário. Fortalece a imagem de que a seletividade policial é a variável fundamental para a compreensão sobre a forma como comunicam outras organizações que participam da divisão do trabalho jurídico-penal, como o Judiciário e o Ministério Público. A Polícia Judiciária, no formato proposto, afirma-se como controladora exclusiva do *input* das demais organizações. Na medida em que a investigação criminal é premissa decisória para decisões (comunicações) de outras organizações, por mais que se argumente que os fatos continuarão sendo investigados segundo determinação ministerial ou judicial, reduz-se a complexidade a partir das comunicações da organização responsável por decidir o que (e como) deve ser investigado. Em um horizonte de possibilidades, significaria reafirmar a colonização da comunicação jurídico-penal pelas observações de segunda ordem da Polícia.

***

As organizações são seletivas? De que seletividade fala a abordagem sistêmica? O itinerário da pesquisa não supõe divergência insuperável com as abordagens criminológicas críticas. Ao assumir a possibilidade de corrupção de códigos do sistema jurídico, a viabilidade de processos de *desdiferenciação* funcional e que a diferença exclusão-inclusão funciona como meta-código que interfere no direito como meio de comunicação simbolicamente generalizado, indica-se a possibilidade concreta de que as organizações venham a se tornar instrumentos de manipulação e disputas por poder. Não é incorreto indagar nas rotinas internas a função latente de satisfação de interesses escusos de grupos de poder.

O foco, porém, não foi este. O itinerário traçado sugere a *ressignificação* da seletividade. As organizações são seletivas nas suas inúmeras operações internas. As comunicações organizacionais, na forma de encadeamento de decisões, supõem um enorme rol de premissas decisórias, condicionais, finalísticas, entre outras. Como observadoras de segunda ordem das comunicações jurídicas, as organizações podem orientar-se por artefatos semânticos díspares, que enfatizam tanto a constrição sugerida pelo *garantismo penal* quanto a racionalidade da eficácia ou do *eficientismo penal*. Encontrar o equilíbrio nos processos decisórios parece ser um desafio. Os programas finalísticos também podem redirecionar as decisões e articular-se com distintos discursos jurídico-penais. Os slogans «Polícia de Proximidade», «Ministério Público Eficaz», entre outros, podem implicar a rearticulação da forma como as organizações comunicam. E podem redefinir identidades e promover novas autodescrições das organizações pesquisadas. O que supõe novas pesquisas empíricas.

BIBLIOGRAFIA

ALAGIA, Alejandro. *Hacer sufrir*. Buenos Aires: Ediar, 2013.

ALBONETTI, Celesta A. Prosecutorial Discretion: The Effects of Uncertainty. *Law and Society Review*, 21, 1987, p. 291-313.

ALSCHULER, A. W. Narrative and normativity: Comments on the origin of adversary criminal trial. *The Journal of Legal History*, 26(1), 2005, p. 91-97.

AMERICAN BAR ASSOCIATION. *Standards relating to the prosecution function and the defense functions*. New York: Institute of Judicial Administration, 1971.

ANDERSEN, Niels A. Polyphonic organizations. In: BAKKEN, Tore; HERNES, Tor. *Autopoietic Organization Theory: Drawing on Niklas Luhmann's Social Systems Perspective*. Copenhagen: Copenhagen Business School Press, 2003, p. 151-182.

ANDRADE, Mauro Fonseca. *Juiz das garantias*. Curitiba: Juruá, 2011.

ANDRADE, Vera Regina Pereira *et alii* (Orgs.). *Verso e reverso do controle penal*: (des) aprisionando a sociedade da cultura punitiva. Florianópolis: Fundação José Arthur Boitex, vol. 1 e 2, 2002.

ARANTES, Rogério Bastos. *Ministério Público e política no Brasil*. São Paulo: Sumaré, 2002.

ARANTES, Rogério Bastos; CUNHA, Luciana Gross Siqueira. Polícia Civil e Segurança Pública: Problemas de Funcionamento e Perspectivas de Reforma. In: SADEK, Maria Tereza (Org.). *Delegados de polícia*. São Paulo: Sumaré/Fundação Ford, 2003, p. 95-139.

ARMENTA DEU, Teresa. *Principio acusatorio y derecho penal*. Barcelona: Bosch, 1995.

ATKINS, Burton; POGREBIN, Mark. *The invisible Justice System: Discretion and the Law*. Cincinnati: Anderson Publishing Co., 1982.

AZAOLA GARRIDO, Elena; RUIZ TORRES, Miquel Angel. Investigadores de papel. El papel judicial en la investigación de los delitos en la Ciudad de México. *Revista Brasileira de Ciências Criminais*, vol. 80, set.-out. 2009, p. 323-345.

AZEVEDO, Rodrigo G. O inquérito policial na cidade de Porto Alegre. In: MISSE, Michel (org.). *O inquérito policial no Brasil.* Rio de Janeiro: NECVU/IFCS/UFRJ, 2010, p. 312-380.

BAUDOUIN, L. The influence of the Code Napoleon. *Tulane Law Review*, *33*, 1958, p. 21-28.

BENNION, F. The new prosecution arrangements: (1) The Crown Prosecution Service. *Criminal Law Review*, 1986, p. 3-15.

BAJOTTO, Carolina Cancián. *Polícia Federal*: a elite policial traçando identidades e distinções. Dissertação. Programa de Mestrado em Ciências Sociais. UFRGS, Porto Alergre: 2009.

BAYLEY, David. *Padrões de policiamento.* São Paulo: Edusp, 2001.

BEATO FILHO, Cláudio C. Políticas públicas de segurança e a questão policial. *São Paulo em Perspectiva,* vol. 13, n. 4, São Paulo, out.-dez. 1999.

BERGALLI, Roberto. Control social y sistema penal. In: BERGALLI, Roberto. *Control social punitivo*: Sistema penal e instancias de aplicación (Policía, Jurisdicción y Cárcel). Barcelona: Bosch, 1996, p. 1-5.

______. *Hacia una cultura de la jurisdicción*: ideologías de jueces y fiscales. Argentina, Colombia, España, Italia. Buenos Aires: Ad-hoc, 1999.

______. Jurisdicción y administración de justicia: Jueces y fiscales en la sociedad compleja. In: BERGALLI, Roberto. *Sistema penal y problemas sociales.* Valencia: Tirant lo Blanch, 2003, p. 315-349.

BERGER, Peter L. e LUCKMANN, Thomas. *La construcción social de la realidad.* Trad.: Silvia Zuleta. Buenos Aires: Amorrortu, 1999.

BERNOUX, Philippe. *La sociologie des organisations.* Paris: Éditions du Seuil, 1985.

BONELLI, Maria da Glória. A Competição Profissional no Mundo do Direito. *Tempo Social*, São Paulo, vol. 10, n. 1, p. 185-214, maio 1998.

______. As interações dos profissionais do direito em uma comarca do Estado de São Paulo. In: SADEK, Maria Tereza (Org.). *O sistema de Justiça.* São Paulo: IDESP/Sumaré, 1999, p. 19-42.

______. *Profissionalismo e política no mundo do direito.* São Paulo: EdUFSCar/Sumaré, 2002.

______. As disputas em torno da fronteira entre profissão e política no Ministério Público Paulista. *Novos Estudos Cebrap*, São Paulo, n. 65, p. 169-182, 2003a.

______. Perfil social e de carreira dos delegados de polícia. In: SADEK, Maria Tereza (Org.). *Delegados de polícia.* São Paulo: Sumaré/Fundação Ford, 2003b, p. 31-67.

BORGES, Jorge Luis. *O livro de areia.* Trad.: Davi Arrigucci Jr. São Paulo: Schwarcz, 2012.

BOURDIEU, Pierre. *Raisons pratiques: sur la theorie de l'action.* Paris: Seuil, 1994.

______. *Poder, derecho y clases sociales*. 2. ed., trad. Maria José Bernuz Beneitez, Andrés García Inda, Maria José Ordovás e Daniel Oliver Lalana. Bilbao: Editorial Desclée de Brower, 2001.

BLOCH, Marc. *Apologia da história ou o ofício do historiador*. Trad. André Telles. Rio de Janeiro: Zahar, 2001.

BOAS, Franz. *Cuestiones fundamentales de la antropología cultural*. Buenos Aires: Solar, 1964.

BOS, René Ten. The Fear of Wolves: Anti-Hodological Ruminations about Organizations and Labyrinths. *Culture and Organization*, vol. 10, 2004, p. 7-24.

BRUNDAGE, James A. *The Medieval Origins of the Legal Profession: Canonists, Civilians and Courts*. Chicago: The University of Chicago Press, 2008.

BRUNER, Jerome. *Actos de significado: para uma psicologia cultural*. Lisboa: Edições 70, 1990.

CALVERT, Randall L.; MCCUBBINS; Mathew D. & WEINGAST, Barry R. A Theory of Political Control and Agency Discretion. *American Journal of Political Science*, vol. 33, n. 3, ago. 1989, p. 588-611.

CAPPELLETTI, Mauro; GARTH, Bryant. *Acesso à Justiça*. Trad.: Ellen Gracie Northfleet. Porto Alegre: Fabris, 2002.

CARVALHO, José Murilo de (Org.). *Nação e Cidadania no Império*: novos horizontes. Rio de Janeiro: Civilização Brasileira, 2007.

CARDENAS, J. Crime victim in the prosecutorial process. *Harvard Journal of Law and Public Policy*, 9, 1986, p. 357-398.

CARTER, A. T. A *History of the English Courts*. London: Butterworth & Co, 1927.

CARTUYVELS, Yves. A Polícia e o Ministério Público na Bélgica: em direção a uma reconfiguração dos poderes? *Revista do Conselho Nacional do Ministério Público*, Brasília, n. 2, jul.-dez., 2011, p. 103-126.

CASTILHO, Ela Wiecko V. de. *O controle penal nos crimes contra o sistema financeiro nacional*. Belo Horizonte: Del Rey, 1998.

CAVALCANTI, Rosângela Batista. *Cidadania e acesso à justiça*: Promotorias de Justiça da Comunidade. São Paulo: Idesp, 1999.

______. Problemas e desafios da polícia civil: percepções dos delegados. In: SADEK, Maria Tereza (Org.). *Delegados de Polícia*. São Paulo: Sumaré/Fundação Ford, 2003, p. 141-164.

CHAN, Andrew; CLEGG, Stewart. History, Culture and Organization Studies. *Culture and Organization*, vol. 8, 2002, p. 259-273.

CHOUKR, Fauzi Hassan. Polícia e Estado de Direito na América Latina – Relatório Brasileiro. In: CHOUKR, Fauzi Hassan; AMBOS, Kai (Coords.). *Polícia e Estado de Direito na América Latina*. Rio de Janeiro: Lumen Juris, 2004, p. 1-59.

CHOUKR, Fauzi Hassan; AMBOS, Kai (Coords.). *Polícia e Estado de Direito na América Latina*. Rio de Janeiro: Lumen Juris, 2004.

CLASTRES, Pierre. *La société contre L'État:* recherches d'anthropologie politique. Paris: Les Éditions de Minuit, 1974.

COLE, George. The decision to prosecute. In: SANDERS, Andrew. *Prosecution in Common Law Jurisdictions.* Aldershot: Dartmouth, 1996, p. 167-179.

COSTA, A. T. M. *Entre a lei e a ordem: violência e reforma nas polícias do Rio de Janeiro e de Nova Iorque.* Rio de Janeiro: FGV, 2004.

______. A discricionariedade no sistema de justiça criminal: uma análise do caso do Distrito Federal. In: MISSE, Michel (Org.). *O inquérito policial no Brasil.* Rio de Janeiro: NECVU/IFCS/UFRJ, 2010, p. 191-236.

CONAMP em revista, Brasília, n. 1, 01.10.2002.

CONSELHO Nacional de Procuradores-Gerais de Justiça. *Manual do Controle Externo da Atividade Policial.* Brasília: Ministério Público do Distrito Federal e Territórios, 2010.

CONTROLE Externo das polícias: CNMP expede nota técnica e recomendação. Disponível em: http://www.cnmp.gov.br/noticias_cnmp/2010/controle-externo-das--policias-cnmp-expede-nota-tecnica-e-recomendacao/. Acesso em 20.07.2010.

COTTERRELL, Roger. The representations of Law's Autonomy in Autopoietic Theory. In: PRIBAN, Jiri e NELKEN, David. *Law's New Boundaries: the consequences of the legal Autopoiesis.* Aldeshot: Dartmouth, 2001, p. 80-103.

CRABB, George. *A History of the Common Law.* Littleton: Fred B. Rothman & Co., 1987. (1831 originalmente).

CORTÁZAR, Julio. *Cuentos Completos/2.* Bogotá: Aguilar, 2008.

CRITCHLEY, T. A. *A history of police in England and Wales.* Montclair, NJ: Patterson Smith, 1972.

CROIZIER, Michel; FRIEDBERG, Erhard. *L'acteur et le système.* Paris: Éditions du Seuil, 1992.

CUNHA, José Manuel Damião da. *O Ministério Público e os órgãos de polícia criminal no novo Código de Processo Penal.* Porto: Universidade Católica Lusitana, 1993.

DAMMERT, Lucía. Reforma Policial en América Latina. *Quorum, Revista Iberoamericana de Ciencias Sociales*, 2005, p. 53-64.

DAROQUI, Alcira; CALZADO, Mercedes; MAGGIO, Nicolás; MOTTO, Carlos. Sistema Penal y derechos humanos: la eliminación de los delincuentes. Una mirada sobre las prácticas y los discursos de la policía, la justicia y los medios de comunicación. *Espacio Abierto*, jul.-set. 2007, vol. 16, n. 3, Maracaibo, 2007, p. 457-486.

DAVIS, Angela J. Prosecution and Race: The Power and Privilege of Discretion. *Fordham* Law *Review*, 67, 1998, p. 13-67.

DEBERT, Guita Grin. Ministério Público no Pará. In: SADEK, Maria Tereza (Org.). *Justiça e cidadania no Brasil.* São Paulo: Sumaré/Idesp, 2000, p. 209-257.

DEVLIN, P. *The criminal prosecution in England.* New Haven, CT: Yale University Press, 1958.

DÍEZ-PICAZO, Luis María. *El poder de acusar: Ministerio Fiscal y Constitucionalismo*. Barcelona: Ariel Derecho, 2000.

DI FEDERICO, Giuseppe. L'indépendence du ministère public et le principe de la responsabilité en Italie: l'analyse d'un cas déviant d'un point de vue comparé. *Droit et Societé*, Paris, n. 38, p. 71-89, 1998.

DINGWALL, Robert e LEWIS, Philip. *The Sociology of the Professions: lawyers, doctors and others*. London: McMilliam Press, 1983.

DOUGLAS, John Jay. *The Prosecutor in America*. Houston: National College of District Attorneys, 1977.

DOUGLAS, Mary. *Como piensan las instituciones*. Trad. José Antonio López de Letona e Gonzalo Gil Catalina Madri: Alianza, 1996.

DUBBER, M. Criminal Police and Criminal Law in the Rechtsstaat. In: DUBBER, Markus; VALVERDE, M. *Police and the Liberal State*. Stanford: Stanford Law Books, 2008, p. 92-109.

DUCE, Mauricio. Ministério Público no Chile: modelo institucional e funções. *Revista do Conselho Nacional do Ministério Público*, n. 1, 2011, p. 127-164.

ESMEIN, A. *A history of continental criminal procedure*. Boston: Little, Brown, and Company, 1913.

FAORO, Raymundo. *Os donos do poder: formação do patronato político brasileiro*. Rio de Janeiro: Globo, 1989. vol. 1.

FERRAJOLI, Luigi (2001) [1989], *Derecho y razón. Teoría del garantismo penal*. Madrid: Editorial Trotta, 2001 (Trad. Pefecto Andrés Ibáñez: prólogos, introducción y apartados 29 y 31, y del 56 al final; Alfonso Ruiz Miguel: apartados 1 al 12; Juan Carlos Bayón Mohino: apartados 13 al 31; Juan Terradillos Basoco: apartados 32 al 36 y 42 al 51; y Rocío Canterero Bandrés: apartados 37 al 41 y 52 al 55. Perfecto Andrés Ibáñez y Alfonso Ruiz Miguel han revisado la traducción de los apartados 37 al 41 y 52 al 55. Y, junto con Juan Carlos Bayón Mohino han llevado a cabo una lectura unificadora de todo el texto).

FLORES PRADA, Ignacio. *El Ministerio Fiscal en España*. Valencia: Tirant lo Blanch, 1999.

FIONDA, J. *Public prosecutors and discretion*. Oxford, UK: Clarendon Press, 1995.

FORSYTH, W. *History of trial by jury*. London: J. W. Parker, 1852.

FOUCAULT, Michel. *Security, Territory, Population: Lectures at the Collège de France*. 1977-1978. New York: Picador, 2007.

FRIEDBERG, Erhard. *O poder e a regra: dinâmicas da ação organizada*. Trad. Armando Pereira da Silva. Lisboa: Instituto Piaget, 1993.

FRIEDMAN, L. M. *A history of American law*. New York: Simon & Schuster, 1985.

FRIEDSON, Eliot. The Theory of Professions: State of the Art. In: DINGWALL, Robert; LEWIS, Philip. *The Sociology of the Professions: Lawyers, Doctors and Others*. London: McMilliam Press, 1983, p. 19-37.

______. Para uma análise comparada das profissões: A institucionalização do discurso e do conhecimento formais. *Revista Brasileira de Ciências Sociais*, n. 31, ano 11, nov. 1996, p. 141-154.

______. *Renascimento do profissionalismo: teoria, profecia e política.* Trad. Celso Mauro Paciornik São Paulo: Edusp, 1998.

FROHMANN, Lisa. *Prosecutors and Prosecution*. London: Ashgate, 2008.

GERSHMAN, B. L. The new prosecutors. *University of Pittsburgh Law Review*, 53, 1992. p. 393-458.

GOLDSTEIN, Abraham S. *The Passive Judiciary*: Prosecutorial Discretion and the Guilty Plea. Baton Rouge: Lousiania State University Press, 1982.

GÓMEZ COLOMER, Juan-Luis. La Instrucción del Proceso Penal por el Ministerio Fiscal: Aspectos Estructurales a la Luz del Derecho Comparado. In: GÓMEZ COLOMER, Juan-Luis; GONZÁLEZ CUSSAC, José-Luis. *La Reforma de la Justicia Penal (Estudios en homenaje al Prof. Klaus Tiedemann).* Castelló de la Plana: Publicacions de la Universitat Jaume I, 1997, p. 459-496.

GUARNIERI, Carlo. *Pubblico ministero e sistema politico*. Padova: Cedam, 1984.

______. Prosecution in Two Civil Law Countries: France and Italy. In: NELKEN, David (Eds.). *Comparing Legal Cultures.* Aldershot: Dartmouth, 1997, p. 183-193.

HAGAN, John *et alii*. Ceremonial Justice: Crime and Punishment in a Loosely Coupled System. *Social Forces*, 1979, n. 58, p. 506-525.

HAGEN, Acácia Maria Maduro. *Estudo da Polícia Civil do Rio Grande do Sul.* Tese de Doutorado. Programa de Pós-graduação em Sociologia. Porto Alegre: Universidade Federal do Rio Grande do Sul, 2005.

HASSE, Raimund. Luhmann's Systems Theory and the New Institutionalism. In: SEIDL, David; BECKER, Kai Helge (Ed.). *Niklas Luhmann and Organizational Studies.* Kristianstad: Kristianstad Boktruyckeri AB, 2005, p. 248-261.

HOLLOWAY, Thomas W. *Polícia no Rio de Janeiro.* Rio de Janeiro: FGV, 1997.

HSU, Greta; HANNA, Michael T. Identities, Genres and Organizational Forms. *Organizational Science*, vol. 16, set.-out. 2005, p. 474-490.

HOLZINGER, Ingo; DHALLA, Rumina. Multiple Identities in Organizations: the Effect of Diversity on Organization Identity. *The International Journal of Diversity in Organizations, Communities and Nations*, vol. 7, n. 5, 2007, p. 43-50.

HUISMAN, Marjan. Decision-Making in Meetings as Talk-in-Interaction. *International Studies of Management and Organization*, vol. 31, n. 3, 2001, p. 69-90.

JACOBY, J. E. *The American prosecutor: A search for identity*. Toronto, ON, Canada: Lexington Books, 1980.

______. *The Prosecutor's Charging Decision: A Policy Perspective.* Washington: U. S. Department of Justice, 1977.

JACKSON, John. As implicações éticas do papel expandido do promotor de Justiça no Reino Unido. *Revista do Conselho Nacional do Ministério Público*, n. 2, jul.-dez. 2011, p. 147-180.

JONES, Campbell; MUNRO, Rolland. Organization Theory, 1985-2005. In: JONES, Campbell; MUNRO, Rolland. *Contemporary Organization Theory*. London: John Wiley and Sons, 2005, p. 1-15.

JOVCHELOVITCH, Sandra. Psicologia social, saber, comunidade e cultura. *Psicologia & Sociedade*, Porto Alegre, n. 2, vol. 16, mai.-ago. 2004, p. 20-31.

KERCHE, Fábio. Ministério Público e a constituinte de 1987/1988. *Revista Brasileira de Ciências Criminais*, São Paulo, ano 7, n. 26, p. 27-57, abr.-jun. 1999.

______. *O Ministério Público no Brasil:* Autonomia, Organização e Atribuições. 2002. Tese (Doutorado em Ciência Política) – Universidade de São Paulo, São Paulo, 2002.

KOERNER, Andrei. *Judiciário e Cidadania na Constituição da República Brasileira (1841-1920)*. 2. ed., Curitiba: Juruá, 2010.

KOLARSKA, Lena. Centralization and Decentralization as Organizational Myths. *The International Journal of Diversity in Organizations, Communities and Nations*, vol. XIII, n. 3, 1983, p. 144-163.

KORNBERGER, Martin; CLEGG, Stewart. The Architecture of Complexity. *Culture and Organization*, vol. 9, jun. 2003, p. 75-91.

LANGBEIN, J. H. *Prosecuting crime in the renaissance: England, Germany, France*. Cambridge, MA: Harvard University Press, 1974.

LEMPERT, Richard. The Autonomy of Law: Two Visions Compared. In: TEUBNER, G. *Autopoietic Law: A New Approach to Law and Society*. New York: de Gruyter, 1988, p. 152-190.

LENG, Roger, MCCONVILLE, Michael e SANDERS, Andrew. Researching the Discretion to Charge and to Prosecute. In: SANDERS, Andrew. *Prosecution in Common Law Jurisdictions*. Aldershot: Dartmouth, 1996, p. 225-243.

LÉVI-STRAUSS, Claude. *El pensamiento salvaje*. México: Fondo de Cultura Económica, 2006.

_____. *La antropología frente a los problemas del mundo moderno*. Buenos Aires: Zorzal, 2011.

LEVITT, Barbara; MARCH, James G. Organizational learning. *Annual Review Sociology*, vol. 14, 1988, p. 319-340.

LIMA, Roberto Kant de. Direitos civis, Estado de Direito e «cultura policial»: a formação policial em questão. *Revista Brasileira de Ciências Criminais*, ano 11, jan.-mar. 2003, p. 241-256.

LOPES, Júlio Aurélio Vianna. *Democracia e cidadania: o novo Ministério Público brasileiro*. Rio de Janeiro: Lumen Juris, 2000.

LUHMANN, Niklas. *Sistemi Sociali: Fondamenti de una teoria generale*. Trad. Alberto Febbrajo e Reinhard Schmidt. Bolonha: Il Mulino, 1990.

______. *Organización y decisión: Autopoiesis, acción y entendimiento comunicativo*. Trad. Dario Rodríguez Mansilla. Barcelona: Anthropos, 1997.

______. *El derecho de la sociedad*. Trad. Javier Torres Nafarrate. Cidade do México: Herder, 2005.

______. *La sociedad de la sociedad*. Trad. Javier Torres Nafarrate. Cidade do México: Herder, 2007.

______. *Organización y decisión*. Cidade do México: Herder, 2010.

MA, Yue. Exploring the origins of Public Prosecution. *International Criminal Justice Review*, vol. 18, n. 2, jun. 2008, p. 190-2011.

MACEDO JÚNIOR, Ronaldo Porto. Evolução institucional do Ministério Público brasileiro. In: FERRAZ, Antonio Augusto Mello de Camargo (Coord.). *Ministério Público. Instituição e Processo*: Perfil Constitucional, Independência, Garantias, Atuação Civil e Criminal, Legitimidade, Ação Civil Pública, Questões Agrárias. 2. ed., São Paulo: Atlas, 1999, p. 36-65.

MACHADO, Bruno Amaral. Weber y la racionalidad del control punitivo. In: BEIRAS, Iñaki Rivera. *Mitologías y discursos sobre el castigo*. Barcelona: Anthropos, 2004, p. 147-166.

______. *Ministério Público: organização, representações e trajetórias*. Curitiba: Juruá, 2007a.

______. *Fiscalías. Su papel social y jurídico-político: una investigación etnográfico-institucional*. Barcelona: Anthropos, 2007b.

______. Representações sociais sobre o controle externo da atividade policial: cultura organizacional e relações institucionais. *Revista Brasileira de Ciências Criminais*, vol. 88, jan.-fev. 2011, p. 273-314.

______. Discursos criminológicos sobre o crime e o direito penal: comunicação e diferenciação funcional. *Revista de Estudos Criminais*, n. 45, abr.-jun. 2012, p. 77-116.

MACHADO, Bruno Amaral; GOMES JÚNIOR, Luiz Moreira. Modelos de Ministério Público: organização, estrutura e controle. *Revista do Conselho Nacional do Ministério Público*, n. 1, 2011a, p. 5-9.

______. O Ministério Público e a Polícia no sistema de justiça criminal: interações, dinâmicas organizacionais e controle. *Revista do Conselho Nacional do Ministério Público*, n. 2, 2011b, p. 7-11.

MACHADO DE ASSIS, Joaquim Maria. *Ideias do Canário*. Disponível em 05.03.2013: http://www.bibvirt.futuro.usp.br.

MANNING, Peter K. *Police Work: the Social Organization of Policing*. Prospect Heights: Waveland, 1997.

MAZZILLI, Hugo Nigro. *Regime Jurídico do Ministério Público*. 5. ed. rev., ampl. e atual., São Paulo: Saraiva, 2001.

MCDONALD, William F. The Prosecutor'domain. In: MCDONALD, William F. (Editor). *The Prosecutor*. London: Sage, 1979, p. 15-51.

______. As relações entre o Ministério Público e a Polícia nos Estados Unidos. *Revista do Conselho Nacional do Ministério Público*, n. 2, jul.-dez. 2011, p. 181-202.

MCINTYRE, Donald. Police-prosecutors relationship. In: DOUGLAS, John Jay. *Prosecutorial relationship in Criminal Justice*. Houston: National College of District Attorneys, 1977, p. 9-34.

MEDEIROS, Mateus Afonso. Aspectos institucionais da unificação das polícias no Brasil. *Dados – Revista de Ciências Sociais*, Rio de Janeiro, vol. 47, n. 2, 2004, p. 271-296.

MILLER, Frank w. *Prosecution: the decision to charge a suspect with a crime*. Boston: Litlle, Brown and Company, 1969.

MINISTÉRIO de Justiça. *Diagnóstico Ministério Público dos Estados*. Brasília: Secretaria de Reforma do Judiciário, 2006.

MINGARDI, Guaracy. *Tiras, gansos e trutas*: cotidiano e reforma na Polícia Civil. São Paulo: Página Aberta, 1992.

MINGERS, John. Observing organizations: An evaluation of Luhmann's organization theory. In: BAKKEN, Tore; HERNES, Tor. *Autopoietic Organization Theory*: Drawing on Niklas Luhmann's Social Systems Perspective. Copenhagen: Copenhagen Business School Press, 2003, p. 103-122.

MISSE, Michel (Org.). *O inquérito policial no Brasil*. Rio de Janeiro: NECVU/IFCS/UFRJ, 2010.

MOE, Therry M. The New Economics of Organization. *American Journal of Political Science*, vol. 28, n. 4, p. 739-777, 1984.

MONET, Jean Claude. *Polícia e sociedade na Europa*. São Paulo: Edusp, 2006.

MONJARDET, Dominique. *O que faz a polícia*. São Paulo: Edusp, 2003.

MORENO CATENA, Víctor. El proceso penal abreviado. In: GIMENO SENDRA, Vicente; MORENO CATENA, Víctor; CORTÉS DOMÍNGUEZ, Valentín. *Derecho procesal penal*. 2. ed., Madri: Colex, 1997, p. 765-804.

______. El Proceso Penal Español. Algunas Alternativas para la Reforma. In: PALOMO DEL ARCO, Andrés. *Sistemas Penales Europeos*. Madri: CGPJ, 2002, p. 15-62.

MOSCOVICI, Serge. A melhor maneira de provar o pudim ainda é comendo-o. *II Conferência Internacional sobre as Representações Sociais*. Rio de Janeiro, 1994 (Mimeo).

MOUHANNA, Christian. Les relations police-parquet en France: un partenariat mis en cause. *Droit et Société*, Paris, n. 58, 2004, p. 502-522.

MPDFT. Portaria n. 799, de 21 de novembro de 1996. Brasília, 1996.

______. Portaria n. 1295, de 10 de novembro de 2005. Brasília, 2005.

______. Portaria n. 121, de 15 de agosto de 2011. Brasília, 2011.

MUCHEMBLED, Robert. *L'invention de l'homme moderne*: Culture et sensibilités du XV au XVIII siècle. Paris: Fayard, 1994.

NASSEHI, Armin. Organizations as decision machines: Niklas Luhmann's theory of organized social systems. In: JONES, Campbell; MUNRO, Rolland. *Contemporary Organization Theory*. London: John Wiley and Sons, 2005, p. 178-191.

NELKEN, David. *Law's New Boundaries: the consequences of legal Autopoiesis*. Aldeshot: Dartmouth, 2001, p. 197-217.

______. Can there be a sociology of Legal Meaning? In: NELKEN, David. *Law as communication*. Aldershot: Dartmouth, 1996, p. 107-127.

NEQUETTE, Lenine. *O Poder Judiciário no Brasil a partir da independência*. vol. 2, Porto Alegre: Sulina, 1973.

NEVES, Marcelo. Entre sous-intégration et sur-intégration: la citoyenneté inexistante dans les pays de la modernité périphérique. *Droit et Societé*, Paris, n. 41, 1999, p. 121-145.

NOBLES, Richard; SCHIFF, David. Criminal Justice: Autopoietic Insights. In: PRIBAN, Jiri e NELKEN, David. *Law's New Boundaries: the consequences of legal Autopoiesis*. Aldeshot: Dartmouth, 2001, p. 197-217.

NUÑEZ, Gilda. Violencia policial y derecho a la vida. Aproximación al estudio del comportamiento del sistema penal venezolano. *Espacio Abierto*, jul.-set. 2007, vol. 16, n. 3, Maracaibo, 2007, p. 513-540.

ODON, Tiago Ivo. *A linguagem penal do contrato social Brasileiro*: o inimigo, a guerra e a construção da ordem contra a sociedade no Brasil (1822-1890). Tese de Doutorado. Programa de Doutorado em Sociologia. Departamento de Sociologia da Universidade de Brasília. Brasília, 2013.

OLIVEIRA, Luciano. Sua Excelência o Comissário: A polícia enquanto «Justiça Informal» das classes populares da Grande Recife. *Revista Brasileira de Ciências Criminais*, São Paulo, n. 44, p. 279-300, 2003.

OST, François. Between order and discourse: The Game of the Law. In: TEUBNER, G. *Autopoietic Law: A New Approach to Law and Society*. New York: de Gruyter, 1988, p. 70-96.

PAUNER CHULVI, Cristina. El Ministerio Fiscal y la Fiscalía en Francia: el proyecto de reforma sobre su dependencia jerárquica. *Poder Judicial*, Madri, n. 55, p. 189-227, 1999.

PIERANGELLI, José Henrique. Ministério Público e Magistratura: frutos de uma mesma árvore. *Justitia*, São Paulo, ano 44, vol. 117, 1982, p. 233-237, 1982.

POWELL, Walter W; DIMAGGIO, Paul J. The iron-cage revisited: institutional isomorphism and collective rationality in organizational fields. *American Sociological Review*, vol. 48, 1983, p. 147-160.

Pound, Roscoe, Plucknett, Theodore F. T. *History and system of the common Law.* Rochester: The Lawyers Co-operative Publishing Company, 1927.

Plucknett, Theodore. *A concise History of Common Law.* New York: Rochester, 1936.

Porto, Maria Stela Grossi. Mídia, segurança pública e representações sociais. *Tempo Social,* vol. 21, n. 2, 2009, p. 211-213.

______. Polícia e violência: representações sociais das elites policiais do Distrito Federal. *São Paulo em Perspectiva,* vol. 18, n. 1, 2004.

______. Crenças, valores e representações sociais da violência. *Sociologias,* Porto Alegre, ano 8, n. 16, 2006, p. 250-273.

Porto, Maria Stela Grossi; Costa, Arthur Trindade Maranhão. Códigos de deontologia policial no Brasil e no Canadá: análise de documentos e das representações sociais. In: Ministério de Justiça, *Coleção Segurança com Cidadania,* Brasília, ano 1, 2009, n. 1, p. 57-82.

Rassat, Michèle-Laure. *Le Ministère public entre son passé et son avenir.* Paris: Librairie Genérale de Droit et de Jurisprudence, 1967.

Ratton, José Luiz. Refletindo sobre o inquérito policial na cidade de Recife: uma pesquisa empírica. In: Misse, Michel (org.). *O inquérito policial no Brasil.* Rio de Janeiro: NECVU/IFCS/UFRJ, 2010, p. 237-311.

Raupp, Rene Mallet. *Relatório da pesquisa quantitativa sobre imagens e percepções sobre a atuação do MPDFT.* Projeto de Pesquisa da FESMPDFT. Brasília: FESMPDFT, 2008.

Ribeiro, Diaulas Costa. *O Ministério Público: dimensão constitucional e repercussão no processo penal no Brasil e Portugal.* 2000. Tese (Doutorado em Direito) – Universidade Católica Portuguesa. Lisboa.

Ribeiro, Juliana Lobão. *O controle externo da atividade policial exercido pelo Ministério Público do Distrito Federal:* um enfoque sócio-jurídico. Monografia. Especialização «Ordem Jurídica e Ministério Público». Brasília, 2008.

Rogowski, Ralf. German corporate lawyers: social closure in autopoietic perspective. In: Dezalay, Yves e Sugarman, David. *Professional competition and Professional Power: Lawyers, Accounts and the Social Construction of Markets.* New York: Routledge, 1995, p. 114-135.

Rowan, Brian; Meyer, John W. Institutionalized Organization: Formal Structure as Law and Ceremony. *American Journal of Sociology,* vol. 83, n. 2, 1977, p. 340-363.

Salles, Carlos Alberto. Entre a razão e a utopia: a formação histórica do Ministério Público. In: Vigliar, José Marcelo Menezes; Macedo Júnior, Ronaldo Porto (Coord.). *Ministério Público II: Democracia.* São Paulo: Atlas, 1999, p. 14-43.

Sanders, Andrew. *Prosecution in Common Law Jurisdictions.* Aldershot: Dartmouth, 1996.

SADEK, Maria Tereza (Org.). *O Judiciário em debate*. São Paulo: Idesp/Sumaré, 1995.

______. *O Ministério Público e a Justiça no Brasil*. São Paulo: Sumaré/Idesp, 1997.

______. Cidadania e Ministério Público. In: SADEK, Maria Tereza (Org.). *Justiça e cidadania no Brasil*. São Paulo: Sumaré/Idesp, 2000, p. 11-37.

______ (Org.). *Reforma do Judiciário*. São Paulo: Fundação Konrad-Adenauer Stiftung, 2001.

______. Apresentação. In: SADEK, Maria Tereza (Org.). *Delegados de polícia*. São Paulo: Sumaré/Fundação Ford, 2003, p. 9-30.

SADEK, Maria Tereza; CASTILHO, Ela Wiecko V. de. *O Ministério Público e a administração da Justiça no Brasil*. São Paulo: Sumaré/Idesp, 1998.

SANCHEZ FILHO, Alvino Oliveira. Ministério Público e controle externo da polícia na Bahia. In: SADEK, Maria Tereza (Org.). *Justiça e cidadania no Brasil*. São Paulo: Sumaré/Idesp, 2000, p. 185-208.

SANTOS, Boaventura de Sousa. *Pela mão de Alice: o social e o político na pós-modernidade*. 7. ed. São Paulo: Cortez, 2000.

SAPORI, Luiz Fávio. *Segurança pública no Brasil: desafios e perspectivas*. Rio de Janeiro: FGV, 2007.

SCHÜTZ, Alfred. *La construcción significativa del mundo social: introducción a la sociología comprensiva*. Trad. Eduardo J. Prieto. Barcelona: Paidós, 1993.

SCHIETTI CRUZ, Rogerio. *A proibição de dupla persecução penal*. Rio de Janeiro: Lumen Juris, 2008.

SEIDL, David. Organization and Interaction. In: SEIDL, David; BECKER, Kai Helge (Ed.). *Niklas Luhmann and Organizational Studies*. Kristianstad: Kristianstad Boktruyckeri AB, 2005, p. 145-170.

______. Organization identity in Luhmann's theory of social systems. In: BAKKEN, Tore; HERNES, Tor. *Autopoietic Organization Theory: Drawing on Niklas Luhmann's Social Systems Perspective*. Copenhagen: Copenhagen Business School Press, 2003, p. 123-150.

SILVA, Cátia Ainda. *Justiça em Jogo*. São Paulo: Editora da Universidade de São Paulo, 2001.

SKOLNICK, Jerome H. *Justice without trial*: Law enforcement in Democratic Society. 2. ed., New York: John Wiley & Sons, 1967.

SOUZA, Luiz Antonio Francisco de. Polícia, direito e poder de polícia. A polícia brasileira entre a ordem pública e a lei. *Revista Brasileira de Ciências Criminais*, São Paulo, vol. 43, abr.-jun. 2003, p. 295-322.

______. Delegados de polícia e a gestão cotidiana da violência em São Paulo, final do século XIX. *Revista Brasileira de Ciências Criminais*, São Paulo, vol. 83, mar.-abr. 2010, p. 271-288.

STANKO, Elizabeth A. The arrest versus the case. In: SANDERS, Andrew. *Prosecution in Common Law Jurisdictions*. Aldershot: Dartmouth, 1996, p. 181-200.

SUGARMAN, David. Who colonized whom: Historical reflections on the Intersection between Law, Lawyers and Accounts in England. In: DEZALAY, Yves e SUGARMAN, David. *Professional competition and Professional Power*: Lawyers, Accounts and the Social Construction of Markets. New York: Routledge, 1995, p. 226-237.

SUXBERGER, Antonio Henrique Graciano. *Ministério Público e política criminal: uma segurança pública compromissada com os direitos humanos.* Curitiba: Juruá, 2010.

TEUBNER, Gunther e PATERSON, John. Changing Maps: Empirical Legal Autopoiesis. *Social and Legal Studies*, 7, 1998, p. 451-486.

THOMAS, Simon. Disciplinamento social e combate à vadiagem no Antigo Regime. *Sequência*, n. 59, dez. 2009, p. 121-139.

WALKER, Samuel. *Taming the system*: the control of discretion in criminal system, 1950-1990. New York: Oxford University Press, 1993.

WEBER, Max. *Economía y Sociedad:* Esbozo de sociología comprensiva. 10. ed. Trad. José Medina Echavarría, Juan Roura Farella *et alii.* Madri: Fondo de Cultura Económica, 1993.

VALVERDE, M. Police, Sovereignty and Law: Foucaultian Reflections. In: DUBBER, Markus D., VALVERDE, Mariana. *Police and the Liberal State*. Stanford: Stanford Law Books, 2008, p. 15-32.

VAN CAENEGEM, R. C. *Legal history*: A European perspective. London: The Hambledon Press, 1991.

______. *Judges, Legislators and Professor*: Chapter in European Legal History. Cambridge: Cambridge University Press, 1987.

VARGAS, Joana Domínguez. Uma abordagem empírica do inquérito policial: o caso de Belo Horizonte. In: MISSE, Michel (Org.). *O inquérito policial no Brasil.* Rio de Janeiro: NECVU/IFCS/UFRJ, 2010, p. 102-190.

VELLANI, Mario. *Il pubblico ministero nel processo.* vol. 1, tomo I, Bolonha: Nicola Zanchelli, 1965.

VENNARD, Julie. Decisions to prosecute: Screening Policies and Practices in the United States. In: SANDERS, Andrew. *Prosecution in Common Law Jurisdictions.* Aldershot: Dartmouth, 1996, p. 157-166.

VERHAGE, Antoinette; PONSAERS, Paul. Do secretário de Polícia à Unidade de Justiça Criminal: as relações entre o Ministério Público e a Polícia nos Países Baixos e na Inglaterra. *Revista do Conselho Nacional do Ministério Público*, n. 2, jul.-dez. 2011, p. 127-146.

VIEIRA, Rosa Maria. *O Juiz de paz.* 2. ed., Brasília: Editora UnB, 2002.

VIOTTI, Emília. *Da Monarquia à República: momentos decisivos.* 5. ed., São Paulo: Brasiliense, 1987.

VOGLIOTTI, Massimo. Les relations police-parquet: un équilibre menacé? *Droit et Société*, Paris, n. 58, 2004, p. 453-497.

YARDLEY, D. C. M. *English courts of law*. Oxford, UK: Oxford University Press, 1979.

______; HANBURY, H. G. *English Courts of Law*. Oxford: Oxford University Press, 1979.

ZACHARIAS, F. C. The professional discipline of prosecutors. *North Carolina Law Review*, 79, 2001, p. 721-778.